明朝那些事儿（增补版）

当年明月 著

第捌部

人间再无魏忠贤

北京联合出版公司
Beijing United Publishing Co.,Ltd.

目录

目录

第一章

强大，无比强大

○○○

毫无疑问 他是这个时代最为强悍 最具天赋的军事将领之一

他或许很好 很强大 却绝非没有对手

事实上 他宿命的克星已然出现 就在他的眼前——不止一个

万历四十八年（1620）九月初六，明熹宗朱由校在乾清宫正式登基，定年号为天启。

一个复杂无比，却又精彩绝伦的时代就此开始。

杨涟终于完成了他的使命。自万历四十八年八月二十二日起，在短短十五天之内，他无数次绝望，又无数次奋起，召见、红丸、闯宫、抢人、拉拢、死磕，什么恶人、坏人都遇上了，什么阴招、狠招都用上了。

最终，他成功了。

据史料记载，在短短十余天里，他的头发已一片花白。

当天启皇帝朱由校坐在皇位上，看着这个为他顺利即位费尽心血的人时，他知道，自己应该回报。

几日后，杨涟升任兵科都给事中。一年后，任太常少卿，同年，升任都察院左佥都御史，后任左副都御史。短短一年内，他从一个从七品的芝麻官，变成了从二品的部级官员。

当然，得到回报的，不仅是他。

东林党人赵南星，退休二十多年后，再度复出，任吏部尚书。

东林党人高攀龙，任光禄丞，后升任光禄少卿。

东林党人邹元标，任大理寺卿，后任刑部右侍郎、都察院左都御史。

东林党人孙慎行，升任礼部尚书。

东林党人左光斗，升任大理寺少卿，一年后，升任都察院左佥都御史。

以下还有若干官、若干人，篇幅过长，特此省略。

小时候，老师告诉我，个人是渺小的，集体才是伟大的。现在，我相信了。

当皇帝的当皇帝，升官的升官，滚蛋的滚蛋，而那个曾经统治天下的人，却似乎已被彻底遗忘。

明光宗朱常洛，作为明代一位极具特点（短命）的皇帝，他的人生可以用四个字来形容——苦大仇深。

出生就不受人待见，母亲被冷遇，长大了，书读不上，太子当不了，基本算三不管，吃穿住行级别很低，低到连刺杀他的人，都只是个普通农民，拿着根木棍就敢往宫里闯。

好不容易熬到登基，还要被老婆胁迫。忍了几十年，放纵了一回，身体搞垮了，看医生，遇见了蹩脚庸医，想治病，就去吃仙丹，结果真"成仙"了。

更搞笑的是，许多历史书籍写到他这里，大都只讲三大案、郑贵妃、李选侍，基本上没他什么事。原因很简单，他只当了一个月的皇帝。

在他死后，为了他的年号问题，大臣们展开了争论。因为万历四十八年七月，万历死了，八月，他就死了，而他的年号泰昌，还没来得及用。

问题来了，如果把万历四十八年当做泰昌元年，那是不行的，因为直到七月，他爹都还活着。

参考消息 **二手皇陵**

朱常洛驾崩时，万历皇帝尚未下葬，因此在短时期内，根本无力为他重新修建陵寝。无奈之下，"治丧委员会"只好打起了另一个死人的主意。原来朱祁钰在位时，曾在天寿山为自己修建过一处陵寝，还没完工，就爆发了夺门之变，不久朱祁钰抑郁而终，英宗按亲王的规格将其葬在了北京西山，在天寿山的陵寝工程遂被废弃。直至一百多年后，朝廷决定变废为宝，于是在这项烂尾工程上作了些改建，把朱常洛葬到了那里，是为庆陵。这位生前窝囊了一辈子的皇帝，死后只好又委屈了一次。

纠结的泰昌年号：只当了一个月的皇帝

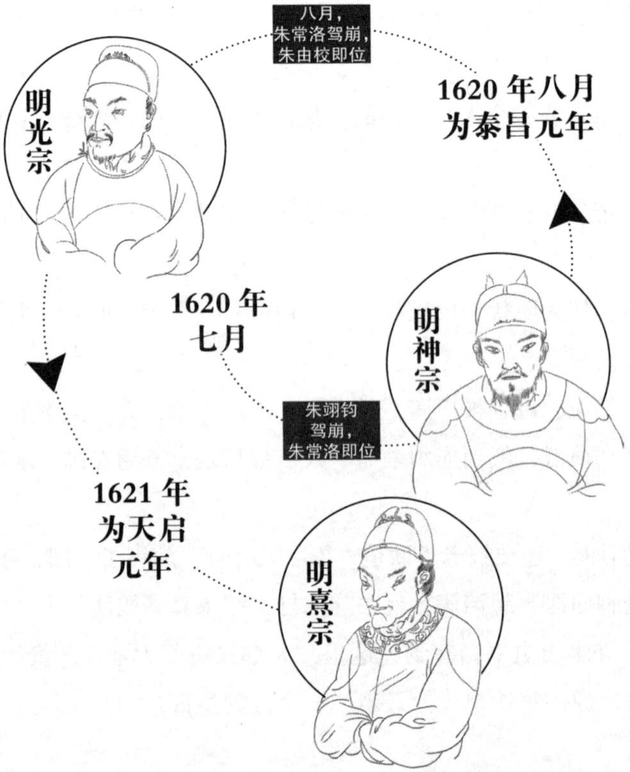

如果把第二年 (1621) 当做泰昌元年，那也是不行的，因为去年八月，他就已经死了。这是一个几乎无法解决的问题。

但问题终究被解决了。凭借大臣们无比高超的和稀泥技巧，一个前无古人、后无来者的处理方案隆重出场：

万历四十八年一月到七月，为万历四十八年。八月，为泰昌元年。次年，为天启元年。

这就是说，在这一年里，前七个月是他爹的，第二年是他儿子的，而他的年份，只有一个月。

原因很简单，他只当了一个月的皇帝。

他很可怜，几十年来畏畏缩缩，活着没有待遇，死了没有年号。事实上，他人才刚死，就有一堆人在他尸体旁边争得你死我活，抢儿子抢地方，忙得不亦乐乎。

原因很简单，他只当了一个月的皇帝。

有人曾对我说，原来，历史很有趣。但我对他说，其实，历史很无趣。

因为在绝大多数情况下，历史没有正邪，只有成败。

左都御史、左副都御史、吏部尚书、刑部侍郎、大理寺丞，等等，政权落入了东林党的手中。

它很强大，强大到无以复加的地步。对于这一现象，史称“众正盈朝”。

按照某些史书的传统解释：从此，在东林党人的管理下，朝廷进入了一个公正、无私的阶段，许多贪婪的坏人被赶走，许多善良的好人留下来。

对于这种说法，用两个字来评价就是：胡说。

用四个字来评价就是：胡说八道。

我曾经说过，东林党人不是善男信女，现在，我再说一遍。

掌权之后，这帮兄弟干的第一件事，就是追查红丸案。

追查，是应该的。毕竟皇帝死得蹊跷，即使里面没有什么猫腻，但两位庸医，一个下了泻药，让他拉了几十次，另一个送仙丹，让他升了天，无论如何，也应该追究责任。

退一万步讲，就算你追究责任后还不过瘾，非要搞几个幕后黑手出来，郑贵妃、李选侍这几位重点嫌疑犯，名声坏，又歇了菜，要打要杀，基本都没跑。

可是现成的偏不找，找来找去，找了个老头——方从哲。

天启元年（1621），礼部尚书孙慎行上疏，攻击方从哲。大致意思是说，方从哲和郑贵妃勾结，而且他还曾经赏赐过李可灼，出事后，只把李可灼赶回了家，没有干掉，罪大恶极，应予以严肃处理。

这就真是有点无聊恶搞了。之前说过，李可灼最初献药，还是方老头赶回去的，后来赏钱那是皇帝同意的。所谓红丸到底是什么玩意儿，鬼才知道，稀里糊涂把人干掉，确实不好。

所以无论从哪个角度看，方从哲都没错。而且此时东林党掌权，方老头识时务，也不打算待了，准备回家养老去了。

可孙部长用自己的语言，完美地解释了“强词夺理”这个词的含义：

“(方) 从哲纵无弑之心，却有弑之罪，纵辞弑之名，难免弑之实。”

这意思是，你老兄即使没有干掉皇帝的心思，也有干掉皇帝的罪过，即使你退休走人，也躲不过去这事。

强词夺理不算，还要赶尽杀绝：

“陛下宜急讨此贼，雪不共之仇！”

所谓此贼，不是李可灼，而是内阁首辅，他的顶头上司方从哲。

很明显，他很激动。

孙部长激动之后，都察院左都御史邹元标也激动了，跟着上疏过了把瘾。不搞定方从哲，誓不罢休。

这是一件十分奇怪的事。

七十多岁的老头，都快走人了，为什么就是揪着不放呢？

因为他们有着一个不可告人的目的。

郑贵妃不重要，李选侍不重要，甚至案件本身也不重要。之所以选中方从哲，把整人进行到底，真正的原因在于：他是浙党。

只要打倒了方从哲，借追查案件，就能解决一大批人，将政权牢牢地抓在手中。

他们的目的达到了。不久之后，崔文升被发配南京，李可灼被判流放，而方从哲，也永远地离开了朝廷。

明宫三大案就此结束，东林党大获全胜。

局势越来越有利，天启元年十月，另一个重量级人物回来了。

这个人就是叶向高。

东林党之中，最勇猛的是杨涟，最聪明的，就是这位仁兄了。而他担任的职务，是内阁首辅。

作为名闻天下的老滑头，他的到来，标志着东林党进入了全盛时期。

内忧已除，现在，必须解决外患。

因为他们得知了这样一个消息——沈阳失陷。

沈阳是在熊廷弼走后，才失陷的。

熊廷弼驻守辽东以来，努尔哈赤十分消停。因为这位熊大人做人很粗，做事很细,防守得滴水不漏。在他的管理下,努尔哈赤成了游击队长,只能时不时去抢个劫,大事一件也没干成。

出于对熊廷弼的畏惧和愤怒，努尔哈赤给他取了个外号：熊蛮子。

这是一个名副其实的外号，不但对敌人蛮，对自己人也蛮。

熊大人的个性前面说过了，彪悍异常，且一向不肯吃亏，擅长骂人。骂完努尔哈赤还不过瘾，一来二去，连兵部领导、朝廷言官也骂了。

这就不太好了，毕竟他还归兵部管，言官更不用说，平时只有他骂人，没有被人骂过，这下索性敞开了双方对骂，闹到最后，熊大人只好走人。

接替熊廷弼的，是袁应泰。

在历史中，袁应泰是个评价很高的人物，为人清正，为官廉洁，为政精明，只有一个缺点，不会打仗。

这就没戏了。

他到任后，觉得熊廷弼很严厉，很不近人情，城外有那么多饥民（主要是蒙古人），为什么不放进来呢？就算不能打仗，站在城楼上充数也不错嘛。

于是他打开城门，放人入城，亲自招降。

一个月后，努尔哈赤率兵进攻，沈阳守将贺世贤拼死抵抗。关键时刻，之前招安的蒙古饥民开始大肆破坏，攻击守军。里应外合之下，沈阳陷落，贺世贤战死，

参考消息 **禹后一人**

袁应泰是中国历史上第一流的水利人才。在担任地方官时，他主持开展了几项卓有成效的水利工程：在漳水两岸筑长堤四十余里，以抵御经常泛滥的漳水；同时，开山凿石，引沁水灌溉，并修筑了二十五个堰，灌溉农田数万顷。为了工程的顺利进行，他不仅不吃回扣，还主动把自己的俸禄全部捐献出来，长期过着清贫的生活。在他殉国后，当地百姓主动为他建立祠堂,并誉其为“禹后一人”。

七万守军全军覆没。

这一天，是天启元年三月十二日。

袁应泰没有时间后悔，因为他只多活了六天。

攻陷沈阳后，后金军队立刻整队，赶往下一个目标——辽阳。

当年，辽阳的地位，相当于今天的沈阳，是辽东地区的经济、文化、军事中心，也是辽东的首府。此地历经整修，壕沟围绕，防守严密，还有许多火炮，堪称辽东第一坚城。

只守了三天。

战斗经过比较简单，袁应泰率三万军队出战，被努尔哈赤的六万骑兵击败，退回坚守。城内后金奸细放火破坏，城内大乱，后金军乘虚而入，辽阳陷落。

袁应泰看见了城池的陷落，他非常镇定，从容地穿好官服，佩带着宝剑，面向南方，自缢而死。

他不是一个称职的大明将领，却是一个称职的大明官员。

辽阳的丢失，标志着局势的彻底崩溃，标志着辽东成为了后金的势力范围，标志着从此他们想去哪里，就去哪里，想抢哪里，就抢哪里。

局势已经坏得不能再坏了。所以，不能用的人，也不能不用了。

◆ 固守？荡平？

天启元年七月，熊廷弼前往辽东。

在辽东，他遇见了王化贞。

他不喜欢这个人，从第一次见面开始。因为他发现，这人不买他的账。

熊廷弼此时的职务是辽东经略，而王化贞是辽东巡抚。从级别上看，熊廷弼是王化贞的上级。

> 角色并不重要，关键在于会不会抢戏。
>
> ——小品演员陈佩斯

王化贞就是一个很会抢戏的人。因为他有后台，所以他不愿意听话。

参考消息 **不去就死！**

听到辽阳被围的消息后，有个叫张绳武的武举人，立刻召集了两百多人的“志愿军”，火速前往辽阳助阵。行至广宁时，传来了辽阳失守的噩耗。当时的巡抚薛国用要将他留在广宁，他坚决不答应。薛巡抚不解道：“辽阳已经陷落，你想到哪里去？”答：“将前去杀敌。”又问：“就两百人能去杀敌吗？”答：“不能去则死！”随即率众接着赶路。一行人滴水未进地狂奔了一天后，在距辽阳十七里处遭遇后金兵，众人杀声震天地冲入敌阵，慷慨赴死，无一生还。

关于这两个人的背景，有些历史书上的介绍大致如此：熊廷弼是东林党支持的，王化贞是阉党支持的。最终结局也再次证明，东林党是多么明智，阉党是多么愚蠢。

胡扯。

不是胡扯，就是装糊涂。

因为最原始的史料告诉我们，熊廷弼是湖广人，他是楚党的成员，而在大多数时间里，楚党是东林党的敌人。

至于王化贞，你说他跟阉党有关，倒也没错，可是他还有个老师，叫做叶向高。

天启元年的时候，阉党都靠边站，李进忠还在装孙子，连名字都没改，要靠这帮人，王化贞早被熊先生赶去看城门了。

他之所以敢嚣张，敢不听话，只是因为他的老师是朝廷首辅，朝中的第一号人物。

熊廷弼是对的，所以他是东林党，或至少是东林党支持的；王化贞是错的，所以他是阉党，或至少是阉党赏识的。大致如此。

我并非不能理解好事都归自己，坏事都归别人的逻辑，对此也并不反对。但对某些坏人一棍子打死再踩上一只脚的行为，我认为，做人，还是要厚道。

王化贞不听熊廷弼的话，很正常，因为他的兵比熊廷弼的多。

当时明朝在辽东的剩余部队，大约有十五万，全都在王化贞的手中。而熊廷弼属下，只有五千人。

所以每次王化贞见熊廷弼时，压根儿就不听指挥，说一句顶一句，气得熊大人恨不能拿刀剁了他。

但事实上，王化贞是个很有能力的人。

王化贞，山东诸城人。万历四十一年（1613）进士。原先是财政部的一名处级干部（主事），后来不知怎么回事，竟然被调到了辽东广宁（今辽宁北宁）。

此人极具才能，当年蒙古人闹得再凶，到了他的地头，都不敢乱来。后来辽阳、沈阳失陷，人心一片慌乱，大家都往关内跑，他偏不跑。

辽阳城里有几万守军，城都丢了，广宁城内，只有几千人，还是个破城，他偏要守。

他非但不跑，还召集逃兵，整顿训练，居然搞出了上万人的队伍。此外，他多方联络，稳定人心，坚守孤城，稳定了局势。所谓“提弱卒，守孤城，气不慑，时望赫然”，天下闻名，那也真是相当的牛。

熊廷弼也是牛人，但对于这位同族，他却十分不感冒，不仅因为牛人相轻，更重要的是，此牛非彼牛也。

很快，熊大人就发现，这位王巡抚跟自己，压根儿不是一个思路。

按他自己的想法，应该修筑堡垒，严防死守，同时调集援兵，长期驻守。

可是王化贞却认定，应该主动进攻，去消灭努尔哈赤。他还说，只要有六万精兵，他就可以一举荡平。

熊廷弼觉得王化贞太疯，王化贞觉得熊廷弼太熊。

最后王化贞闭嘴了，他停止了争论，因为争论没有意义。

兵权在我手上，我想干吗就干吗，和你讨论，是给你个面子，你还当真了？

一切都按照王化贞的计划进行着，准备粮草，操练士兵，寻找内应，调集外援，忙得不亦乐乎。

忙活到一半，努尔哈赤来了。

天启二年（1622）正月十八日，努尔哈赤亲率大军，进攻广宁。

之前半年，努尔哈赤听说熊廷弼来了，所以他不来。后来他听说，熊廷弼压根儿没有实权，所以他来了。

实践证明，王巡抚胆子很大，脑子却很小。面对努尔哈赤的进攻，他摆出了一个十分奇怪的阵形，先在三岔河布阵，作为第一道防线，然后在西平堡设置第二道防线，其余兵力退至广宁城。

就兵力而言，王化贞大概是努尔哈赤的两倍，可大敌当前，他似乎不打算“一

参考消息　不和谐的名字

王化贞担任辽东巡抚期间，将各地“抗金援辽”的军队全部改为“平辽”二字。对此，辽东军民感觉十分委屈和恼火。熊廷弼便向他建议说：“辽东人从未叛离朝廷，何来‘平辽’一说。建议还是改为‘平东’或‘征东’更好一些，以安抚辽东的人心。”对此，王化贞感觉熊廷弼在故意挑他的刺，两人自此后矛盾渐深。

举荡平”，也不打算御敌于国门之外，因为外围两道防线的总兵力也才三万人，是不可能挡住努尔哈赤的。

用最阴暗的心理去揣摸，这个阵形的唯一好处，是让外围防线的三万人和努尔哈赤死拼，拼完，努尔哈赤也就差不多了。

事实确实如此，正月二十日，努尔哈赤率军进攻第一道防线三岔河，当天即破。

第二天，他来到了第二道防线西平堡，发动猛烈攻击，但这一次，他没有如愿。

因为西平堡守将罗一贯，是个比较一贯的人。努尔哈赤进攻，打回去，汉奸李永芳劝降，骂回去，整整一天，后金军队毫无进展。

王化贞的反应还算快，他立即派出总兵刘渠、祁秉忠以及他的心腹爱将孙得功，分率三路大军，增援西平堡。

努尔哈赤最擅长的，就是围点打援。所以明军的救援，早在他意料之中。

但在他意料之外的，是明军的战斗力。

总兵刘渠、祁秉忠率军出战，两位司令十分勇猛，亲自上阵，竟然打得后金军队节节败退。于是，作为预备队的孙得功上阵了。

按照原先的想法，孙得功上来，是为了加强力量，可没想到的是，这位兄弟刚上阵，却当即溃败，惊慌之余，孙大将还高声喊了一嗓子：

“兵败了！兵败了！”

您都兵败了，那还打什么？

后金军随即大举攻击，明军大败，刘渠阵亡，祁秉忠负伤而死，孙得功逃走，所属数万明军全军覆没。

现在，在努尔哈赤面前的，是无助、毫无遮挡的西平堡。

罗一贯很清楚，他的城池已被团团包围，不会再有援兵，不会再有希望，对于取得胜利，他已无能为力。

但他仍然决定坚守，因为他认为，自己有这个责任。

正月二十二日，努尔哈赤集结所属五万人，发动总攻。

罗一贯率三千守军，拼死守城抵抗。

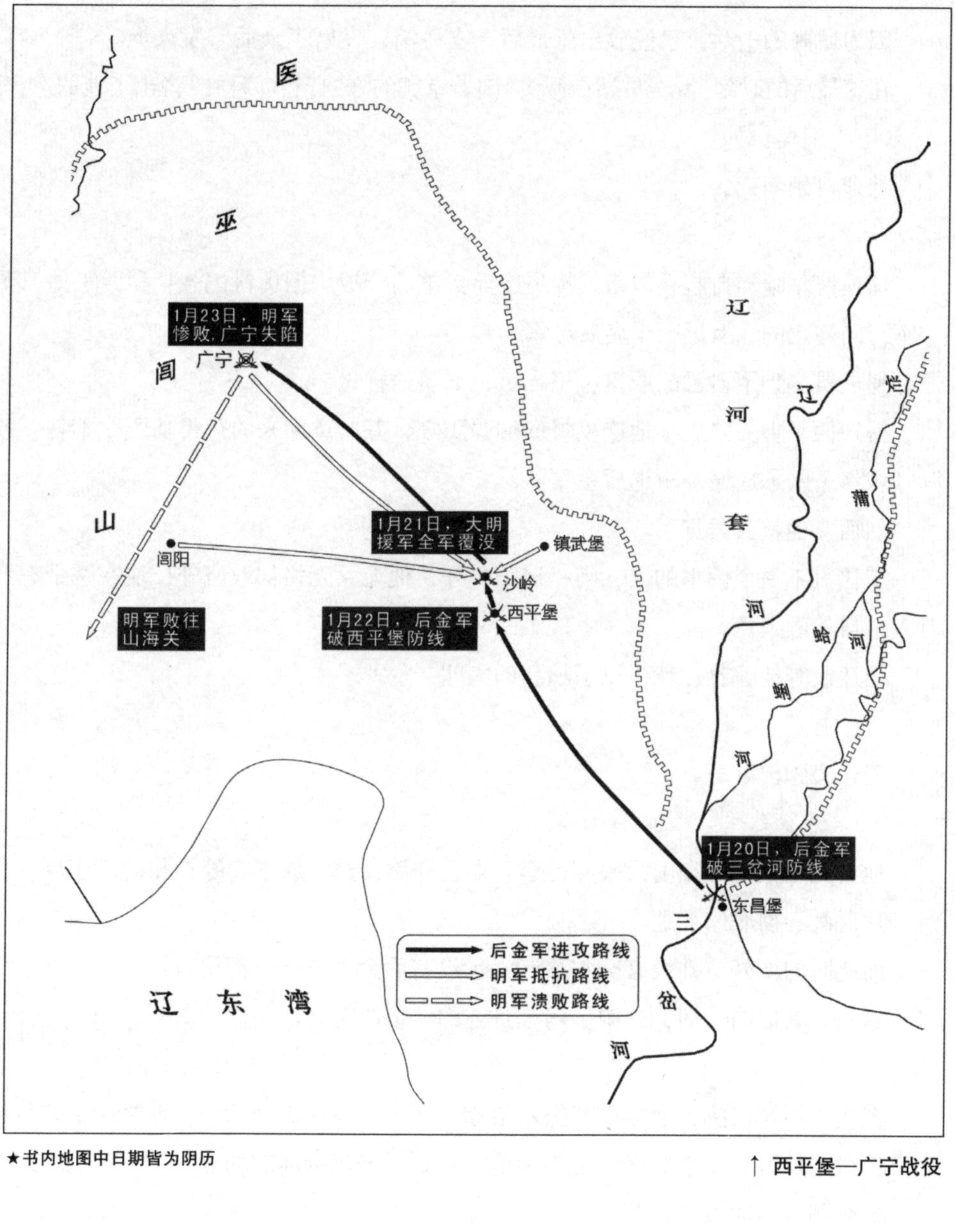

★书内地图中日期皆为阴历

↑ 西平堡—广宁战役

双方激战一天，后金军以近二十倍的兵力优势，发起了无数次进攻，却无数次败退，败退在孤独却坚定的罗一贯眼前。

明军凭借城堡杀伤大量敌军，后金损失惨重，毫无进展，只得围住城池，停止进攻。

但出乎他们意料的是，城头突然陷入了死一般的寂静，没有了呐喊，没有了杀声。

因为城内的士兵，已经放出了最后一支弓箭，发射了最后一发火炮。

在这最后的时刻，罗一贯站在城头，向着京城的方向，行叩拜礼，说出了他的遗言:

“臣力竭矣！”

随即自刎而死。

这是努尔哈赤自起兵以来，损失空前惨重的一战。据史料记载，和西平堡三千守军一同阵亡的，有近七千名后金军。

罗一贯尽到了自己的职责，王化贞也准备这样做。

得知西平堡失陷后，他连夜督促加强防守，并对逃回来的孙得功既往不咎，鼓励守城将士众志成城，击退后金军队。

然后，他就去睡觉了。

王化贞不是个怕事的人。当年辽阳失守，他无兵无将都敢坚守，现在手上有几万人，自然敢睡觉。

但还没等他睡着，就听见了随从的大叫:

“快跑！”

王化贞跑出卧房。

他看见无数百姓和士兵丢弃行李兵器，夺路而逃，原本安静祥和的广宁城，已是一片混乱，彻底的混乱。

而此时的城外，并没有努尔哈赤，也没有后金军，一个都没有。

这莫名其妙的一切，起源于两个月前的一个决定。

王化贞不是白痴，他很清楚努尔哈赤的实力。在那次谈话中，他之所以告诉熊廷弼，说用六万人一举荡平，是因为他已找到了努尔哈赤的弱点。

这个弱点，叫做李永芳。

李永芳是明朝叛将，算这一带的地头蛇，许多明军将领跟他都有交情，毕竟还是同胞兄弟。所以在王化贞看来，这是一个可以争取的人。

于是，他派出了心腹孙得功，前往敌营，劝降李永芳。

几天后，孙得功回报，李永芳深明大义，表示愿意归顺，在进攻时做内应。

王化贞十分高兴。

两个月后，孙得功西平堡战败，惊慌之下，大喊“兵败”，导致兵败。

是的，你的猜测很正确，孙得功是故意的，他是个叛徒。

孙得功去劝降李永芳，却被李永芳劝降。原因很简单，不是什么忠诚、爱国、民族、大同之类的屁话，只是他出价更高。

为了招降李永芳，努尔哈赤送了一个孙女，一个驸马（额驸）的头衔，还有无数金银财宝。很明显，王化贞出不起这个价。

努尔哈赤从来不做赔本买卖，他得到了极为丰厚的回报。

孙得功帮他搞垮了明朝的援军，但这还不够，这位誓把无耻进行到底的败类，决定送一份更大的礼物给努尔哈赤——广宁城。

因为自信的王化贞，将城池的防守任务交给了他。

接下来的事顺理成章，从被窝里爬起来的王大人慌不择路，派人去找马，准备逃走。可是没想到，孙心腹实在太抠门，连马都弄走了，搞得王大人只找到了几头骆驼。最后，他只能骑着骆驼跑路。

还好，那天晚上，孙心腹忙着带领叛军捣乱，没顾上逃跑的王巡抚，否则以他的觉悟，拿王大人的脑袋去找努尔哈赤换个孙女，也是不奇怪的。

第二天，失意的王巡抚在逃走的路上，遇到了一个比他更为失意的人。

熊廷弼用实际行动证明，他不是一个慈悲的人，至少不会放过落水狗。

当王巡抚痛哭流涕、反复检讨错误时，熊廷弼用一句话表示了他的同情:

“六万大军一举荡平？现在如何？”

王化贞倒还算认账，关键时刻，也不跟熊廷弼吵，只是提出，现在应派兵，坚守下一道防线——宁远。

这是一个十分明智的判断，可是熊大人得理不饶人，还没完了:

“现在这个时候,谁肯帮你守城？晚了！赶紧掩护百姓和士兵入关,就足够了！”

这句话的潜台词是，当初你不听我的，现在我也不听你的。

事情到这份儿上，就没什么可说的了。作为丧家犬，王化贞没有发言权。

于是，战局离开了王化贞的掌控，走上了熊廷弼的轨道。

从王化贞到熊廷弼，从掌控到轨道，这是一个有趣的变化。

变化的前后有很多不同点，但也有一个共同点：都是错误的。

虽然敌情十分紧急，城池空虚，但此时明军主力尚存，若坚定守住，估计也没什么问题。可是熊先生来了牛脾气，不由分说，宁远也不守了，把辽东的几十万军民全部撤回关（山海关）内，放弃了所有据点。

熊大人没有意识到，他已经做到了无数敌人、无数汉奸、无数叛徒想做却做不到的事情，因为事实上，他已放弃了整个辽东。

自明朝开国以来，稳固统治两百余年的辽东，就这么丢了。无论从哪个角度看，熊廷弼都没有理由、没有借口、没有道理这样做。

但是他做了。

我认为，他是为了一口气。

当初你不听我的话，现在看你怎么办。

就是这口气，最后要了他的命。

率领几十万军民，成功撤退的两位仁兄终于回京了，明朝政府对他们俩的处理，是相当一视同仁的——撤职查办。

无论谁对谁错，你们把朝廷在辽东的本钱丢得精光，还有脸回来？这个黑锅你们不背，谁背？

当然，最后处理结果还是略有不同，熊大人因为脾气不好，得罪人多，三年后，即天启五年（1625），被干掉了。

相对而言，王大人由于关系硬，人缘好，又多活了七年，崇祯五年（1632）才被正式注销户口。

对于此事，许多史书都说，王化贞死得该，熊廷弼死得冤。

前者我同意，后者，我保留意见。

事实上，直到王化贞逃走后的第三天，努尔哈赤才向广宁进发。他没有想到，明军竟然真的不战而逃，而此时以他的兵力，并不足以占据辽东。

然而当他到达广宁，接受孙得功投降之时，才发现，整个辽东，已经没有敌人。

熊廷弼 VS 王化贞

	熊廷弼	王化贞
职务	辽东经略（上级）	辽东巡抚
后台	楚党	老师叶向高——朝中第一号人物
手中兵力	五千人	约十五万
作战风格	长期驻守	主动进攻
战争责任	主动放弃了整个辽东	广宁之战惨败
结局	天启五年被处死	崇祯五年被处死

因为慷慨的熊蛮子，已把这片广阔的土地毫无保留地交给了他。

白给的东西不能不要。于是在大肆抢掠之后，他率军向新的目标——山海关前进。

可是走到半路，他发现自己的算盘打错了。

因为熊蛮子交给他的，不是他梦寐以求的辽东，而是一个空白的辽东。

为保证不让敌人抢走一粒粮，熊先生干得相当彻底，房子烧掉，水井埋掉，百姓撤走，基本上保证了千里无鸡鸣，万里无人烟。

要这么玩，努尔哈赤先生就不干了。他辛苦奔波，最终的目的是为了抢东西，您把东西都搬走了，我还去干吗？

而且从广宁到山海关，几百里路空无一人，很多坚固的据点都无人看守，别说抢劫，连打仗的机会都没有。

于是，当军队行进到一个明军据点附近时，努尔哈赤决定：无论这些地方有多广袤，无论这些据点有多重要，都不要了，撤退。

努尔哈赤离开了这里，踏上了归途，但他不会想到，自己已经犯下了一个致命的错误。

因为四年之后，他将再次回到这里，并为争夺这个他曾轻易放弃的小地方，失去所有的一切。

这个他半途折返的地点，叫做宁远。

◆ 堪与匹敌者，此人也

自万历四十六年（1618）努尔哈赤起兵以来，短短三年时间，抚顺、铁岭、开

参考消息 **给你留件衣服就不错了**

后金军取胜之后，一般都会大肆抢掠一番，其贪婪程度实在骇人。例如在攻陷辽阳后，后金具体发布了这样一道命令：大户富室只许每人留下衣服九件，中等人家准许留下衣服五件，下等人家准许留下衣服三件，其余财物，一律交公。经过这样残酷的掠夺，辽阳城内居民家家皆净，集体破产。

原、辽阳、沈阳，直至整个辽东，全部陷落。

从杨镐、刘綎到袁应泰、王化贞、熊廷弼，不能打的完了，能打的也完了，熊人死了，牛人也死了。

辽东的局势，说差，那是不恰当的，应该说，是差得不能再差，差到官位摆在眼前，都没人要。

比如总兵，是明军的高级将领，全国不过二十人左右。用今天的话说，是军区司令员，要想混到这个职务，不挤破头是不大可能的。

一般说来，这个职务相当安全，平日也就是看看地图，指手画脚而已。然而，这几年情况不同了，辽东打仗，明朝陆续派去了十四位总兵，竟然全部阵亡，无一幸免。

总兵越来越少，而且还在不断减少，因为没人干。某些在任总兵甚至主动辞职，宁可回家种田，也不干这份工作。

但公认最差的职业，还不是总兵，是辽东经略。

总兵可以有几十个，辽东经略只有一个。总兵可以不干，辽东经略不能不干。

可是连傻子都知道，辽东都没了，人都撤回山海关了，没兵没地没百姓，还经略个啥？

大家不是傻子，大家都不去。

接替辽东经略的第一人选，是兵部尚书张鹤鸣。天启为了给他鼓劲儿，先升他为太子太保（从一品），又给他上方宝剑，还亲自送行。

张尚书没说的，屁股一拍，走了。

走是走了，只是走得有点慢，从京城到山海关，他走了十七天。

这条路线前不久我走过，坐车三个钟头。

张大人虽说没车，马总是有的，就两百多公里，爬也爬过去了。

参考消息 **难兄难弟**

自努尔哈赤攻陷抚顺之后，明朝在辽东一共阵亡了十四个总兵，他们分别是：在抚顺阵亡的张承胤；在萨尔浒阵亡的杜松、刘綎、王宣、赵梦麟；在开原阵亡的马林；在沈阳阵亡的贺世贤、尤世功；在浑河阵亡的童仲揆、陈策；在辽阳阵亡的杨宗业、梁仲善；在广宁阵亡的刘渠、祁秉忠。

这还不算，去了没多久，这位大人又说自己年老力衰，主动辞职回家了。

没种就没种，装什么蒜？

相比而言，接替他的宣府巡抚就好得多了。

这位巡抚大人接到任命后，连上三道公文，明白地跟皇帝讲：我不去。

天启先生虽说是个木匠，也还有点脾气，马上下达谕令：不去，就滚（革职为民，永不叙用）。

不想去也好，不愿去也好，替死鬼总得有人当。于是，兵部侍郎王在晋出场了。

王在晋，字明初，江苏太仓人，万历二十年（1592）进士。这位仁兄从没打过仗，之所以让他去，是因为他不能不去。

张尚书跑路的时候，他是兵部副部长，代理部长（署部事）。换句话说，轮也轮到他了。

史书上对这位仁兄的评价大都比较一致：什么废物、蠢货，不一而足。

对此，我都同意，但我认为，他至少是个勇敢的人。

明知是黑锅，依然无怨无悔、义无反顾地去背，难道不勇敢吗？

而他之所以失败，实在不是态度问题，而是能力问题。

因为他面对的敌人，是努尔哈赤。

努尔哈赤，明朝最可怕的敌人，战场应变极快，骑兵战术使用精湛，他的军事能力，可与大明历史上的任何一位名将媲美。

毫无疑问，他是这个时代最为强悍、最具天赋的军事将领之一。

他或许很好、很强大，却绝非没有对手。

事实上，他宿命的克星已然出现，就在他的眼前——不止一个。

王在晋到达辽东后，非常努力，非常勤奋。他日夜不停地勘察地形，考量兵力部署，经过几天几夜的刻苦钻研，终于想出了一个防御方案。

具体方案是这样的，王在晋认为，光守山海关是不够的，为了保证防御纵深，他决定再修一座新城，用来保卫山海关，而这座新城就在山海关外八里的八里铺。

王在晋做事十分认真，他不但选好了位置，还拟好了预算、兵力等，然后一并上报皇帝。

天启皇帝看后大为高兴，立即批复同意，还从国库中拨出了工程款。

应该说，王在晋的热情是值得肯定的，态度是值得尊重的，创意是值得鼓励的，而全盘的计划，是值得唾弃的。

光守山海关是不够的，因为一旦山海关被攻破，京城将毫无防卫，唾手可得。虽说山海关沿线很坚固、很结实，但毕竟是砖墙，不是高压电网，如果努尔哈赤玩一根筋，拼死往城墙上堆人，就是用嘴啃，估计也啃穿了。

在这一点上，王在晋的看法是正确的。

但这也是他唯一正确的地方，除此之外，都是胡闹。

哪里胡闹，我就不说了，等一会儿有人说。

总之，如按此方案执行，山海关破矣，京城丢矣，大明亡矣。

对于这一结果，王在晋不知道，天启自然也不知道，而更多的人，是知道了也不说。

就在一切几乎无可挽回的时候，一封群众来信，彻底改变了这个悲惨的命运。

这封信是王在晋的部下写的，并通过朝廷渠道，直接送到了叶向高的手中，文章的主题思想只有一条：王在晋的方案是错误的。

这下叶大人头疼了，他干政治是老手，干军事却是菜鸟，想来想去，这个主意拿不了，于是他跑去找皇帝。

可是皇帝大人除了做木匠是把好手，其他基本都是抓瞎，他也吃不准。于是，他又去找了另一个人。

惊天动地，力挽狂澜，由此开始。

“夫攻不足者守有余，度彼之才，恢复固未易言，令专任之，犹足以慎固封守。”

这句话，来自一个人的传记。

这句话的大致意思是：以此人的才能，恢复失去的江山，未必容易，但如果信任他，将权力交给他，稳定固守现有的国土，是可以的。

这是一个至高无上的评价。

因为这句话，出于《明史》。说这句话的人，是清代的史官。

综合以上几点，我们可以认定，在清代，这是一句相当反动的话。

它隐含的意思是:

如果此人一直在任，大清是无法取得天下的。

在清朝统治下，捧着清朝饭碗，说这样的话，是要掉脑袋的。

可是他们说了，他们不但说了，还写了下来，并且流传千古，却没有一个人因此受到任何惩罚。

因为他们所说的，是铁一般的事实，是清朝统治者无法否认的事实。

与此同时，他们还用一种十分特殊的方式，表达了对此人的崇敬。

在长达二百二十卷、记载近千人事迹的《明史》传记中，无数为后人熟知的英雄人物，都要和别人挤成一团。

而在这个人的传记里，只有他自己和他的子孙。

这个人不是徐达，徐达的传记里，有常遇春。

不是刘伯温，刘伯温的传记里，有宋濂、叶琛、章溢。

不是王守仁，王守仁的传记里，还搭配了他的门人冀元亨。

也不是张居正，张大人和他的老师徐阶、老对头高拱在一个传记里。

当然，更不是袁崇焕，袁将军住得相当挤，他的传记里，还有十个人。

这个人是孙承宗。

明末最伟大的战略家，努尔哈赤父子的克星，京城的保卫者，皇帝的老师，忠贞的爱国者。

举世无双，独一无二。

在获得上述头衔之前，他是一个不用功的学生，一个讨生活的教师，一个十六年都没有考上举人的落魄秀才。

第二章

天才的敌手

○ 孙承宗非常欣赏袁崇焕 他坚信 这是一个必将震撼天下的人物 虽然当时的袁先生 只不过是个正五品兵备佥事

嘉靖四十二年（1563），孙承宗出生在北直隶保定府高阳（今河北省高阳县）。

生在这个地方，不是个好事。

作为明朝四大防御要地、蓟州防线的一部分，孙承宗基本是在前线长大的。

这个地方不好，或者说是太好。蒙古人强大的时候，经常来；女真人强大的时候，经常来；后来改叫金国，也常来，来抢。

来一次，抢一次，打一次。

这实在不是个适合人类居住的地方。别的小孩都怕，可孙承宗不怕。

非但不怕，还过得特别滋润。

他喜欢战争，喜欢研究战争。从小，别人读“四书”，他读兵书。成人后，别人往内地跑，他往边境跑，不为别的，就想看看边界。

万历六年（1578），保定府秀才孙承宗作出了一个决定——外出游学。这一年，他十六岁。在此后十余年的时间里，孙秀才游历四方，努力向学，练就了一身保国的本领。

当然，这是史料里正式的说法。

实际上，这位仁兄在这十几年来，大都是游而不学。要知道，他当年之所以考秀才，不是为了报国，说到底，是混口饭吃。游学？不用吃饭啊？

还好，孙秀才找到了一份比较好的工作——老师。从此，他开始在教育战线上奋斗，而且越奋斗越好，好到名声传到了京城。

万历二十年，在兵部某位官员的邀请下，孙秀才来到京城，成为了一位优秀的私人教师。

但是慢慢地，孙秀才有思想活动了。他发现，光教别人的孩子是不够的，能找别人教自己的孩子，才是正道。

于是第二年，他进入了国子监，刻苦读书，再一年后，他终于考中了举人。这一年，他三十二岁。

一般说来，考上举人，要么去考进士，要么去混个官。可让人费解的是，孙举人却依然安心当他的老师，具体原因无人知晓，估计他的工资比较高。

但事实证明，正是这个奇怪的决定，导致了他奇特的人生。

万历二十七年（1599），孙承宗的雇主奉命前往大同，就任大同巡抚。官不能丢，孩子的教育也不能丢，于是孙承宗跟着去了。

我记得，在一次访谈节目中，有一名罪犯说过：无论搞多少次普法教育，都是没用的，只要让大家去监狱住两天，亲自实践，就不会再犯罪了。

我同意这个说法，孙承宗应该也同意。

在那个地方，孙承宗发现了一个陌生而又熟悉的世界，拼死的厮杀、血腥的战场、智慧的角逐、勇气的考验。

战争，是这个世界上最神秘莫测、最飘忽不定、最残酷、最困难、最考验智商的游戏。在战场上，兵法没有用，规则没有用。因为在这里，最好的兵法，就是实战，

参考消息　愤怒的中年

万历二十九年（1601），三十九岁的孙承宗前往河北易州参加学使考察。一天夜里，他无意间撞见一群隶卒百般刁难和勒索一位儒童。上前问明原因之后，孙承宗义愤填膺，当即便怒斥隶卒，为那名可怜的儒童解了围。此事一时被传为美谈。

孙承宗

1563—1638
北直隶保定高阳（今属河北）人

地位
帝师（明熹宗朱由校的老师）

称号
军事战略家
忠贞的爱国者
民族英雄

壮举
率领家人抵抗后金军，全家老小四十余人同时遇难

唯一的规则，就是没有规则。

大同的孙老师没有实践经验，也无法上阵杀敌。然而，一件事情的发生却足以证实，他已经懂得了战争。

在明代，当兵是一份工作，是工作，就要拿工资，拿不到工资，自然要闹。一般人闹，无非是堵马路、喊几句。当兵的闹，就不同了，手里有家伙，要闹就往死里闹，专用名词叫做哗变。

这种事，谁遇上谁倒霉，大同巡抚运气不好，偏赶上了。有一次工资发得迟了点，当兵的不干，加上有人挑拨，于是大兵们二话不说，操刀就奔巡抚家去了。

巡抚大人慌得不行，里外堵得严严实实，门都出不去，想来想去没办法，寻死的心都有了。

关键时刻，他的家庭教师孙承宗先生出马了。

孙老师倒也没说啥，看着面前怒气冲冲、刀光闪闪的壮丽景象，他只是平静地说：

“饷银非常充足，请大家逐个去外面领取，如有冒领者，格杀勿论。”

士兵们一哄而散。

把复杂的问题弄简单，是一个优秀将领的基本素质。

孙承宗的镇定、从容、无畏表明：他有能力用最合适的方法处理最纷乱的局势，应对最凶恶的敌人。

大同，在长达五年的时间里，孙承宗看到了战争，理解了战争，懂得了战争，并最终掌握了战争。他的掌握，来自他的天赋、理论以及每一次的感悟。

辽东，大孙承宗三岁的努尔哈赤正在讨伐女真哈达部的路上。此时的他，已经是一位精通战争的将领，他的精通，来自砍杀、冲锋以及每一次拼死的冒险。

两个天赋异禀的人，以他们各自不同的方式，进入了战争这个神秘的领域，并获知了其中的奥秘。

二十年后，他们将相遇，以实践来检验他们的天才与成绩。

◆ 相遇

万历三十二年（1604），孙承宗向他的雇主告别，踏上了前往京城的道路。他的目标，是科举。这一年，他四十二岁。

经过几十年的风风雨雨，秀才、落魄秀才，教师、优秀教师，举人、军事观察员，目睹战争的破坏、聆听无奈的哀号、体会无助的痛苦，孙承宗最终确定了自己的道路。

他决定放弃稳定舒适的生活，他决定以身许国。

于是在几十年半吊子生活之后，考场老将孙承宗打算认真地考一次。

这一认真，就有点过了。

放榜的那天，孙承宗得知了自己的考试名次——第二，全国第二。

换句话说，他是榜眼。

按照明朝规定，榜眼必定是庶吉士，必定是翰林。于是在上岗培训后，孙承宗进入翰林院，成为一名正七品编修。

之前讲过，明代朝廷是讲出身的，除个别特例外，要想进入内阁，必须是翰林出身。否则，即使你工作再努力，能力再突出，也是白搭。这是一个公认的潜规则。

但请特别注意，要入内阁，必须是翰林，是翰林，却未必能入内阁。

毕竟翰林院里不止一个人，什么学士、侍读学士、侍讲、修撰、检讨，多了去了，内阁才几个人，还得排队等，前面的人死一个才能上一个，实在不易。

孙承宗就是排队等的人之一，他的运气不好，等了足足十年，都没结果。

第十一年，机会来了。

万历四十二年（1614），孙承宗调任詹事府谕德。

这是一个小官，却有着远大的前程，因为它的主要职责是给太子讲课。

从此，孙承宗成了太子朱常洛的老师，在前方等待着他的，是无比光明的未来。

光明了一个月。

万历四十八年，即位仅一个月的明光宗朱常洛去世。

但对于孙承宗而言，这没有什么影响，因为他已经找到了一个新的学生——朱由校。

教完了爹再教儿子，真可谓诲人不倦。

天启皇帝朱由校这辈子没读过什么书，就好做个木工，所以除木匠师傅外，他对其他老师极不感冒。

但孙承宗是唯一的例外。

由于孙老师长期从事儿童（私塾）教育，对木头型、愚笨型、死不用功型的小孩，一向都有点办法，所以几堂课教下来，皇帝陛下立即喜欢上了孙老师。他从没有叫过孙承宗的名字，而代以一个固定的称谓——“吾师”。

这个称呼，皇帝陛下叫了整整七年，直到去世为止。

他始终保持对孙老师的信任，无论何人，以何种方式挑拨、中伤，都无济于事。

我说的这个“何人”，是指魏忠贤。

正因为关系紧、后台硬，孙老师在仕途上走得很快，近似于飞。一年时间，他就从五品小官，升任兵部尚书，进入内阁成为东阁大学士。

所以，当那封打小报告的信送上来后，天启才会找到孙承宗，征询他的意见。

可孙承宗同志的回答，却出乎皇帝的意料：

“我也不知如何决断。”

幸好后面还有一句：

“让我去看看吧。”

天启二年，兵部尚书兼东阁大学士孙承宗来到山海关。

孙承宗并不了解王在晋，但到山海关和八里铺转了一圈后，他对王大人便有了一个直观且清晰的判断——这人是个白痴。

他随即找来了王在晋，开始了一段在历史上极其有名的谈话。

在谈话的开头，气氛是和谐的，孙承宗的语气非常客气：

“你的新城建成之后，是要把旧城的四万军队拉过来驻守吗？”

参考消息　他的成功不能复制

孙承宗之所以在皇帝私人教师这个岗位上如鱼得水，除了家教经验丰富，善于把握学生心理之外，他还有三个得天独厚的优势：首先，他是从基层做起的，对政治、军事、民生等都有十分丰富的阅历，讲课时能够紧密联系实际，趣味性很强；其次，他的声音很有穿透力，史载“声如鼓钟，殷动墙壁”，学生想打瞌睡都难；再次，他作为河北高阳人，虽然官话不是很标准，但高阳话咬字清楚，这就比他的同事浙江讲官钱象坤等人强多了。综上所述，也难怪朱由校最喜欢孙老师的课了，每次课后，他都会说自己“开窍了”。

王在晋本以为孙大人是来找麻烦的，没想到如此友善，当即回答：

“不是的，我打算再调集四万人来守城。”

但王大人并不知道，孙先生是当过老师的人，对笨人从不一棍子打死，总是慢慢地折腾：

“照你这么说，方圆八里之内，就有八万守军了，是吗？”

王大人还没回过味来，高兴地答应了一声：

“是的，没错啊。”

于是，孙老师算账的时候到了：

“只有八里，竟然有八万守军？你把新城修在旧城前面，那旧城前面的地雷、绊马坑，你打算让我们自己人去吗？！”

“新城离旧城这么近，如果新城守得住，还要旧城干什么？！”

“如果新城守不住，四万守军败退到旧城城下，你是准备开门让他们进来，还是闭关守城，看着他们死绝？！”

王大人估计被打蒙了，半天没言语，想了半天，才憋出来一句话：

“当然不能开门，但可以让他们从关外的三道关进来。此外，我还在山上建好了三座军寨，接应败退的部队。”

这么蠢的孩子，估计孙老师还没见过，所以他真的发火了：

“仗还没打，你就准备接应败军？不是让他们打败仗吗？而且我军可以进入军寨，敌军就不能进吗？现在局势如此危急，不想着恢复国土，只想着躲在关内，京城永无宁日！”

王同学彻底无语了。

事实证明，孙老师是对的，如果新关被攻破，旧关必定难保，因两地只隔八里，逃兵无路可逃，只能往关里跑，到时逃兵当先锋，努尔哈赤当后队，不用打，靠挤，就能把门挤破。

这充分说明，想出此计划的王在晋，是个不折不扣的蠢货。

但聪明的孙老师，似乎也不是什么善类，他没有帮助迟钝生王在晋的耐心，当即给他的另一个学生——皇帝陛下写了封信，直接把王经略调往南京养老去了。

赶走王在晋后，孙承宗想起了那封信，便向身边人吩咐了这样一件事：

“把那个写信批驳王在晋的人叫来。”

很快，他就见到了那个打上级小报告的人，他与此人彻夜长谈，一见如故，感佩于这个人的才华、勇气和资质。

这是无争议的民族英雄孙承宗，与有争议的民族英雄袁崇焕的第一次见面。

孙承宗非常欣赏袁崇焕。他坚信，这是一个必将震撼天下的人物，虽然当时的袁先生，只不过是个正五品兵备佥事。

事实上，王在晋并不是袁崇焕的敌人，相反，他一直很喜欢袁崇焕，还对其信任有加，但袁崇焕仍然打了他的小报告，且毫不犹豫。

对于这个疑问，袁崇焕的回答十分简单：

“因为他的判断是错的，八里铺不能守住山海关。”

于是孙承宗问出了第二个问题：

“你认为，应该选择哪里？”

袁崇焕回答，只有一个选择。

然后，他的手指向了那个唯一的地点——宁远。

宁远，即今辽宁兴城，位居辽西走廊中央，距山海关两百余里，是辽西的重要据点，位置非常险要。

虽然几乎所有的人都认为，宁远很重要、很险要，但几乎所有的人也都认为，坚守宁远，是一个愚蠢的决定。

因为当时的明朝，已经丢失了整个辽东，手中仅存的只有山海关。关外都是敌人，跑出两百多里，到敌人前方去开辟根据地，主动深陷重围，让敌人围着打，这不是勇敢，是缺心眼儿。

我原先也不明白，后来我去了一趟宁远，明白了。

宁远是一座既不大，也不起眼的城市，但当我登上城楼，看到四周地形的时候，才终于确定，这是个注定让努尔哈赤先生欲哭无泪的地方。

袁崇焕

1584 — 1630
广东东莞
（一说生于广西）人

特点
|
为人慷慨，富于胆略，喜欢远游，喜谈军事

靠山
|
孙承宗

后世评价
|
争议极大的民族英雄

后世纪念
|
袁崇焕纪念馆、袁督师庙等

因为它的四周三面环山，还有一面，是海。

说宁远是山区，其实也不夸张。它的东边是首山，西边是窟窿山，中间的道路很窄，是个典型的关门打狗地形。努尔哈赤先生要从北面进攻这里，是很辛苦的。

当然了，有人会说，既然难走，那不走总行了吧。

很可惜，虽然走这里很让人恶心，但不恶心是不行的，因为辽东虽大，要进攻山海关，却必须从这里走。

此路不通让人苦恼，再加个别无他路，就只能去撞墙了。

是的，还会有人说，辽东都丢了，这里只是孤城，努尔哈赤占有优势，兵力很强，动员几万人把城团团围住，光是围城，就能把人饿死。

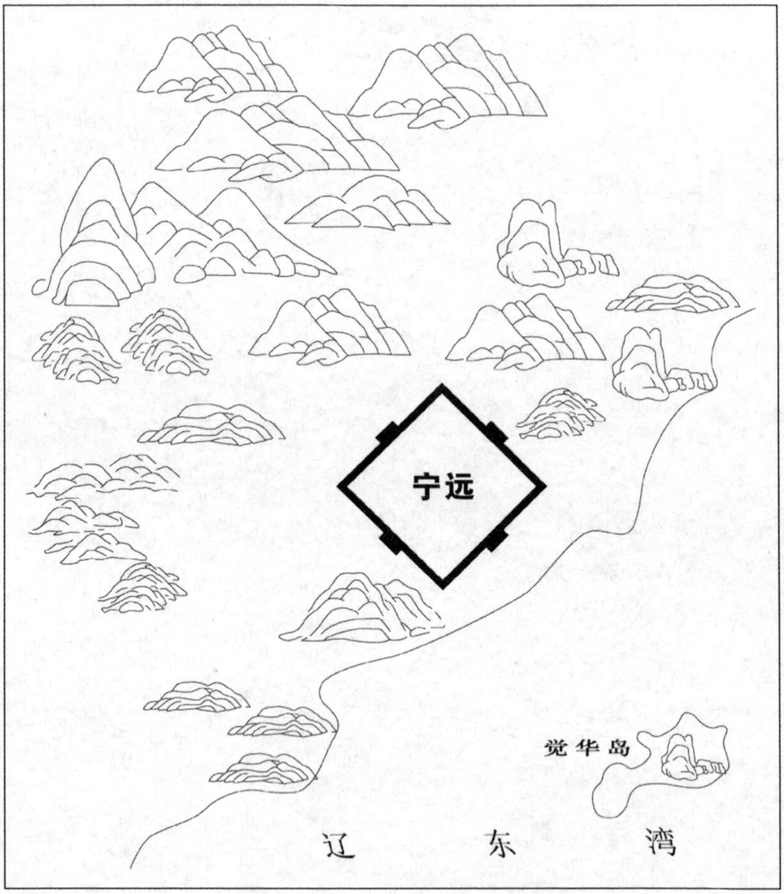

→ 宁远城方位图

这是一个理论上可行的方案，仅仅是理论。

如果努尔哈赤先生这样做了，那么我可以肯定，最先被拖垮的一定是他自己。

因为宁远最让人绝望的地方，并不是山，而是海。

明朝为征战辽东，在山东登州地区修建了仓库，如遇敌军围城，船队就能将粮食装备源源不断地送到沿海地区，当然也包括宁远。

而努尔哈赤先生，只能眼睁睁地看着这一切的发生，要知道，他的军队里，没有海军这个兵种。

更为重要的是，距离宁远不远的地方，有个觉华岛，在岛上有明军的后勤仓库，可以随时支援宁远。

之所以把仓库建在岛上，原因很简单，明朝人都知道：后金没有海军，没有翅膀，飞不过来。

但有些事，是说不准的。

上个月，我从宁远坐船，前往觉华岛（现名菊花岛），才发现，原来所谓不远，也挺远，在海上走了半个多钟头才到。

上岸之后，就只能眺望宁远了。于是，我问了当地人一个问题：你们离陆地这么远，生活用品用船运很麻烦吧？

他回答：我们也用汽车拉，不麻烦。

然后补充一句：冬天，海面会结冰。

我又问：这么宽的海面（我估算了一下，大概有十公里），都能冻住吗？

他回答：一般情况下，冻不住。

接着又补充：去年，冻住了。

去年，是2007年，冬天很冷。

于是，我想起了三百八十一年前，发生在这里的那场惊天动地的战争。我知道，那一年的冬天，也很冷。

◆ 学生

孙承宗接受了袁崇焕的意见，他决定，在宁远筑城。

筑城的重任，他交给了袁崇焕。

但要应对即将到来的战争，这些还远远不够，还有很多事情要做。

孙承宗最先做的一件事，就是练兵。

当时他手下的士兵，总共有七万多人。数字挺大，但也就是个数字，一查才发现，有上万人压根儿不存在，都是空额，工资全让老领导们拿走了。

这是假人，留下来的真人也不顶用。很多兵都是老兵油子，领饷时带头冲，打仗时带头跑，特别是关内某些地方的兵，据说逃跑时的速度，敌人骑马都赶不上。

对于这批人，孙承宗用一个字就都打发了：滚。

他遣散了上万名撤退先锋，因为他已经找到了一个极具战斗力的群体——难民。

难民，就是原本住得好好的人，突然被人赶走，地被占了，房子被烧，老婆孩子被杀，求生不得，求死不能。让这样的人去参军打仗，是不需要动员的。

这就是明朝历史上著名的军事政策——以辽人守辽土。

孙承宗从难民中挑选了七千人，编入了自己的军队。四年后，他们的仇恨将成为战胜敌人的力量。

除此之外，他还做了很多事，大致如下：

修复大城九座，城堡四十五座；练兵十一万，训练弓弩手、火炮手五万；立军

参考消息　辽人能不能用？

所谓辽人，简单来讲，就是东北边疆的边民。明末在辽人能否为兵这个问题上，朝廷高层曾有过截然不同的判断：熊廷弼认为“辽人不可用”，孙承宗则力主“以辽人守辽土”。这两个主张看似矛盾，实际上却都符合实际情况。熊廷弼在任时，朝廷的控制力还在，辽人但凡有点门路的，都只顾着逃亡，根本无心抵抗，明军中所招募的辽人，没多久就逃了个干干净净；等孙承宗上位时，后金已经控制了局势，努尔哈赤将当地汉民当成奴隶驱使，横加屠戮，于是辽人的反抗意识开始觉醒，各地多次爆发抗金斗争，朝廷对辽人的态度也因此发生了根本性的转变。

营十二、水营五、火营二、前锋后劲营八；造甲胄、军事器械、弓矢、炮石、渠答(守城的礌石)、卤盾等数万具。另外，拓地四百里；召集辽人四十余万，训练辽兵三万；屯田五千顷，岁入十五万两白银。

具体细节不知道，看起来确实很多。

应该说，孙承宗所做的这些工作非常重要，但绝不是最重要的。

17 世纪最重要的是什么？是人才。

天启二年，孙承宗已经六十岁了。他很清楚，虽然他熟悉战争、精通战争，有着挽救危局的能力，但他毕竟老了。

为了大明江山，为了百姓的安宁，为了报国的理想，做了一辈子老师的孙承宗决定，收下最后一个学生，并把自己的谋略、战法、无畏的信念，以及永不放弃希望的勇气，全部传授给他。

他很欣慰，因为他已经找到了一个合适的人选——袁崇焕。

在他看来，袁崇焕虽然不是武将出身（进士)，也没怎么打过仗，但这是一个具备卓越军事天赋的人，能够在复杂的形势下，作出正确的判断。

更重要的是，袁崇焕有着战死沙场的决心。

因为在战场上，求生者死，求死者生。

在之后的时间里，他着力培养袁崇焕。巡察带着他，练兵带着他，甚至机密决策也都让他参与。

当然，孙老师除了给袁同学开小灶外，还让他当了班干部，从宁前兵备副使、宁前道，再到人事部（吏部）的高级预备干部（巡抚)，只用了三年。

袁崇焕用实际行动证明，他是个不折不扣的优等生。三年里，他圆满完成了自己的工作，并熟练掌握了孙承宗传授的所有技巧、战术与战略。

在这几年中，袁崇焕除学习外，主要的工作是修建宁远城，加强防御。然而有一天，他突然意识到了一个问题：

后金军以骑兵为主，擅长奔袭，行动迅猛，抢了就能跑。而明军以步兵为主，骑兵质量又不行，打到后来，只能坚守城池，基本上是敌进我退，敌退我不追。这么下去，到哪儿才是个头？

是的，防守是不够的，仅凭城池、步兵坚守，是远远不够的。

彻底战胜敌人强大骑兵的唯一方式，就是建立一支同样强大的骑兵。

所以，在孙老师的帮助下，他开始召集难民，仔细挑选，进行严格训练。只有最勇猛精锐、最苦大仇深的士兵，才有参加这支军队的资格。

同时，他饲养优良马匹，大量制造明朝最先进的火器三眼神铳，配发到每个人的手中，并反复操练骑兵战法，冲刺砍杀，一丝不苟。

因为他所需要的，是这样一支军队：无论面临绝境，或是深陷重围，这支军队都能够战斗到最后一刻，决不投降。

他成功了。

他最终训练出了一支这样的军队，一支努尔哈赤、皇太极父子终其一生，直至明朝灭亡，也未能彻底战胜的军队。

在历史上，这支军队的名字，叫做关宁铁骑。

袁崇焕的成长，远远超出了孙承宗的预料，无论是练兵、防守、战术，都已无懈可击。虽然此时，他还只是个无名小卒。

对这个学生，孙老师十分满意。

但他终究还是发现了袁崇焕的一个缺点，一个看似无足轻重的缺点，从一件看似无足轻重的小事上。

参考消息　历史上的精锐骑兵

除了关宁铁骑和八旗骑兵外，历史上还有不少横绝一时的精锐骑兵部队。比较著名的有：光武帝刘秀横扫群雄时所倚重的“幽州突骑”、曹操手下的王牌“虎豹骑”、蜀国马超率领的“西凉铁骑”、唐太宗李世民的“玄甲兵”、西夏开国皇帝李元昊创建的“铁鹞子”、金朝金兀术手下的“铁浮图”和“拐子马”、南宋名将岳飞手底下的“特种部队”“背嵬军”、成吉思汗亲自指挥的护卫兵团“怯薛军”，等等。

天启三年（1623），辽东巡抚阎鸣泰接到举报，说副总兵杜应魁冒领军饷。

要换在平时，这也不算是个事，但孙老师刚刚整顿过，有人竟然敢顶风作案，必须要严查。

于是他派出袁崇焕前去核实此事。

袁崇焕很负责任，到地方后不眠不休，开始查账清人数。一算下来，没错，杜总兵确实贪污了，叫来谈话，杜总兵也认了。

按规定，袁特派员的职责到此结束，就该回去报告情况了。

可是袁大人似乎太过积极，谈话刚刚结束，他竟然连个招呼都不打，当场就把杜总兵给砍了。被砍的时候，杜总兵还在做痛哭流涕忏悔状。

事发太过突然，在场的人都傻了，等大家回过味来，杜总兵某些部下已经操家伙，准备奔着袁大人去了。

杜应魁毕竟是朝廷命官，你又不是直属长官，啥命令没有，到地方就把人给砍了，算是怎么回事？

好在杜总兵只是副总兵，一把手还在。好说歹说，才把群众情绪安抚下去，袁特派员这才安然返回。

返回之后的第一个待遇，是孙承宗的一顿臭骂：

“杀人之前，竟然不请示！杀人之后，竟然不通报！士兵差点哗变，你也不报告！到现在为止，我还不知道，你到底杀了什么人，以何理由要杀他！

“据说你杀人的时候，只说是奉了上级的命令，如果你凭上级的命令就可以杀人，那还要上方宝剑（皇帝特批孙承宗一柄）干什么？！”

袁崇焕没有吱声。

就事情本身而言，并不大，却相当恶劣。既不是直系领导，又没有上方宝剑，竟敢擅自杀人，实在太过嚣张。

但此刻人才难得，为了这么个事，把袁崇焕给办了，似乎也不现实。于是孙承宗把这件事压了下去，他希望袁崇焕能从中吸取教训：意气用事，胡乱杀人，是绝对错误的。

事后证明，袁崇焕确实吸取了教训。当然，他的认识和孙老师的有所不同：

不是领导，没有尚方宝剑，擅自杀人，是不对的。那么是领导，有了上方宝剑，

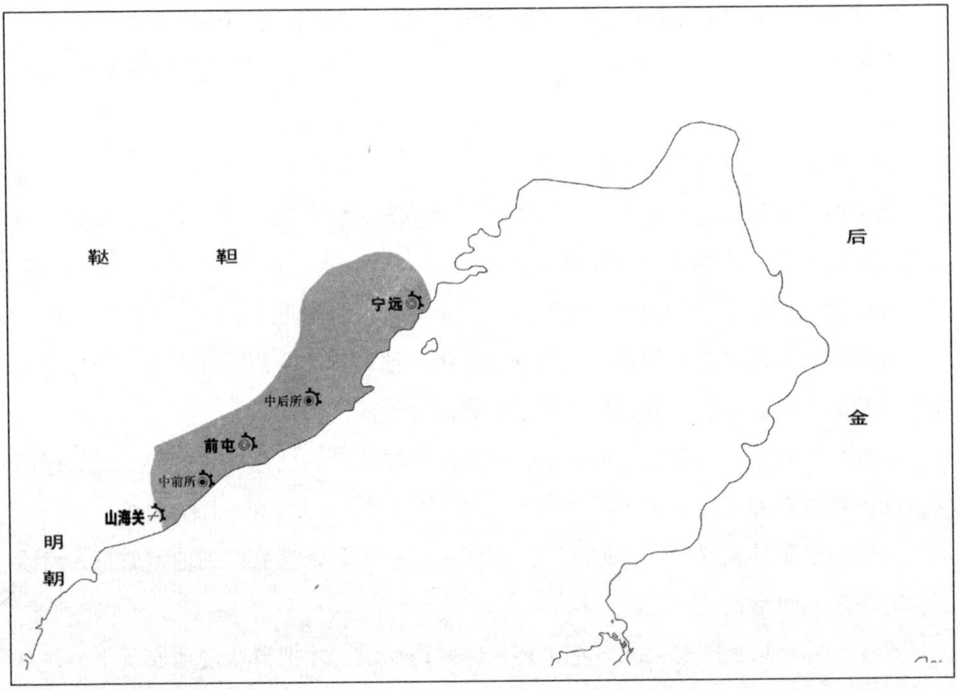

↑ 关宁防线

再擅自杀人，就应该是对的。

从某个角度讲，他这一辈子，就栽在这个认识上。

不过局部服从整体，杜总兵死了也就死了，无所谓。事实上，此时辽东的形势相当好，宁远以及附近的松山、中前所、中后所等据点已经连成了一片，著名的关宁（山海关—宁远）防线初步建成，驻守明军已达十一万人，粮食可以供应三年以上，关外两百多公里土地重新落入明朝手中。

孙承宗修好了城池，整好了军队，找好了学生，恢复了国土，但这一切还不够。

要应对即将到来的敌人，单靠袁崇焕是不行的，必须再找几个得力的助手。

◆ 助手

袁崇焕刚到宁远时，看到的是破墙破砖，一片荒芜，不禁感叹良多。

然而，很快就有人告诉他，这是刚修过的。事实上，已有一位将领在此筑城，而且还筑了一年多。

修了一年多，就修成这个破样？袁崇焕十分恼火，于是他把这个人叫了过来，臭骂了一顿。

没想到，这位仁兄全然没有之前被砍死的那位杜总兵的觉悟，非但不认错，竟然还跳起来，跟袁大人对骂，张口就是“老子打了多少年仗，你懂个屁”之类的浑话。

这就是当时的懒散游击将军，后来的辽东名将祖大寿的首次亮相。

祖大寿，是一个很有名的人，有名到连在他家干活的仆人祖宽都进了《明史》列传。然而，这位名人本人的列传，却在《清史稿》里，因为他最终还是换了老板。

但奇怪的是，和有同样遭遇的吴某某、尚某某、耿某某比起来，他的名声相当好，说他是 × 奸的人，似乎也不多。原因在于，他已尽到了自己的本分。

祖大寿，字复宇，辽东宁远人，生在宁远，长在宁远，参军还在宁远。此人脾气暴躁，品性凶狠，好持刀砍人，并凭借多年砍人之业绩，升官当上了游击，熊廷弼在的时候很赏识他。

后来熊廷弼走了，王化贞来了，也很赏识他，并且任命他为中军游击，镇守广宁城。

参考消息 **家丁制度**

明代弘治前后，军队中的将帅私养家丁的现象越来越严重。所谓“家丁”，并非一般意义上的仆人，说白了就是将帅防身御敌的私人武装。这些人经过严格的挑选，大都身强体壮、弓马娴熟，战斗力极强。他们的待遇很高，衣食器械都由主人供给，双方有很强的人身依附关系。由于卫所军队腐败，缺乏战斗力，为了应付日益严峻的边防危机，朝廷越来越倚重这些私人家丁。到了嘉靖中期，明廷开始由国家出饷，供养将帅私养的家丁，并逐渐形成制度。这些人当中混得好的，一般都能混个一官半职，甚至有可能成为高级将领。

再后来，孙得功叛乱，王化贞逃跑了，关键时刻，祖大寿二话不说，也跑了。

但他并没有跑回去，而是率领军队跑到了觉华岛继续坚守。

坚守原则，却不吃眼前亏。从后来十几年中他干过的那些事来看，这是他贯彻始终的人生哲学。

对于一个在阎王殿参观过好几次的人而言，袁崇焕这种进士出身，连仗都没打过的人，竟然还敢跑来抖威风，是纯粹的找抽，不骂是不行的。

这场对骂的过程并不清楚，但结果是明确的。袁大人虽然没当过兵，脾气却比当兵的更坏，正如他的那句名言："你道本部院是个书生，本部院却是一个将首！"双方你来我往，几个回合下来，祖大寿认输了。

从此，他成为了袁崇焕的忠实部下、大明的优秀将领、后金骑兵不可逾越的铜墙铁壁。

祖大寿，袁崇焕的第一个助手。

其实祖大寿这个名字，是很讨巧的，因为用当地口音，不留神就会读成祖大舅。为了不至于乱了辈分，无论上级下属，都只是称其职务，而不呼其姓名。

只有一个人，由始至终、坚定不移地称其为大舅，原因很简单，祖大寿确实是他的大舅。

这个人名叫吴三桂。

当时的吴三桂不过十一二岁，尚未成年，既然未成年，就不多说了。事实上，在当年，他的父亲吴襄，是一个比他重要得多的人物。

吴襄，辽宁绥中人，祖籍江苏高邮，武举人。

其实按史料的说法，吴襄先生的祖上，本来是买卖人，从江苏跑到辽东，是来做生意的。可是到他这辈，估计是兵荒马乱，生意不好做了，于是一咬牙，去考了武举，从此参加军队，迈上丘八的道路。

由于吴先生素质高，有文化（至少识字吧），和兵营里的那些傻大粗不一样，祖大寿对其比较赏识，刻意提拔，还把自己的妹妹嫁给了他。

吴襄没有辜负祖大寿的信任，在此后十余年的战斗中，他和他的儿子，将成为大明依靠的支柱。

吴襄，袁崇焕的第二个助手。

在逃到宁远之前，吴襄和祖大寿是王化贞的下属；在王化贞到来之前，他们是毛文龙的下属。

现在看来，毛文龙似乎并不有名，也不重要，但在当时，他是个非常有名，且极其重要的人，至少比袁崇焕重要得多。

天启初年的袁崇焕是宁前道，毛文龙是皮岛总兵。

准确地说，袁崇焕，是宁前地区镇守者，朝廷四品文官。

而毛文龙，是左都督、朝廷一品武官、平辽将军、上方宝剑的持有者、辽东地区最高级别军事指挥官。

换句话说，毛总兵比袁大人要大好几级。与毛文龙相比，袁崇焕只是一个微不足道的无名小卒，双方根本就不在同一档次上。

因为毛总兵并不是一个普通的总兵。

明朝总兵的演进

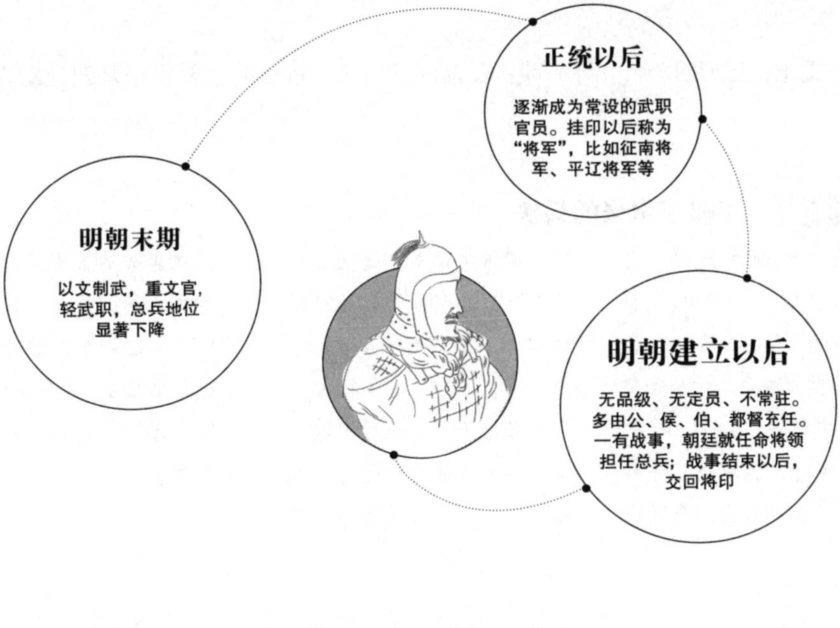

明代的总兵，是个统称，相当于司令员。但是，管几个省的，可以叫司令员，管一个县的，也可以叫司令员。比如，那位吃空额贪污的杜应魁，人家也是个副总兵，但袁特派员说砍就把他砍了，连眼睛都不眨，检讨都不写。

总而言之，明代总兵是分级别的，有分路总兵、协守总兵等，而最高档次的，是总镇总兵。

毛文龙，就是总镇总兵。事实上，他是大明在关外唯一的总镇级总兵。

总镇总兵，用今天的话说，是大军区司令员，地位十分之高，一般都附带将军头衔（相当于荣誉称号，如平辽、破虏等），极个别的还兼国防部长（兵部尚书）。

明朝全国的总镇总兵编制有二十人，十四个死在关外，现存六人，毛文龙算一个。

但在这些幸存者之中，毛总兵是比较特别的。虽然他的级别很高，但他管的地盘很小——皮岛，也就是个岛。

皮岛，别名东江，位处鸭绿江口，位置险要，东西长十五里，南北宽十二里。毛总兵就驻扎在上面，是为毛岛主。

这是个很奇怪的事。一般说来，总镇总兵管辖的地方很大，不是省军区司令，也是地区军区司令，只有毛总兵，是岛军区司令。

但没有人觉得奇怪，因为其他总兵的地盘，是接管的，而毛总兵的地盘，是自己抢来的。

毛文龙，万历四年（1576）生人，浙江杭州人，童年的主要娱乐是四处蹭饭吃。

参考消息 **下棋下出来的兵法**

毛文龙十分痴迷围棋，曾放言："杀得北斗归南。"朋友问他是什么意思，他答道："行棋如决战，对垒若交锋，个中先天深意，谁能悟之？"他听说西湖净慈寺有个叫逍遥子的道士，精通棋道，便跑去请教。道士告诉他："昔日马融曾有《围棋赋》；班固也作有《弈旨》之论；大战在即，谢安还能淡定自若地下棋，最后大败后秦；费祎出征前仍能全神贯注地对弈，后来果然击退魏军。这里面的玄机是讲也讲不完的，所谓兵法，都在棋里啊！"临别前，道士又送了他一本秘笈，毛文龙读后，如醍醐灌顶，遂领悟到了兵法的奥妙。

由于家里太穷，毛文龙吃不饱饭，自然上不起私塾，考不上进士。而就我找到的史料看，他似乎也不是斗狠的主儿，打架撒泼的功夫也差点，不能考试，又不能闹腾，算是百无一用，比书生还差。

但要说他什么都没干，那也不对，为了谋生，他开始从事服务行业——算命。

算命是个技术活，就算真不懂，也要真能忽悠，于是毛文龙开始研究麻衣相术、测字、八卦等。

但我们有理由相信，他在这方面的学问没学到家，给人家算了几十年的命，就没顾上给自己算一卦。

不过，他在另一方面的造诣，是绝对值得肯定的——兵法。

在平时只教语文、考试只考作文的我国古代，算命、兵法、天文这类学科都是杂学，且经常扎堆，还有一个莫名其妙的统称——阴阳学。

而迫于生计，毛先生平时看的大都是这类杂书，所以他虽没上过私塾，却并非没读过书。据说他不但精通兵法理论，还经常用于实践——聊天时用来吹牛。

就这么一路算，一路吹，混到了三十岁。

不知是哪一天，哪根弦不对，毛文龙突然决定，结束自己现在的生活，毅然北上寻找工作。

他一路到了辽东，遇见当时的巡抚王化贞，王化贞和他一见如故，认为他是优秀人才，当即任命他为都司，进入军队任职。

这个世界上似乎没有这样的好事，没错，前面两句话是逗你们玩的。

毛文龙先生之所以痛下决心北上求职，是因为他的舅舅时来运转，当上了山东布政使，跟王化贞关系很好，并向王巡抚推荐了自己的外甥。

王巡抚给了面子，帮毛文龙找了份工作，具体情况就是如此。

在王化贞看来，给毛文龙安排工作，是挣了毛文龙舅舅的一个人情，但事实证明，办这件事，是挣了大明的一个人情。

毛文龙就这样到部队上班了，虽说只是个都司，但在地方而言，也算是高级干部了，至少能陪县领导吃饭。问题在于，毛都司刚去的时候，不怎么吃得开，因为大家都知道他是关系户，都知道他没打过仗，所以，都瞧不起他。

直到那一天的到来——天启元年三月二十一日。

这一天,辽阳陷落,辽东经略袁应泰自尽,数万守军全军覆没。至此,广宁之外,明朝在辽东已无立足之地。

难民携家带口,士兵丢弃武器,大家纷纷向关内逃窜。

除了毛文龙。

毛文龙没有跑,但必须说明的是,他之所以不跑,不是道德有多高尚,而是实在跑不掉了。

由于辽阳失陷太快,毛先生反应不够快,没来得及跑,落在了后面,被后金军堵住,没辙了。

如果只有他一个人,化化装,往脸上抹把土,没准儿还能混过去。不幸的是,他的手下还有两百来号士兵。

带着这么群累赘,想溜溜不掉,想打打不过,明军忙着跑,后金军忙着追,敌人不管他,自己人也不管他。毛文龙此时的处境,可以用一个词完美地概括——弃卒。

当众人一片哀鸣,认定走投无路之际,毛文龙找到了一条路——下海。

他找来了船只,士兵们安全撤退到了海上。

然而很快,士兵们就发现,他们行进的方向不是广宁,更不是关外。

"我们去镇江。"毛文龙答。

于是大家都傻了。

所谓镇江,不是江苏镇江,而是辽东的镇江堡。此地位于鸭绿江入海口,与朝鲜隔江而立,战略位置十分重要,极其坚固,易守难攻。

但大家之所以吃惊,不是由于它很重要、很坚固,而是因为它压根儿就不在明朝手里。

辽阳、沈阳失陷之前,这里就换地主了,早就成了后金的大后方,且有重兵驻守。这个时候去镇江堡,动机只有两个:投敌,或是找死。

然而毛文龙说,我们既不投敌,也不寻死,我们的目的,是攻占镇江。

很明显,这是在开玩笑。辽阳已经失陷了,没有人抵抗,没有人能够抵抗,大家的心中，有着共同且唯一的美好心愿——逃命。

但是毛文龙又说：我没有开玩笑。

我们要从这里出发，横跨海峡，航行上千里，到达敌人重兵集结的坚固堡垒，凭借我们这支破烂不堪、装备不齐、刚刚一败涂地、只有几百人的队伍，去攻击装备精良、气焰嚣张、刚刚大获全胜的敌人，是以寡敌众。

我们不逃命，我们要攻击，我们要彻底地击败他们，我们要收复镇江，收复原本属于我们的土地！

没有人再惊讶，也没有人再反对，因为很明显，这是一个合理的理由，一个足以让他们前去攻打镇江、义无反顾的理由。

在夜幕的掩护下，毛文龙率军抵达了镇江堡。

事实证明，他或许是个冲动的人，但绝不是个愚蠢的人。如同预先彩排的一样，毛文龙发动了进攻。后金军队万万想不到，在大后方竟然还会被人捅一刀，没有丝毫准备，黑灯瞎火的，也不知到底来了多少人，从哪里来，只能惊慌失措，四散奔逃。

此战明军大胜，歼灭后金军千余人，阵斩守将佟养真，收复镇江堡周边百里地域，史称“镇江堡大捷”。

这是自努尔哈赤起兵以来，明朝在辽东最大、也是唯一的胜仗。

消息传来，王化贞十分高兴，当即任命毛文龙为副总兵，镇守镇江堡。

后金丢失镇江堡后，极为震惊，派出大队兵马，打算把毛文龙赶进海里喂鱼。

由于敌太众，我太寡，毛文龙丢失了镇江堡，被赶进了海里，但他没有喂鱼，

参考消息　**奇捷还是奇祸？**

收复镇江，在王化贞看来是一次“奇捷”，他居然不跟熊廷弼打声招呼，就直接向朝廷去献俘请功。对此，熊廷弼很是恼火，他认为毛文龙此举乃“奇祸”，非但无功，反而有罪。因为当时各方面的军事部署还没有集结完毕，发动攻势过早，不仅会打乱原本的全盘部署，还会激怒后金，导致他们报复民众。由于毛文龙的举动迎合了辽人急欲收复失地的心理，再加上大学士叶向高、兵部尚书张鹤鸣等都力挺王化贞，熊廷弼的意见根本没人支持。此后不久，果然发生了屠城事件。

却开始钓鱼——退守皮岛。

毕竟只是个岛，所以刚开始时，谁也没把他当回事。可不久之后，他就用实际行动，让努尔哈赤先生领会了痛苦的真正含义。

自天启元年以来，毛文龙就没休息过，每年派若干人，出去若干天，干若干事，不是放火，就是打劫，搞得后金不得安生。

更烦人的是，毛岛主本人实在狡猾无比，你没有准备，他就上岸踢你一脚，你集结兵力，设好埋伏，他又不来了，就如同耳边嗡嗡叫的蚊子，能把人活活折磨死。

后来努尔哈赤也烦了，估计毛岛主也只能打打游击，索性不管理他，让他去闹。没想到，毛岛主又给了他一个意外惊喜。

天启三年，就在后金军的眼皮底下，毛岛主突然出兵，一举攻占金州（今辽宁金州），而且占住就不走了，在努尔哈赤的后院放了把大火。

努尔哈赤是真没法了。要派兵进剿，却是我进敌退；要登陆作战，又没有那个技术；要打海战，又没有海军，实在头疼不已。

努尔哈赤是越来越头疼，毛岛主却越来越折腾，按电视剧里的说法，住孤岛上应该是个很惨的事，要啥啥没有，天天坐在沙滩上啃椰子，眼巴巴地盼着人来救。

可是毛文龙的孤岛生活过得相当充实，照史书上的说法，是“召集流民，集备军需，远近商贾纷至沓来，货物齐备，捐税丰厚”。

这就是说，毛岛主在岛上搞得很好，大家都不在陆地上混了，跟着跑来讨生活，岛上的商品经济也很发达，还能抽税。

这还不算，毛岛主除了搞活内需外，还做进出口贸易，日本、朝鲜都有他的固定客商。据说连后金管辖区也有人和他做生意，反正那鬼地方没海关，国家也不征税，所以毛岛主的收入相当多，据说每个月都有十几万两白银。

有钱，自然就有人了。在高薪的诱惑下，上岛当兵的越来越多，原本只有两百多人，后来袁崇焕上岛清点人数时，竟然清出了三万人。

值得夸奖的是，在做副业的同时，毛岛主并没有忘记本职工作。在之后的几年中，他创造了很多业绩，摘录如下：

天启三年，占金州。

四年五月，遣将沿鸭绿江越长白山，侵后金国东偏。

同年八月，遣兵从义州城西渡江，入岛中屯田。

五年六月，遣兵袭耀州之官屯寨。

六年五月，遣兵袭鞍山驿，越数日又遣兵袭撤尔河，攻城南。

乱打一气不说，竟然跑到人家地面上屯田种粮食，实在太嚣张了。

努尔哈赤先生如果不恨他，那是不正常的。

可是恨也白恨，科技跟不上，只能眼睁睁看着毛岛主胡乱闹腾。

拜毛文龙同志所赐，后金军队每次出去打仗的时候，很有一点惊弓之鸟的感觉，唯恐毛岛主在背后打黑枪，以至于长久以来不能安心抢掠，工作精力和情绪受到极大影响，反响极其恶劣。

如此成就，自然无人敢管，朝廷哄着他，王化贞护着他。后来，王在晋接任了辽东经略，都得把他供起来。

毛文龙，袁崇焕的第三个帮助者，现在的上级、未来的敌人。

天启三年，袁崇焕正热火朝天地在宁远修城墙的时候，另一个人到达宁远。

这个人是孙承宗派来的，他的职责，是与袁崇焕一同守护宁远。这个人的名字叫满桂。

满桂，宣府人，蒙古族，很穷，很勇敢。

满桂同志应该算是个标准的打仗苗子，从小爱好打猎，长大参军了，就爱好打人。在军队中混了很多年，每次出去打仗，都能砍死几个，可谓战功显赫。然而战功如此显赫，混到四十多岁，才是个百户。

倒不是有人打压他，实在是因为他太实在。

明朝规定，如果你砍死敌兵一人（要有首级），那么恭喜你，接下来你有两种选择：一、升官一级；二、得赏银五十两。

每次满桂都选第二种，因为他很缺钱。

我不认为满桂很贪婪，事实上，他很老实。

因为他并不知道，选第二种的人，能拿钱，而选第一种的，既能拿权，也能拿钱。

就这么个混法，估计到死前，能混到个千户，就算老天开眼了。

然而，数年之后一个人的失败，造就了他的成功。这个失败的人，是杨镐。

万历四十七年（1619），杨镐率四路大军，在萨尔浒全军覆没，光将领就死了三百多人。朝廷没人了，只能下令破格提拔，满桂同志就此改头换面，当上了明军的高级将领——参将。

但真正改变他命运的，是另一个成功的人——孙承宗。

天启二年，在巡边的路上，孙承宗遇见了满桂，对这位老兵油子极其欣赏（大奇之），高兴之余，就给他升官，把他调到山海关，当上了副总兵。一年后，满桂被调往宁远，担任守将。

满桂是一个优秀的将领，他不但作战勇敢，而且经验丰富，还能搞外交。

当时的蒙古部落，已经成为后金军队的同盟，无论打劫、打仗都跟着一起来，明军压力很大。而满桂的到来，彻底改变了这一切。

他利用自己的少数民族身份，对同胞进行了长时间耐心的劝说；对于不听劝说的，也进行了长时间耐心的攻打。很快，大家就被他又打又拉的诚恳态度所感动，全都服气了（桂善操纵，诸部咸服）。

此外，他很擅长堆砖头，经常亲自监工砌墙；还很喜欢练兵，经常把手下的兵练得七倒八歪。

就这样，在满桂的不懈努力下，宁远由当初一座较大的废墟，变成了一座较大的城市（军民五万余家，屯种远至五十里）。

而作为宁远地区的最高武官，他与袁崇焕的关系也相当好。

其实矛盾还是有的，但问题不大，至少当时不大。

必须说明一点，满桂当时的职务，是宁远总兵，而袁崇焕，是宁前道。就级别而言，满桂比袁崇焕要高，但明朝的传统，是以文制武，所以在宁远，袁崇焕的地位要略高于满桂，高一点点。

而据史料记载，满桂是个不苟言笑，却极其自负的人。加上他本人是从小兵干起的，平时干的都是砍人头的营生（一个五十两），注重实践，最看不起的，就是那些空谈理论，没打过仗的文官，当然，这当中也包括袁崇焕。

但有趣的是，他和袁崇焕相处得还不错，并不是他比较大度，而是袁崇焕比较能忍。

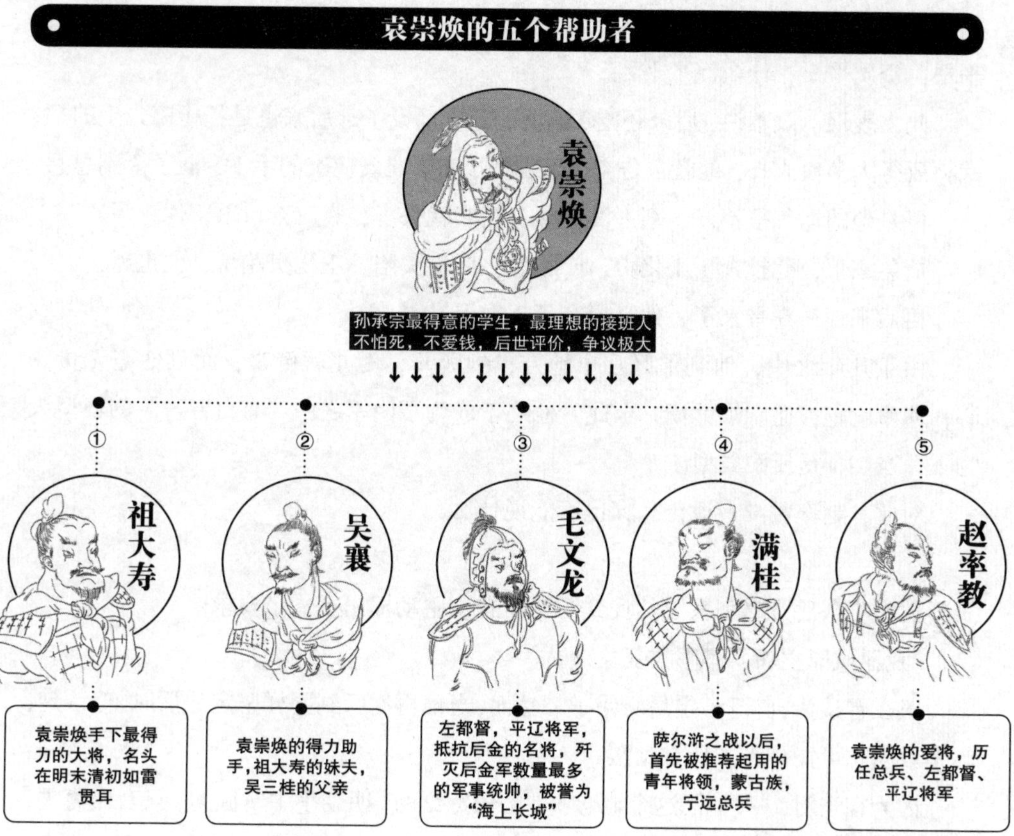

袁大人是很有自知之明的，他很清楚，在辽东混的，大部分都是老兵油子，杀人放火的事情干惯了，在这些人看来，自己这种文化人兼新兵蛋子，是没有发言权的。

所以他非常谦虚，非常能装孙子，还时常向老前辈们（如满桂）虚心请教，“满桂们”也心知肚明，知道他是孙承宗的人，得罪不起，都给他几分面子。总之，大家混得都还不错。

满桂，袁崇焕的第四个帮助者，三年后共经生死的战友，七年后置他于死地的对手。

或许你觉得人已经够多了，可是孙承宗似乎并不这么看，不久之后，他又送来了第五个人。

这个人，是他从刑场上救下来的，名字叫赵率教。

赵率教，陕西人，此人当官很早，万历中期就已经是参将了，履历平平，战功平平，资质平平，什么都平平。

此人表现一般不说，后来还吃了官司，工作都没了。后来也是托杨镐先生的福，武将死得太多没人补，他就自告奋勇，去补了缺，在袁应泰的手下，混了个副总兵。

可是他的运气很不好，刚去没多久，辽阳就丢了，袁应泰自杀，他跑了。

情急之下，他投奔了王化贞，一年后，广宁失陷，王化贞跑了，他也跑了。

再后来，王在晋来了，他又投奔了王在晋。

由于几年之中，他到了好几个地方，到哪儿，哪儿就倒霉，而且他毫无责任心，遇事就跑，遇麻烦就溜。至此，他终于成为了明军之中“有口皆碑”的典型人物——当然，是反面典型。

对此，赵率教没有说什么，也不能说什么。

然而不久后，赵率教突然找到了王在晋，主动提出了一个要求：

“我愿戴罪立功，率军收复失地。”

王在晋认为，自己一定是听错了。然而，当他再次听到同样坚定的话时，他认定，赵率教同志可能是受了什么刺激。

因为在当时，“失地”这个概念，是比较宽泛的，明朝手中掌握的，只有山海关，往大了说，整个辽东都是失地，您要去收复哪里？

赵率教回答：前屯。

前屯，就在宁远附近，是明军的重要据点。

在确定赵率教头脑清醒、没有寻死倾向之后，王在晋也说了实话：

“收复失地固然是好，但眼下无余兵。”

这就很实在了，我不是不想成全你，只是我也没法儿。

然而，赵率教的回答彻底出乎了王大人的意料：

“无须派兵，我自己带人去即可。”

老子是辽东经略，手下都没几号人，你还有私人武装？于是好奇的王在晋提出了问题：

“你有多少人？”

赵率教答:

“三十八人。”

王在晋彻底郁闷了。眼下大敌当前，努尔哈赤随时可能打过来，士气如此低落，平时能战斗的，也都躲了，这位平时特别能躲的，却突然站出来要战斗？

这都啥时候了，你开什么玩笑？还嫌不够乱？

于是一气之下，王在晋手一挥：你去吧！

这是一句气话，可他万没想到，这哥们儿真去了。

赵率教率领着他的家丁，三十八人，向前屯进发，去收复失地。

这是一个有明显自杀迹象的举动，几乎所有的人都认为，赵率教疯了。

但事实证明，赵先生没有疯，因为当他接近前屯，得知此地有敌军出现时，便停下了脚步。

“前方已有敌军，不可继续前进，收复此地即可。”

此地，就是他停下的地方，名叫中前所。

中前所，地处宁远近郊，大致位于今天的辽宁省绥中县附近。赵率教在此扎营，就地召集难民，设置营地，挑选精壮充军，并组织屯田。

王在晋得知了这个消息，却只是轻蔑地笑了笑，他认为，在那片遍布敌军的土地上，赵率教很快就会故技重演，丢掉一切再跑回来。

几个月后，孙承宗来到了这个原本应该空无一人的据点，却看见了广阔的农田、房屋，以及手持武器、训练有素的士兵。

在得知此前这里只有三十八人后，他找来了赵率教，问了他一个问题:

“现在这里有多少人？”

赵率教回答:

“民六万有余，士兵上万人。”

从三十八人到六万，面对这个让人难以置信的奇迹，孙承宗十分激动。他老人家原本是坐着马车来的，由于过于激动，当即把车送给了赵率教，自己骑马回去了。

从此，他记住了这个人的名字。

就赵率教同志的表现来看，他是一个知道羞耻的人，知耻近乎勇。在经历了无数犹豫、困顿后，他开始用行动去证明自己的勇气。

可他刚证明到一半，就差点被人给砍了。

正当赵率教捋起袖子，准备大干一场的时候，兵部突然派人来找他，协助调查一件事情。

赵率教明白，这回算活到头了。

事情是这样的，当初赵率教在辽阳的时候，职务是副总兵，算是副司令员，掌管中军。这就意味着，当战争开始时，手握军队主力的赵率教应全力作战，然而他逃了，并直接导致了作战失败。

换句话说，小兵可以跑，老百姓可以跑，但赵率教不能跑，也不应该跑，既然跑了，就要依法处理。根据明朝军法，此类情形必死无疑。

但所谓必死无疑，还是有疑问的，特别是当有猛人求情的时候。

孙承宗听说此事后，当即去找了兵部尚书，告诉他，此人万不可杀。兵部尚书自然不敢得罪内阁大学士，索性做了个人情，把赵率教先生放了。

孙承宗并不是一个仁慈的人，他之所以放赵率教一马，是因为他认定，这人活着比死了好。

而赵率教用实际行动证明了孙承宗的判断，在不久后的那场大战中，他将起到至关重要的作用。

赵率教，袁崇焕的第五个帮助者。

第三章

一个监狱看守

○对于一个在历史上有一定知名度的人而言，介绍如此之少，是很不正常的，但从某个角度讲，又是很正常的

○因为决定成败的关键人物，往往喜欢隐藏于幕后

天启元年，孙承宗刚到辽东的时候，他所拥有的，只是山海关以及关外的八里地。

天启五年，孙承宗巩固了山海关，收复了宁远，以及周边几百里土地。

在收复宁远之后，孙承宗决定再进一步，占据另一个城市——锦州。他认定，这是一个至关重要的地点。

但努尔哈赤似乎不这么看，锦州嘛，又小又穷，派兵守还要费粮食，谁要谁就拿去。

就这样，不费吹灰之力，孙承宗得到了锦州。

事后证明，自明朝军队进入锦州的那一刻起，努尔哈赤的悲惨命运便已注定。

因为至此，孙承宗终于完成了他一生中最伟大的杰作——关锦防线。

所谓关锦防线，是指由山海关—宁远—锦州组成的防御体系。该防线全长四百余里，深入后金区域，沿线均有明朝堡垒、据点，极为坚固。

历史告诉我们，再坚固的防线，也有被攻陷的一天。

历史还告诉我们，凡事总有例外，比如这条防线。

事实上，直到明朝灭亡，它也未被突破。此后长达十余年的时间里，后金军队用手刨，用嘴啃，用牙咬，都毫无效果，还搭上了努尔哈赤先生的一条老命。

这是一个科学的、富有哲理的，而又使人绝望的防御体系，因为它基本上没有弱点。

锦州，辽东重镇，自古为入关要道，且地势险要，更重要的是，锦州城的一面靠海。对于没有海军的后金而言，这又是一个噩梦。

这就是说，只要海运充足，在大多数情况下，即使被围得水泄不通，锦州也是很难攻克的。

既然难打，能不能不打呢？

不能。

我的一位家在锦州的朋友告诉我，他要回去十分方便，因为从北京出发，开往东三省，在锦州停靠的火车，有十八列。

我顿时不寒而栗，这意味着，在三百多年前的明朝，要到辽东，除个别缺心眼儿爬山坡的人外，锦州是唯一的选择。

要想入关，必须攻克宁远，要攻克宁远，必须攻克锦州，要攻克锦州，攻克不了。

当然，有人会说，锦州不过是个据点，何必一定要攻陷？只要把锦州围起来，借个道过去，继续攻击宁远，不就行了吗？

是的，按照这个逻辑，也不一定要攻陷宁远，只要把宁远围起来，借个道过去，继续攻击山海关，不也行吗？

这样看来，努尔哈赤实在是太蠢了，这么简单的道理，为什么就没想到呢？

我觉得，持有这种想法的人，应该去洗把脸，清醒清醒。

假定你是努尔哈赤，带了几万兵，到了锦州，锦州没人打你，于是，你又到了宁远，宁远也没人打你，就这么一路顺风到了山海关，准备发动攻击。

我相信，这个时候你会惊喜地发现，锦州和宁远的军队已经出现在你的后方，准备把你一锅端——除非这两个地方的守将是白痴。

现在你有大麻烦了，眼前是山海关，没准儿十天半月攻不下来，请屁股后面的军队别打你，估计人家不干。就算你横下一条心，用头把城墙撞破，冲进了关内，抢到了东西，你也总得回去吧。

如果你没长翅膀，你回去的路线应该是山海关—宁远—锦州……

看起来似乎比较艰难，不是吗？

这就是为什么曹操同志多年来不怕孙权，不怕刘备，偏偏就怕马腾、马超的原因——这两位先生的地盘在他的后方。

这就是孙承宗的伟大成就，短短几年之间，他修建了若干据点，收复了若干失地，提拔了若干将领，训练了若干士兵。

现在，在他手中的，是一条坚不可破的防线，一支精锐无比的军队，一群天赋异禀的卓越将领。

但对于这一切，努尔哈赤并不清楚，至少不十分清楚。

祖大寿、吴襄、满桂、赵率教、毛文龙以及袁崇焕，对努尔哈赤而言，这些名字毫无意义。

自万历四十六年起兵以来，明朝能打的将领，他都打了，杨镐、刘綎、杜松、王化贞、袁应泰，全都是手下败将，无一例外。在他看来，新来的这拨人的下场估计也差不多。

但他终将失败，败在这几个无名小卒的手中，并永远失去翻盘的机会。

话虽如此，努尔哈赤还是很有几把刷子的，他不了解目前的局势，却了解孙承宗的实力。很明显，这位督师大人比熊廷弼还难对付，所以几年之内，他都没有发动大的进攻。

大的没有，小的还是有。

在后金的军队中，最优秀的将领无疑是努尔哈赤，但正如孙承宗一样，他的属下，也有很多相当厉害的猛人。

而在这些猛人里，最猛的，就是八大贝勒。

◆ 失败的叹息

所谓八大贝勒，分别是指代善、阿敏、莽尔古泰、皇太极、阿济格、多尔衮、多铎、济尔哈朗。

在这八个人里，按照军功和资历，前四个大猛，故称四大贝勒，后四个小猛，故称四小贝勒。

其中最有名的，无疑是两个人：皇太极、多尔衮。

但最能打仗的，是三个人，除皇太极和多尔衮外，还有一个代善。

多尔衮年纪还小，就不说了；皇太极很有名，也不说了；这位代善，虽然年纪很大，且不出名，但很有必要说一说。

事实上，大贝勒代善是当时后金最为杰出的军事将领之一。此人非常勇猛，在与明朝作战时，经常身先士卒，且深通兵法，擅长伏击，极其能打。

因为他很能打，所以努尔哈赤决定，派他出去打，而打击的对象，就是锦州。

当代善率军来到锦州城下的时候，他才意识到，这是个结结实实的黑锅。

首先，锦州非常坚固。在修城墙方面，孙承宗很有一套，城不但高，而且厚，光凭刀砍斧劈，那是没指望的，要想进城，没有大炮是不行的。

大炮也是有的，不过不在城下，而在城头。

其实长期以来，明朝的火器水平相当高，万历三次征打日本的时候也很经用，后来之所以荒废，不是技术问题，而是态度问题。

万历前期，皇帝陛下精神头足，什么事都愿意折腾，后来不想干了，天天躲着不上朝，下面也开始消极怠工，外加火器工作危险性大，吃力不讨好，没准儿出个安全事故，是很麻烦的。

孙承宗不怕麻烦，他不但为部队添置了三眼火铳等先进装备，还购置了许多大炮，尝试用火炮守城，而锦州，就是他的试点城市。

虽然情况不妙，但代善不走寻常路，也不走回头路，依然一根筋，找人架云梯、冲车，往城里冲。

此时的锦州守将，是赵率教，应该说，他的作战态度是很成问题的。面对着在城下张牙舞爪、极其激动的代善，他却心平气和、毫不激动，时不时在城头转两圈，放几炮，城下便会迅速传来凄厉的惨叫声。在赔上若干架云梯、若干条性命，仍旧毫无所得的情况下，代善停止了进攻。

虽然停止了进攻，但代善还不大想走，他还打算再看两天。

可是孙承宗似乎是不欢迎参观者的。代贝勒的屁股还没坐热，就得到一个可怕的消息，一支明军突然出现在自己的侧翼。

这支部队是驻守前屯、松山的明军，听说客人来了，没赶上接风，特来送行。

在短暂的慌乱之后，代善恢复了平静，作为一名经验丰富的将领，他有信心击退这支突袭部队。

可他刚带队发起反击，就看到自己屁股后面烟尘四起——城内的明军出动了。

这就算是腹背受敌了，但代善依然很平静，作为一名经验丰富的将领，他很有信心。

然后，很有信心的代善又得知了另一个消息——宁远、中前所等地的明军已经出动，正朝这边来，吃顿饭的工夫也就到了。

但代善不愧是代善，作为一名经验丰富的将领，他非常自信、镇定地作出了一个英明的判断：快逃。

可是来去自如只是一个幻想，很快代善就发现，自己已经陷入重围。明军毫不客气，一顿猛打，代善部伤亡十分惨重，好在来的多是骑兵，机动性强，拼死往外冲，总算奔出了条活路。一口气跑了上百里，直到遇见接他的二贝勒阿敏，魂才算回来。

此战明军大胜，击溃后金军千余人，战后清点斩获首级六百多颗，努尔哈赤为他的试探付出了惨痛的代价。

在孙承宗督师辽东的几年里，双方很有点相敬如宾的意思，虽说时不时搞点小摩擦，但大仗没打过。孙承宗不动，努尔哈赤亦不动。

可是孙承宗不动是可以的，努尔哈赤不动是不行的。

因为孙大人的任务是防守，只要不让敌人进关抢东西，他就算赢了。

努尔哈赤就不同了，他的任务是抢，虽说占了挺大一块地方，但当地人都跑光了，技术型人才不多，啥产业都没有，据说有些地方，连铁锅都造不出来。孙承宗到辽东算出差，有补助，还有朝廷送物资，时不时还能回去休个假。努先生完全是原生态，没人管没人疼，不抢怎么办？

必须抢，然而又不能抢，因为有孙承宗。

作为世界超级大国，美国有一个非常有趣的形象代言人——山姆大叔。这位大叔的来历就不说了，他的具体特点是面相端正、勤劳乐观、处事低调、埋头苦干，属于那种不怎么言语，却特能干事的类型，是许多美国人争相效仿的楷模。

孙承宗就是一个山姆大叔型的人物，当然，按年龄算，应该叫山姆大爷。这位仁兄相貌奇伟（画像为证)，极富乐观主义精神（大家都不干，他干)，非常低调（从不出兵闹事)，经常埋头苦干（参见前文孙承宗业绩清单)。

刚开始的时候，努尔哈赤压根儿就瞧不起孙大爷，因为这个人到任后毫无动静，一点不折腾。什么一举荡平、光复辽东，提都不提，别说出兵攻击，连挑衅斗殴都不来，实在没意思。

但慢慢地，他才发现，这是一个极其厉害的人。

就在短短几年内，明朝的领土以惊人的速度扩张，从关外的一亩三分地，到宁远，再到锦州，在不知不觉中，他已收复了辽东近千里土地。

更为可怕的是，此人每走一步，都经过精心策划，步步为营、稳扎稳打，趁你不注意，就刨你两亩地，每次都不多占，但占住了就不走，几乎找不到任何弱点。

对于这种抬头望天、低头使坏的人，努尔哈赤是一点办法都没有，只能眼睁睁地看着对方大踏步地前进，自己大踏步地后退，直到天启五年十月的那一天。

◆ 内幕

这一天，努尔哈赤得到消息，孙承宗回京了。

他之所以回去，不是探亲，不是述职，也不是作检讨，而是彻底退休。

必须说明的是，他是主动提出退休的，但心里并不情愿。他不想走，却不能不走。

因为他曾无比依赖的强大组织东林党，被毁灭了。

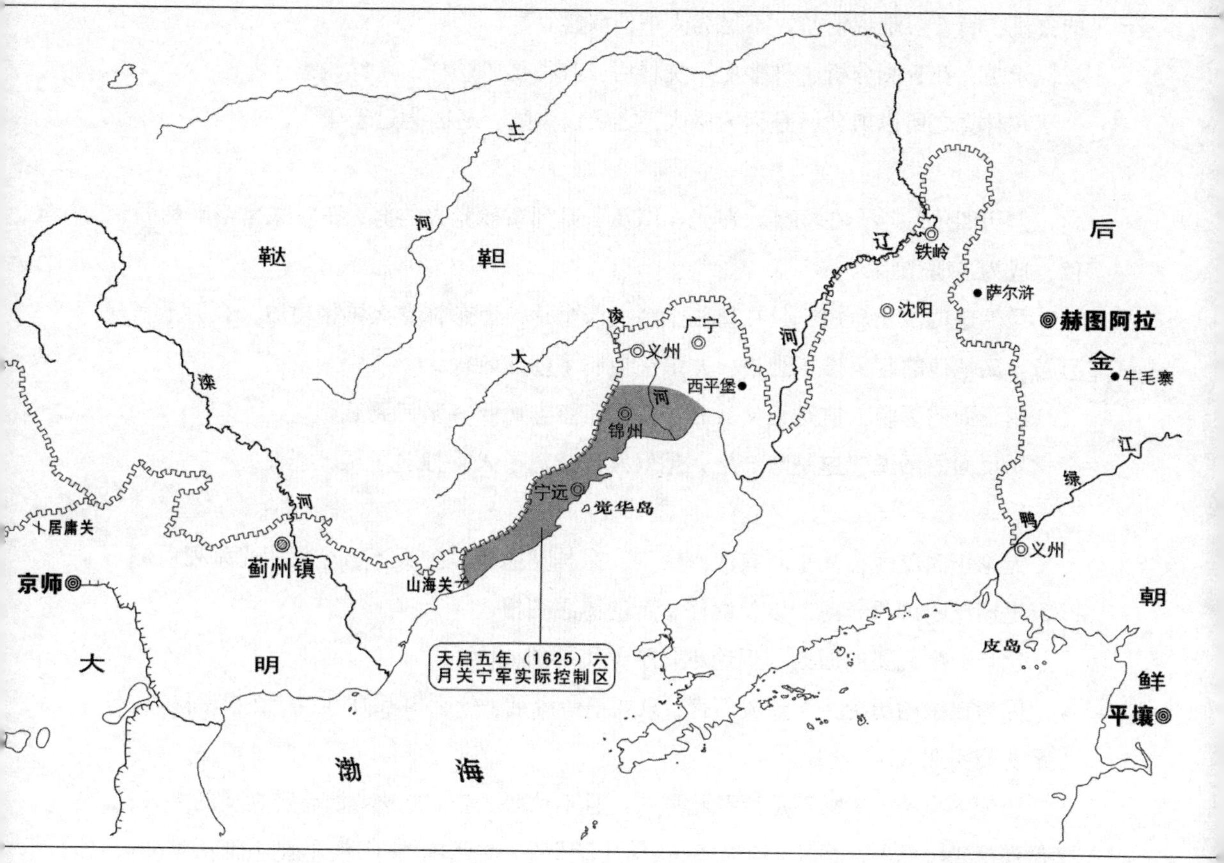

↑ 明末辽东形势

关于东林党的覆灭，许多史书上的说法比较类似：一群有道德的君子，在无比黑暗的政治斗争中，输给了一群毫无道德的小人，最终失败。

我认为，这个说法，那是相当的胡扯。

事实上，应该是一群精明的人，在无比黑暗的政治斗争中，输给了另一群更为精明的人，最终失败。

许多年来，东林党的失败之所以很难说清楚，是由于东林党的成功没说清楚。

而东林党的成功之所以没说清楚，是由于这个问题很难说清楚。

这不是绕口令。其实长期以来，在东林党的兴亡之中，都隐藏着一些不足为人道的玄机，很多人不知道，知道的人都不说。

凑巧的是，我是一个比较较真的人，对于某些很难说清楚的问题、不足为人道的玄机，有着很难说清楚、不足为人道的兴趣。

于是，在查阅分析了许多史籍资料后，我得到了这样一个结论：

东林党之所以成功，是因为强大；之所以失败，是因为过于强大。

万历四十八年，在杨涟、左光斗以及一系列东林党人的努力下，朱常洛顺利即位，成为了明光宗。

虽然这位仁兄命短，只在皇位上活了一个月，但东林党人再接再厉，经历千辛万苦，又把他的儿子推了上去，并最终控制了朝廷政权。

用正面的话说，这是正义战胜了邪恶，意志顽强，坚持到底。

用反面的话说，这是赌一把，运气好，找对了人，打对了架。

无论正面反面，几乎所有人都认为，东林党能够掌控天下，全靠明光宗死后那几天里杨涟的拼死一搏，以及继任皇帝的感恩图报。

这是一个重要的原因，但绝不是唯一重要的原因。

因为在中国历史上，一般而言，只要皇帝说话，什么事都好办，什么事都能办，可是明朝实在太不一般。

明朝的皇帝，从来不是说了就算的。且不论张居正、刘瑾、魏忠贤之类的牛人，光是那帮六七品的小御史、给事中，天天上疏骂人，想干啥都不让，能把人活活烦死。

比如明武宗，就想出去转转，换换空气，麻烦马上就来了，上百人跪在门口痛哭流涕，示威请愿，午觉都不让睡。闹得你死我活，最后也没去成。

换句话说，皇帝大人连自己的事情都搞不定，你让他帮东林党控制朝政，那是不太现实的，充其量能帮个忙而已。

东林党掌控朝廷的真正原因在于，他们打败了朝廷中所有的对手，具体说，是齐、楚、浙三党。

众所周知，东林党中的许多成员是没有什么博爱精神的，经常要二杆子性格，非我族类就是其心必异，什么人都敢惹。搞了几十年斗争，仇人越来越多，特别是三党，前仆后继，前人退休，后人接班，一代代接茬上，斗得不亦乐乎。

这两方的矛盾，那叫一个苦大仇深，什么争国本、妖书案、梃击案，只要是个机会，能借着打击对手，就决不放过，且从万历十几年就开始闹，真可谓历史悠久。

就实力而言，东林党势头大、人多，占据优势，而三党迫于压力，形成了联盟，共同对付东林党，所以多年以来此消彼长，什么京察、偷信，全往死里整。可由于双方实力差距不大，这么多年了，谁也没能整死谁。

万历末年，有个人来到了京城，不久之后，在极偶然的情况下，他加入了其中一方。

他加入的是东林党，于是，三党被整死了。

这是一个不折不扣的小人物，然而，正是这个小人物的到来，打破了几十年的僵局，这个人名叫汪文言。

如果你不了解这个人，那是正常的，如果你了解，那是不正常的。

甚至很多熟读明清历史的人，也只知道这个名字，而不清楚这个名字背后隐藏的东西。

因为这个人实在是太不起眼了。

事实上，为查这位仁兄的生平，我吃了很大苦头，翻了很多书，还专门去查了历史文献检索，竟然都没能摸清他的底。

在几乎所有的史籍中,对此人的描述都是只言片语,应该说,这是个奇怪的现象。

对于一个在历史上有一定知名度的人而言，介绍如此之少，是很不正常的，但从某个角度讲，又是很正常的。

因为决定成败的关键人物，往往喜欢隐藏于幕后。

汪文言，安徽人，不是进士，也不是举人，甚至不是秀才，他没有进过考场，没有当过官，只是个普通的老百姓。

对这位老百姓，后世曾有一个评价：以布衣之身，操控天下。

汪布衣小时候的情况如何不太清楚，但从目前的材料看，他是个很能混的人，虽然不考科举，却还是当上了公务员——县吏。

事实上，明代的公务员，并非都是政府官员，它分为两种：官与吏。

参加科举考试，考入政府成为公务员的，是官员，就算层次最低、底子最差的

汪文言上升轨迹

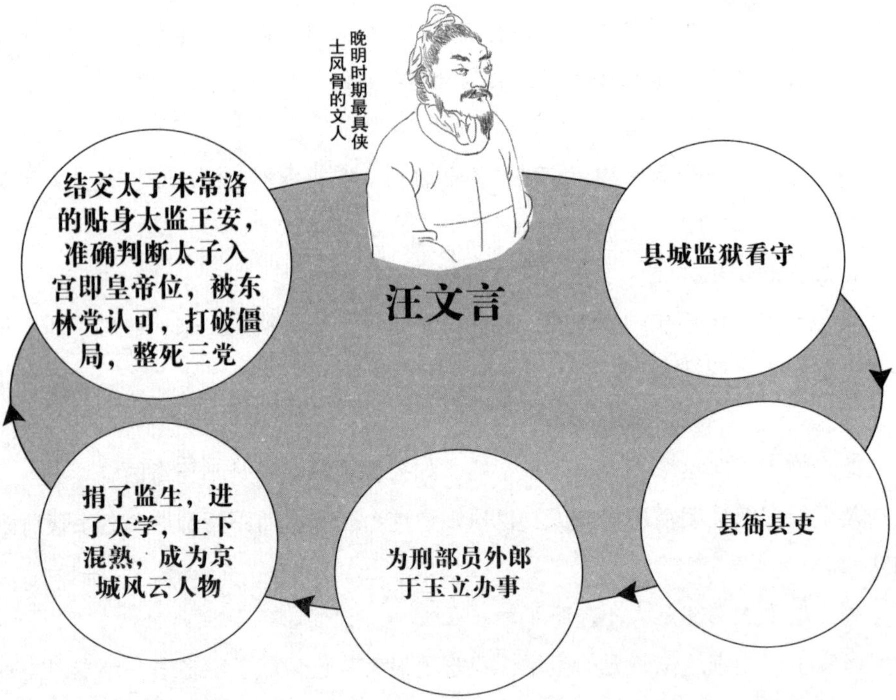

举人（比如海瑞），至少也能混个县教育局局长。

可问题在于，明朝的官员编制是很少的。按规定，一个县里有品级、吃皇粮的，只有知县（县长）、县丞（县办公室主任）几个人而已。

参考消息 **县官不如现管**

科举考试选拔出来的官员，学问虽好，却未必有做事的能力，因此就得依仗胥吏。胥吏虽在官衙上班，却仍是平民身份，而且按照规定，胥吏不能参加科考，这也就意味着他们没有做官的资格，永无出头之日。不过，胥吏的优势在于专业化，他们不仅精通各种规定和程序，还深谙各种潜规则。国家的各种政策和法律，一般都是比较笼统的原则性意见，在执行中的尺度全凭胥吏拿捏，这样国家的具体行政权力实际上就落入了这些低微的胥吏手中。难怪明末的顾炎武会叹道："百官者虚名，而柄国者吏胥也。"

而没有品级，也吃皇粮的，比如教谕（教育局局长）、驿丞（县招待所所长），大都由举人担任，人数也不多。

在一个县里，只有以上人员算是国家公务员，换句话说，他们是领国家工资的。

然而，一个县只靠这些人是不行的，县长大人日理万机，无论如何是忙不过来的，所以手下还要有跑腿的、偷奸耍滑的、老实办事的、端茶倒水的。

这些被找来干活的人，就叫吏。

吏没有官职、没有编制，国家也不给他们发工资，所有收入和办公费用都由县里解决，换句话说，这帮人国家是不管的。

虽然国家不管，没有正式身份，也不给钱，但这份职业还是相当热门的。每年都有无数热血青年前来报考，没关系还当不上，也着实吸引了许多杰出人才，比如阳谷县的都头武松同志，就是其中的优秀榜样。

这是因为在吏的手中，掌握着一件最为重要的东西——权力。

一般说来，县太爷都是上级派下来的，没有根基，也没有班底。而吏大都是地头蛇，熟悉业务，有权在手，熟门熟路，擅长贪污受贿、黑吃黑，除去个把像海瑞那种软硬不吃的极品知县外，谁都拿这帮编外公务员没办法。

汪文言，就是编外公务员中，最狡猾、最会来事、最杰出的代表人物。

汪文言的官场生涯，是从监狱开始的，那时候，他是监狱的看守。

作为一名优秀的看守，他忠实履行了守护监狱、训斥犯人、收取贿赂、拿黑钱的职责。

由于业务干得相当不错，在上级（收过钱的）和同僚（都是同伙）的一致推荐下，他进入了县衙，在新的岗位上继续开展自己的光辉事业。

值得表扬的是，此人虽然长期和流氓地痞打交道，不光彩的事情也没少干，但为人还是很不错的，经常仗义疏财，接济朋友。但凡认识他的，就算走投无路，只要找上门来，他都能帮人一把，江湖朋友纷纷前来蹭饭，他被誉为当代宋江。

就这样，汪文言的名头越来越响，关系越来越野，越来越能办事，连知县搞不定的事情，都要找他帮忙。家里跟宋江一样，经常宾客盈门，什么人都有，既有晁盖之类的江洋大盗，又有李逵之流的亡命之徒，上门的礼仪也差不多，总是“叩头就拜”，酒足饭饱拿钱之后，就甘心做小弟，四处传扬汪先生的优秀品格。

在无数志愿宣传员的帮助下，汪先生逐渐威名远播，终于打出县城，走向全省，波及全国。

但无论如何，他依然只是一个县衙的小人物，直到有一天，他的名声传到了一个人的耳中。

这个人叫于玉立，时任刑部员外郎。

这位于员外郎官职不算太高，但想法不低，经常四处串门拉关系。他听说汪文言的名声后，便主动找上门去，特聘汪先生到京城，发挥特长，为他打探消息。

汪先生岂是县中物，毫不犹豫就答应了，准备到京城大展拳脚。

可几个月下来，汪文言发现，自己在县里那套，在京城根本混不开。

因为汪先生一无学历，二无来历，档次太低，压根儿就没人答理他。无奈之下，他只好出钱，去捐了个监生，不知是找了谁的门路，还混进了太学。

这可就真了不得了，汪先生当即拿出当年跑江湖的手段，上下打点，左右逢源。短短几月，上至六部官员，下到穷学生，他都混熟了，没混熟的，也混个脸熟。

一时之间，汪文言从县里的风云人物，变成了京城的风云人物。

但这位风云人物，依然还是个小人物。

参考消息 **员外是个什么玩意儿**

在很多古装戏中，经常可以听到员外这个称呼，比如《水浒传》中的卢俊义、《梁祝》中祝英台之父等。在古代，官的编制定额称为“员”，魏晋时期，开始在正员以外增加名额，称为“员外”，如员外散骑常侍、员外散骑侍郎等，均为显职。到了隋朝，隋文帝在尚书省下各司置员外郎一人，作为各司的副职。唐代以后，六部中均沿用此职。此外，对一些卸官赋闲的人，也常称做员外。不过很多时候，一些正员以外的官职，肯花钱就能买到，只是多为虚衔。很多科举无望的有钱人趋之若鹜，一掷千金，只求过把官瘾。这也就导致在很多人的印象中，员外就等同于地主老财了。

因为真正掌控这个国家权力中枢的重要人物，是不会答理他的，无论是东林党的君子，还是三党的小人，都看不上这位江湖人士。

但他终究找到了一位可靠的朋友，并在他的帮助下，成功进入了这片禁区。

这位不计较出身的朋友，名叫王安。

要论出身，在朝廷里比汪文言还低的，估计也只有太监了，所以这两人交流起来，没什么心理障碍。

当时的王安，并非什么了不得的人物。虽说是太子朱常洛的贴身太监，可这位太子也不吃香，要什么没什么，老爹万历又不待见，所以王安同志混得相当不行，没人去答理他。

但汪文言恰恰相反，鞍前马后帮他办事，要钱给钱，要东西给东西，除了女人，什么都给了。

王安很喜欢汪文言。

当然，汪文言先生不是人道主义者，也不是慈善家，他之所以结交王安，只是想赌一把。

一年后，他赌赢了。

在万历四十八年七月二十一日的那个夜晚，当杨涟秘密地找到王安，通报老头子即将走人的消息时，还有第三个人在场——汪文言。

杨涟说，皇上已经不行了，太子应立即入宫即位，以防有变。

王安说，目前情形不明，没有皇上的谕令，如果擅自入宫，凶多吉少。

杨涟说，皇上已经昏迷，不会再有谕令，时间紧急，绝不能再等！

王安说，事关重大，再等等。

僵持不下时，汪文言用自己几十年宦海沉浮的经验，作出了一个判断。

他对王安说：杨御史是对的，不能再等待，必须立即入宫。

长期以来，王安对汪文言都极为信任，于是他同意了，并带领朱常洛，在未经许可的情况下进入了皇宫，成功即位。

这件事不但加深了王安对汪文言的信任，还让东林党人第一次认清了这个编外公务员、江湖混混的实力。

继杨涟之后，东林党的几位领导，大学士刘一璟、韩爌，尚书周嘉谟，御史左光斗等人，都和汪文言拉上了关系。

就这样，汪文言加深了与东林党的联系，并最终成为东林党的一员——瞎子都看得出，新皇帝要即位了，东林党要发达了。

但当他真正踏入政治中枢的时候，才发现，局势远不像他想象的那么乐观。

当时明光宗已经去世，虽说新皇帝也是东林党捧上去的，但三党势力依然很大，以首辅方从哲为首的浙党，以山东人给事中亓诗教为首的齐党，和以湖广人官应震、吴亮嗣为首的楚党，个个都不是省油的灯。

三党的核心是浙党，此党的创始人是前任首辅沈一贯，一贯善于拉帮结派。后来的接班人、现任首辅方从哲充分发扬了这一精神，几十年下来，朝廷内外，浙党遍布。

齐党和楚党也不简单，这两个党派的创始人和成员基本上都是言官，不是给事中，就是御史，看上去级别不高，能量却不小，类似于今天的媒体舆论，动不动就上疏弹劾，兴风作浪。

三党分工配合，通力协作，极不好惹，东林党虽有皇帝在手，明里暗里斗过几次，也没能搞定。

关键时刻，汪文言出场了。

在仔细分析了敌我形势后，汪文言判定，以目前东林党的实力，就算和对方死拼，也只能死，没得拼。

而最关键的问题在于，东林党的这帮大爷都是进士出身，个个都牛得不行，进了朝廷就人五人六，谁都瞧不上谁，看你不顺眼也不讲客套，恨不得操起板砖上去就拍。

汪文言认为，这是不对的，为了适应新的斗争形势，必须转变观念。

由于汪先生之前在基层工作，从端茶倒水提包拍马开始，一直相当低调，相当能忍，所以在他看来，这个世界上没有永远的敌人，也没有永远的朋友，只要会来事，朋友和敌人是可以相互转化的。

秉持着这一理念，他拟订了一个计划，并开始寻找一个恰当的人选。

很快，他就找到了这个人——梅之焕。

梅之焕，字彬父，万历三十二年进士，选为庶吉士，后任吏科给事中。

此人出身名门，文武双全。十几岁的时候，有一次朝廷阅兵，他骑了匹马，没打招呼，稀里糊涂就跑了进去，又稀里糊涂地要走。

阅兵的人不干，告诉他，你要不露一手，今天就别想走。

梅之焕二话不说，拿起弓就射，九发九中。射完啥也不说，摆了个特别酷的动作，就走人了（长揖上马而去）。

除上述优点外，这人还特有正义感。东厂坑人，他就骂东厂，沈一贯结党，他就骂沈一贯，是个相当强硬的人。

但汪文言之所以找到这位仁兄，不是因为他会射箭、很正直，而是因为他的籍贯。

梅之焕，是湖广人，具体地说，是湖北麻城人。

明代官场里，最重要的两大关系，就是师生、老乡。一个地方出来的，都到京城来混饭吃，老乡关系一攀，就是兄弟了。所以自打进入朝廷，梅之焕认识的，大都是楚党成员。

可这人偏偏是个东林党。

有着坚定的东林党背景，又与楚党有着密切的联系，很好，这正是那个计划所需要的人。

参考消息 **鲁班门前弄大斧**

安徽的采石矶在长江北岸，上面有李白的衣冠冢。相传李白曾在那里饮酒赋诗，酒醉后便跳到水中捉月而溺亡。这是个很荒诞但却十分浪漫的传说，因此惹得历代文人争相前来凭吊。等到明代梅之焕再去时，却发现李白墓前凡是可以写字的地方，都已经密密麻麻地刻满了诗句，很多句子，文辞粗俗，语句不通。一想到这些附庸风雅的人居然敢在诗仙面前胡诌乱题，梅之焕感觉十分滑稽，便也做了一首诗讽刺道："采石江边一堆土，李白之名高千古；来来往往一首诗，鲁班门前弄大斧。"

东林党一统朝廷演进图

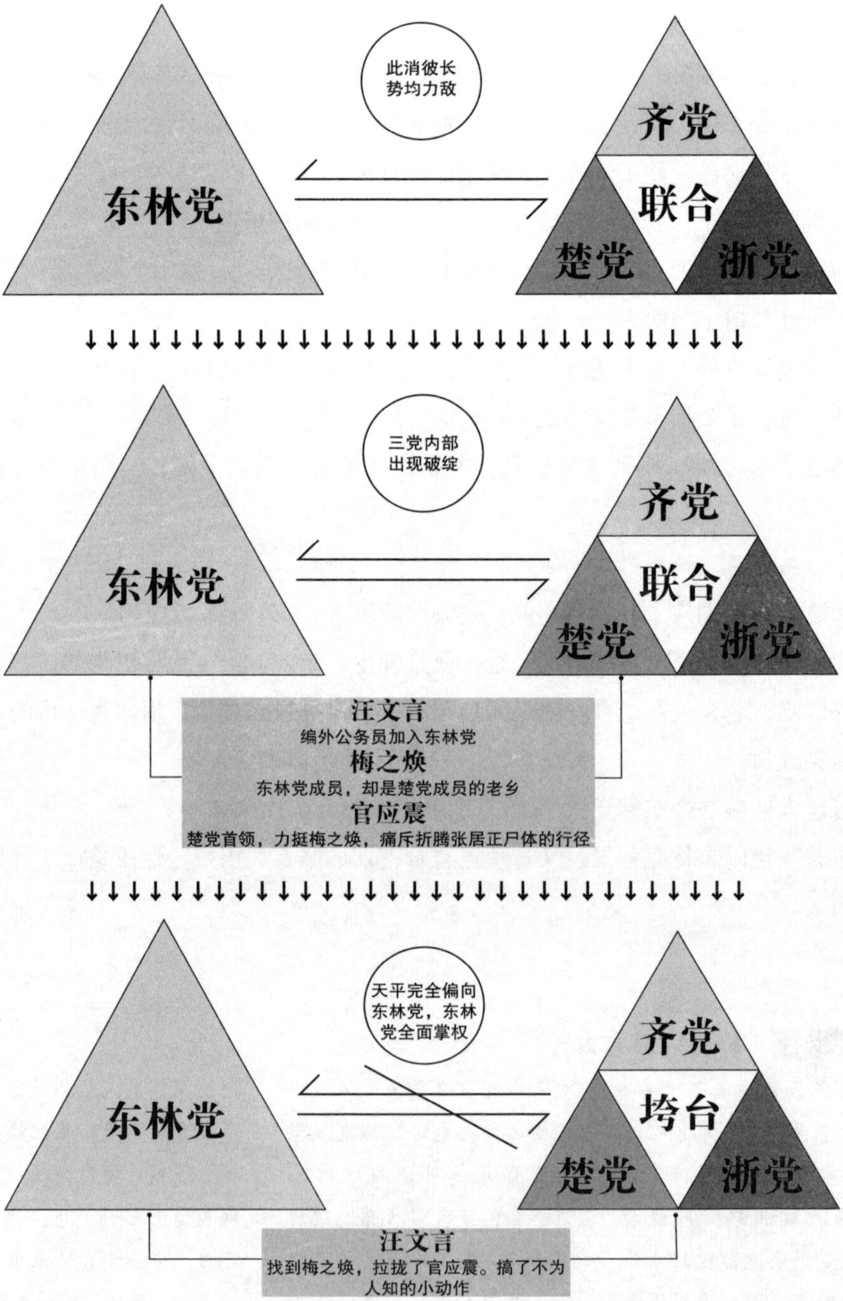

此消彼长
势均力敌
东林党
齐党
联合
楚党
浙党
三党内部
出现破绽
东林党
齐党
联合
楚党
浙党
汪文言
编外公务员加入东林党
梅之焕
东林党成员，却是楚党成员的老乡
官应震
楚党首领，力挺梅之焕，痛斥折腾张居正尸体的行径
天平完全偏向
东林党，东林
党全面掌权
东林党
齐党
垮台
楚党
浙党
汪文言
找到梅之焕，拉拢了官应震。搞了不为
人知的小动作

汪文言认为，遇到敌人，直接硬干是不对的，在操起板砖之前，应该先让他自己绊一跤。

三党是不好下手的，只要找到一个突破口，把三党变成两党，就好下手了。

在仔细衡量利弊后，他选择了楚党。

因为在不久之前，发生过这样一件事情。

虽然张居正大人已经死去多年，却依然被人怀念，于是朝中有人提议，要把这位大人从坟里掘出来，修理一顿。

这个建议的提出，充分说明朝廷里有一大帮吃饱了没事干，且心理极其阴暗变态的王八蛋。按说是没什么人理的，可不巧的是，提议的人，是浙党的成员。

这下就热闹了，许多东林党人闻讯后，纷纷赶来加入骂仗，痛斥三党，支持张居正。

说句实话，当年反对张居正的时候，东林党也没少掺和，现在之所以跑来伸张正义，无非是为了反对而反对。提议是什么并不重要，只要是三党提出的，就是错的，对人不对事，不必当真。

梅之焕也进来插了句话，且相当不客气：

“如果江陵（指张居正）还在，你们这些无耻小人还敢这样吗？”

话音刚落，就有人接连上疏，表示同意，但让所有人都出乎意料的是，支持他的人，并不是东林党人，而是官应震。

官应震，是楚党的首领。他之所以支持梅之焕，除了两人是老乡，关系不错外，还有一个十分重要的原因：死去的张居正先生是湖广人。

这件事情让汪文言认识到，所谓三党，并不是铁板一块，只要动动手脚，就能将其彻底摧毁。

所以，他找到了梅之焕，拉拢了官应震，开始搞小动作。

至于他搞了什么小动作，我确实很想讲讲，可惜史书没写，我也不知道，只好省略，反正结论是三党被搞垮了。

此后的事情，我此前已经讲过了，方从哲被迫退休，东林党人全面掌权，杨涟升任左副都御史，赵南星任吏部尚书，高攀龙任光禄丞，邹元标任左都御史等。

之所以让你再看一遍，是要告诉你，在这几个成功男人的背后，是一个沉默的男人。

第四章

毁灭之路

◎在我看来　东林党之所以失败　是因为自大　狂妄　以及嚣张　不是一个　而是一群

◎如果要在这群人中寻找一个失败的代表　那这个人一定不是杨涟　也不是左光斗　而是赵南星

这就是东林党成功的全部奥秘，很明显，不太符合其一贯正面光辉的形象，所以如果有所隐晦，似乎可以理解。

东林党的成功之路到此结束。同学们，现在我们来讲下一课：东林党的失败之路。

在我看来，东林党之所以失败，是因为自大、狂妄，以及嚣张，不是一个，而是一群。

如果要在这群人中寻找一个失败的代表，那这个人一定不是杨涟，也不是左光斗，而是赵南星。

虽然前两个人很有名，但要论东林党内的资历和地位，他们与赵先生压根儿就没法比。

关于赵南星先生的简历，之前已经介绍过了。从东林党创始人顾宪成时代开始，他就是东林党的领导，原先干人事，回家待了二十多年，人老心不老，又回来干人事。

长期以来，东林党的最高领导人（或者叫精神领袖）是三个人，他们分别是顾宪成、邹元标以及赵南星。

顾宪成已经死了，天启二年，邹元标也退休了，现在只剩下了赵南星。

赵先生不但在东林党内有着至高无上的地位，在政府里也占据着最牛的职务——吏部尚书。一手抓东林党，一手抓人事权，换句话说，赵南星就是朝廷的实际掌控者。

但失败之根源，正是此人。

天启三年，是一个很特殊的年份，因为这一年，是京察年。

所谓京察年，也就是折腾年，六年一次，上级考核各级官吏，有冤报冤，有仇报仇。万历年间的几次京察，每次都搞得不亦乐乎，今年也不例外。

按照规定，主持折腾工作的，是吏部尚书，也就是说，是赵南星。

赵南星是个很负责的人，经过仔细考察，列出了第一批名单，从朝廷滚蛋的名单，包括以下四人：亓诗教、官应震、吴亮嗣、赵兴邦。

如果你记性好，应该记得这几位倒霉蛋的身份：亓诗教，齐党首领；赵兴邦，浙党骨干；官应震、吴亮嗣，楚党首领。

此时的朝政局势，大致是这样的：东林党大权在握，三党一盘散沙，已经成了落水狗。

很明显，虽然这几位兄弟已经很惨了，但赵先生并不甘休，他一定要痛打落水狗。

这是一个很过分的行为，不但要挤掉他们的政治地位，还要挤掉他们的饭碗，实在太不厚道了。

更不厚道的是，就在不久之前，楚党还曾是东林党的同盟，帮助他们掌控政权，结果官应震大人连屁股都没坐热，就被轰走了。

参考消息 **先下手为强**

邹元标被重新起用后，于天启二年，在京师建了一个首善书院，并经常与人在此讲学，影响很大。由于第二年是京察年，给事中朱童蒙、郭允厚、郭兴治三人担心到时候邹元标会整他们，于是决定先发制人。朱童蒙率先发难，弹劾邹元标等用讲学来培植门户。邹元标上疏自辩，提出辞职，被皇帝挽留。接着郭允厚迅速跟进，继续弹劾邹元标。此时魏忠贤刚窃取大权，便下旨严厉斥责讲学的行为。对此，叶向高等人反应强烈，力挺邹元标，并扬言要集体辞职，最后被皇帝婉言劝阻。不料，郭兴治还不罢手，竟在奏章中将邹元标比做山东反贼徐鸿儒，百般诋毁。邹元标心力交瘁，索性告老还乡。

天启年初朝廷党派势力的消长

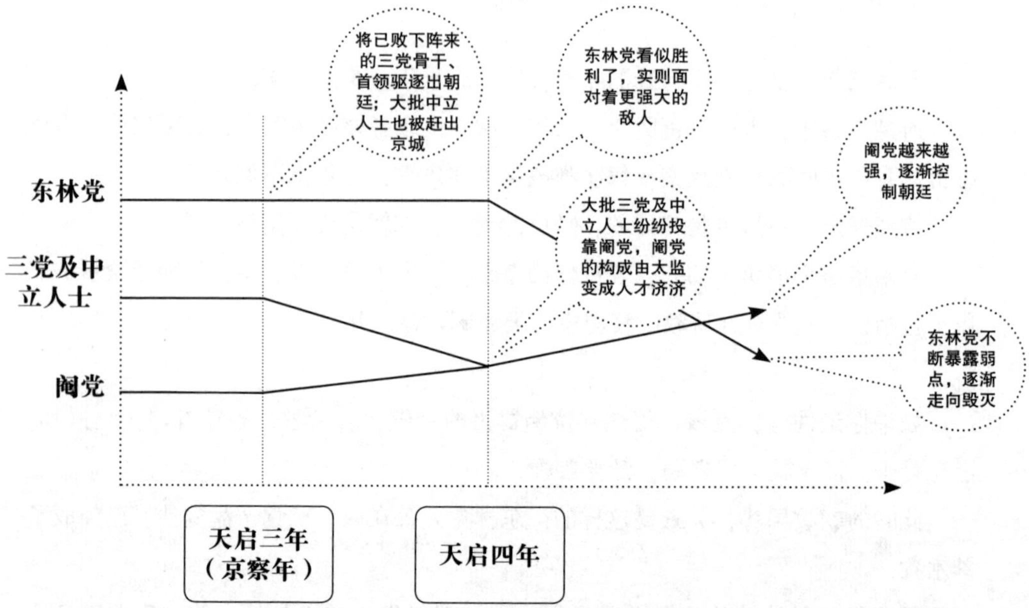

这就意味着，汪文言先生连哄带骗，好不容易建立的牢固同盟，就此彻底崩塌。

赵大人在把他们扫地出门的同时，还不忘给这四位下岗人员一个响亮的称号——四凶。为此，他还写了一篇评论文《四凶论》，以示纪念。

跟着这四位一起走人的还有若干人，他们都有着共同的身份：三党成员、落水狗。

此处不留爷，自有留爷处，既然赵大人不给饭吃，就只好另找饭馆开饭了。

就在此时，一个人站在他们面前，体贴地对他们说，在这世界上，赵南星并不是唯一的饭馆老板。

据史料记载，这个人言语温和，面目慈祥，是个亲切的胖老头。

现在，让我们隆重介绍：明代太监中的极品，宦官制度的终极产物，让刘瑾、王振等先辈汗颜的后来者，比万岁只差一千岁的杰出坏人、恶棍、流氓地痞的综合体——魏忠贤。

◆ 混混的幸福

魏忠贤，北直隶（今河北）肃宁县人，曾用名李进忠。

对于魏公公的出身，历史上一直有两种说法：一种说，他的父母都是贫苦农民；另一种说，他的父母都是街头玩杂耍的。

说法是不同的，结果是一样的，因为无论农民或玩杂耍的，都是穷人。

家里穷，自然就没钱给他读书，不读书，自然就不识字，也没法考取功名、升官发财。小孩不上学，父母又不管，只能整天在街上闲逛。

就这样，少年魏忠贤成为了失学儿童、文盲、社会无业游荡人员。

但这样的悲惨遭遇，丝毫没有影响魏忠贤的心情，因为他压根儿不觉得自己很惨。

多年前，我曾研习过社会学，并从中发现了这样一条原理：社会垃圾（俗称混混）是从来不会自卑的。

虽然在别人眼中，他们是当之无愧的人渣、败类、计划生育的败笔，但在他们自己看来，能成为一个混混，是极其光荣且值得骄傲的。

因为他们从不认为自己在混，对于这些人而言，打架、斗殴、闹事，都是美好生活的一部分，抢小孩的棒棒糖和完成一座建筑工程，都是人生意义的自我实现，没有任何区别。

做了一件坏事，却绝不会后悔愧疚，并为之感到无比光荣与自豪的人，才是一个合格的坏人，一个纯粹的坏人，一个坏得掉渣的坏人。

参考消息 **八千女鬼乱朝纲**

《烧饼歌》是一本诗歌体的谶纬之书，相传它的作者乃是大名鼎鼎的刘伯温。在这本书中，刘伯温神秘兮兮地对近五百年来的大事都作了一番预言，其中有一句：“任用阉人保社稷，八千女鬼乱朝纲。”所谓“八千女鬼”，实际上就是将“魏”字分拆了一下。稍微有点历史知识的人都能猜得出，这就是在说魏忠贤祸国一事。这本书极有可能是近代人事后诸葛亮式的伪作，只不过托名刘伯温罢了。否则刘伯温果真有如此神奇的预测本领，为何算不到自己不能善终呢？

魏忠贤

1568 — 1627
曾用名：李进忠
北直隶肃宁
（今属河北）人

出身
|
市井无赖

称号
|
九千岁

评价
|
最落魄的痞子
最会钻营的投机者
最处心积虑的权谋家
最有权势的太监

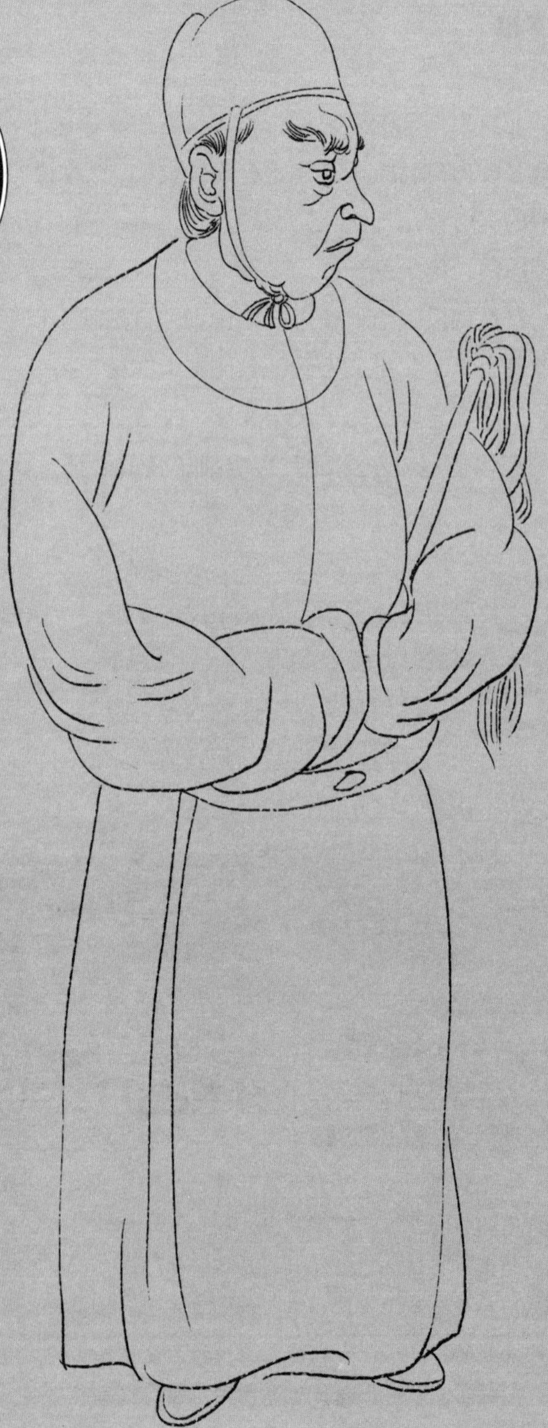

魏忠贤，就是这样一个坏人。

根据史料记载，少年魏忠贤应该是个非常开朗的人，虽然他没钱上学，没法读书，没有工作，却从不唉声叹气，相当乐观。

面对一没钱、二没前途的不利局面，魏忠贤不等不靠，毅然走上社会，大玩特玩，并在实际生活中确定了自己的人生性格（市井一无赖尔）。

他虽然是个文盲，却能言善辩（目不识丁，言辞犀利），没读过书，却无师自通（性多狡诈），更为难得的是，他虽然身无分文，却胸怀万贯。具体表现为明明吃饭的钱都没有，还敢跑去赌博（家无分文而一掷百万），赌输后没钱给，被打得生活不能自理，依然无怨无悔，下次再来。

混到这个份儿上，可算是登峰造极了。

然而，混混魏忠贤，也是有家庭的，至少曾经有过。

在他十几岁的时候，家里就给他娶了老婆，后来还生了个女儿，一家人过得还不错。

但为了快乐的混混生活，魏忠贤坚定地抛弃了家庭。在他尚未成为太监之前，四处寻花问柳，城中的大小妓院，都留下了他的足迹，家里仅有的一点钱财，也被他花光用尽。

被债主逼上门的魏忠贤，终于幡然悔悟。经过仔细反省，他发现，原来自己并非一无所有——还有个女儿。

于是，他义无反顾地卖掉了自己的女儿，以极其坚定的决心和勇气，还清赌债。

能干出这种事情的人，也就不是人了。魏忠贤的老婆受不了，离家出走去改嫁了。应该说，这个决定很正确，因为按当时的情形看，下一个被卖的，很可能是她。

原本只有家，现在连家都没了，卖无可卖的魏忠贤再次陷入了困境。

被债主逼上门的魏忠贤，再次幡然悔悟。经过再次反省，他再次发现，原来自己并非一无所有，事实上，还多了件东西。

只要丢掉这件东西，就能找一份好工作——太监。

这并非魏忠贤的个人想法，事实上在当地，这是许多人的共识。

魏忠贤所在的直隶省河间府，一向盛产太监。由于此地距离京城很近，且比较穷，从来都是宫中太监的主要产地，并形成了固定产业，也算是当地创收的一种主要方式。

混混都混不下去，人生失败到这个程度，必须豁出去了。

经过短期的激烈思想斗争，魏忠贤树立了当太监的远大理想。然而，当他决心在当太监的大道上奋勇前进的时候，才惊奇地发现，原来要当一名太监，是很难的。

长期以来，在人们的心目中，做太监，是迫于无奈，是没办法的办法。

现在，我要严肃地告诉你，这种观点是错误的。太监，是一份工作，极其热门的工作，而想成为一名太监，是很难的。

事实上，太监这个职业之所以出现，只是因为一个极其简单的原因——宫里只有女人。

由于老婆太多，忙不过来，为保证皇帝陛下不戴绿帽子（这是很有可能的），宫里不能进男人。可问题是，宫里太大，上千人吃喝拉撒，重活累活得有人干，女的干不了，男的不能进，只好不男不女了。

换句话说，太监其实就是进城干活的劳工，唯一不同的是，他们的工作地点是皇宫。

既然是劳工，就有用工指标，毕竟太监也有个新陈代谢，老太监死了，新太监才能进。也就是说，每年录取太监的比例相当低。

有多低呢？我统计了一下，只有百分之十到百分之十五，而且哪年招还说不准，今年要是不缺人，就不招。

对于有志踏入这一热门行业，成为合格太监的众多有志青年而言，这是一个十分残酷的事实。因为这意味着，在一百个符合条件（割了）的人中，只有十到十五人，能够成为光荣的太监。

事实上，自明代中期，每年都有上千名符合条件（割过了），却没法入宫的太监（候选）在京城等着。

要知道，万一切了，又当不了太监，那就惨了。虽说太监很吃香，但归根结底，吃香的只是太监的工资收入，不是太监本人。对于这类“割了”的人，人民群众是相当鄙视的。

所以众多未能成功入选的太监候选人，既不能入宫，也不能回家，只能在京城混，后来混的人越来越多，严重影响了京城社会治安的稳定。为此，明朝政府曾颁布法令：未经允许，不得擅自阉割。

我一直相信，世事皆有可能。

太监之所以如此热门，除了能够找工作、混饭吃外，还有一个重要的原因——权力。

公正地讲，明代是一个公正的朝代。任何一个平凡的人，哪怕是八辈贫农，全家只有一条裤子，只要出个能读书的，就能当官，就能进入朝廷，最终掌控无数人的命运。

唯一的问题在于，这条道路虽然公正，却不平坦。

因为平凡的人是很多的，且大都不安分。要想金榜题名，考中进士，走着上去是不行的，一般都得踩着上去——踩着那些被你淘汰的人。

明朝的进士，三年考一次，每次录取名额平均一百多人。也就是说，平均每年能进入朝廷，看见皇帝大人尊容的，只有三四十人。而决定所有人命运的，只是那张白纸和几道考试的题目。

同一张纸，同一道题目，同一个地方。

不同的人，不同的脑袋，不同的手。

参考消息 **无名白**

无名白，又叫私白，明清时专指那些没能当成太监的阉人。明后期，私自阉割的人越来越多，但宫中太监的岗位实在有限，有竞争必然会有淘汰，所以绝大部分阉人只好成为“无名白”。这些人中出路最好的，当属到权贵之家充役的。差一点的，就到澡堂子里专门为太监们搓澡——虽然收入微薄，但有机会接触太监界的高端人士，尚有咸鱼翻身的机会。但即便是这样的工作机会也不多，大部分阉人只好沦为乞丐。这帮人经常结群在京城四周游荡，见人便强行乞讨，一有机会便公然实施抢劫，社会危害极大，时人称其为“丐阉”。

能否出人头地，只能靠你自己，靠你那非凡的智力、领悟力，以及你那必定能够超越常人、必定与众不同的信念。

所以我一直认为，科举制度，是一种杰出的、科学的人才选拔制度。它杜绝了自东汉以来腐败不堪的门阀制度,最大限度地保证了人才的选拔。虽然它并不完美，却亦无法取代。

当然，事情到这里，还没有结束，因为当你考上了进士，脱离了科举体系，就会发现，自己进入了另一个全新的体系——文官体系。

在那个体系中，你只是微不足道的一员，还要熬资历、干工作、斗智斗勇，经过几十年的磨砺之后，你才能成为精英中的精英，并具备足够的智商和经验，领导这个伟大的国度继续前进。

这就是于谦、李贤、徐阶、张居正、申时行等人的成功之道，也是必经之道。虽然他们都具有优异的天赋、坚忍的性格、坎坷的经历，但要想名留千古，这是无法逃避的代价。

在那条通往最高宝座的道路上，只有最优秀、最聪明、最有天分的人，才能到达终点。

但许多人不知道，有些不那么聪明、不那么优秀、不那么有天分的人，也能走到终点。

因为在通往终点的方向，有一条捷径，这条捷径，就是太监之路。

太监不需要饱读诗书，不需要层层培训，不需要处理政务，不需要苦苦挣扎，他们能够跨过所有文官体系的痛苦经历，直接获取成功。这一切只需要讨好一个人——皇帝。

皇帝就是老板，就是 CEO，就是一言九鼎，总而言之，是说了就算的人物。

而太监，就在皇帝的身边。所以只要哄好皇帝，太监就能得到权力以及他想得到的一切。

这就是有明一代，无数的人自愿成为太监的全部原因。

明朝普通人通向成功的路径

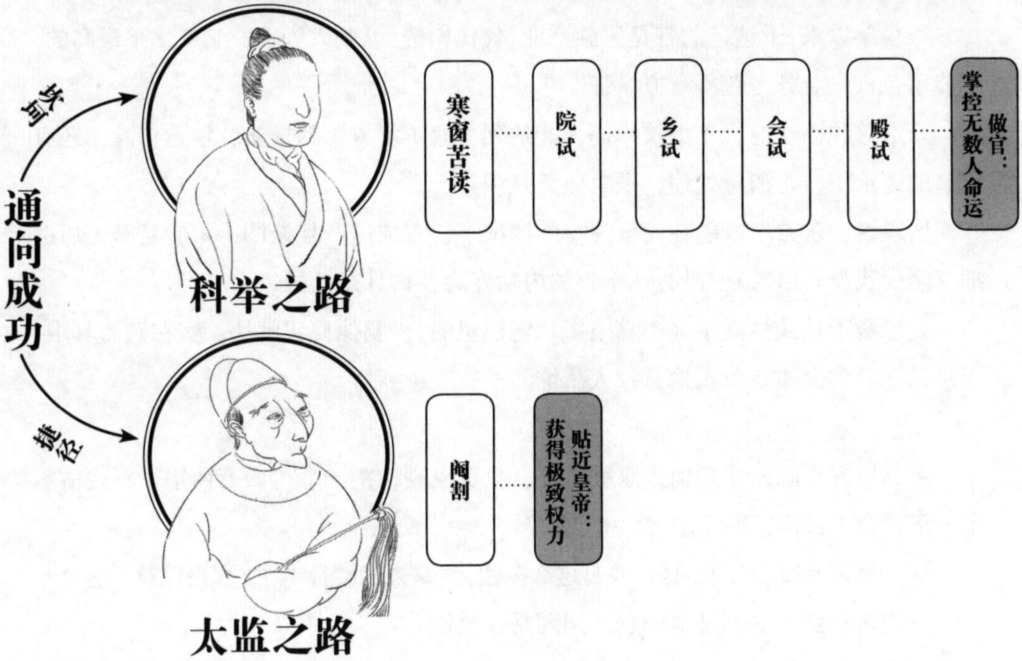

但现在摆在无业游民魏忠贤面前的，不仅仅是录取名额比例问题，还有一个更为基本的难点——阉割问题。

魏忠贤当政以后，对自己以前的历史万般遮掩，特别是他怎么当上太监、怎么进宫这一段，绝口不提，搞得云里雾里，让人捉摸不透。

但这种行为，就好比是骂自己的儿子王八蛋一样，最终只能自取其辱。

他当年的死党、后来的死敌刘若愚太监告诉我们，魏公公不愿提及发家史，是因为他违背了太监成长的正常程序——他是自宫的。

我一直坚信，东方不败是这个世界上最伟大、最杰出，也最有可能的自宫者。

这绝不仅仅因为他的自宫，绝非出于混饭吃、找工作的目的，而是为了中华武学的发展。

真正的原因在于，当我考证了太监阉割的全过程后，才不禁由衷感叹，自宫不仅需要勇气，没准儿还真得要点功夫。

阉割的技术，很多人不知道，其实阉割是个技术工作。想一想就明白了，从人身上割点东西下来，还是重要部位，稍有不慎，命就没了。

很多年以来，干这行的都是家族产业，代代相传，以割人为业。其中水平最高的，还能承包官方业务，获得官方认证。

一般这种档次的，不但技术高，能达到“庖丁解人”的地步，快速切除，还有配套的医治伤口、消毒处理，很有服务意识。

所以说，东方不败能在完全外行的情况下，完成这一复杂的手术，且毫无后遗症（至少我没看出来），没有几十年的内功修为，估计是胡扯。

魏忠贤不是武林高手（不算电影、电视里的），要他自我解决，实在勉为其难，于是只好寻到上述专业机构，找人帮忙。

可到地方一问，才知道人家服务好，收费也高，割一个得四五两银子，我估算了一下，合人民币三四千块。

这可就为难魏公公了，身上要有这么多钱，早拿去赌博翻本了，哪犯得着干这个？

割还是不割，这不是个问题，问题是，没钱。

但现实摆在眼前，不找工作是不行了，于是魏公公心一横——自己动手，前程无忧。

果不其然，业余的赶不上专业的，手术的后遗症十分严重，出血不止，幸亏好心人路过，帮他止了血。

成功自宫后，魏忠贤决定去报名。可刚到报名处，问清楚录取条件，当时就晕了。

事情是这样的，宫里招太监，是有年龄要求的，因为小孩进宫好管，也好教。可是魏忠贤同志自己扳指头一算，今年芳龄已近二十。

这可要了命了，年龄是硬指标，跟你一起入宫的，都是几岁的孩子，哪个太监师傅愿意带你这么个五大三粗的小伙子？纯粹浪费粮食。

魏忠贤急了，可急也没用，招聘规定是公开的，你不去问，还能怪谁？

可事到如今，割也割了，又没法找回来，想再当混混，没指望了。要知道，混混虽然很混，却也瞧不起阉人。

宫进不去，家回不去，魏公公就此开始了他的流浪生涯。具体情况他本人不说，所以我也没法同情一下，但据说是过得很惨，到后来，只能以讨饭为生，偶尔也打打杂工。

万历十六年（1588），穷困至极的魏忠贤来到了一户人家的府上，在这里，他找到了一份用人的工作。

他的命运在这里改变。

一般说来，寻常人家找用人，是不会找阉人的，魏忠贤之所以成功应聘，是因为这户人家的主人，也是个阉人。

这个人的名字，叫做孙暹，是宫中的太监，准确地说是太监首领，他的职务，是司礼监秉笔太监。

这个职务，是帮助皇帝批改奏章的，前面说过很多次，就不多说了。

魏忠贤很珍惜这个工作机会，他起早贪黑，日干夜干，终于有一天，孙暹找他谈话，说看在他比较老实的分儿上，愿意保举他进宫。

万历十七年（1589），在经历了无数波折之后，魏忠贤终于圆了他的梦，进宫当了一名太监。

不好意思，纠正一下，是火者。

实际上，包括魏忠贤在内的所有新阉人，在刚入宫的时候，只是宦官，并不是太监，某些人甚至一辈子也不是太监。

因为太监，是很难当上的。

宫里，能被称为“太监”的，都是宦官的最高领导。太监以下，是少监，少监以下，

参考消息 **魏公公的辛酸往事**

魏忠贤刚进宫时，与四川税监邱乘云都挂在司礼监大太监孙暹名下。当时的魏忠贤囊中羞涩，便去四川投奔财大气粗的邱乘云打抽分。不料，有个叫徐贵的，提前将魏忠贤的无赖行径抖搂给了邱乘云，于是还沉浸在发财美梦中的魏忠贤就惨了——刚到，就被邱乘云骂了个狗血淋头，接着又被吊起来绝食了三天，幸亏有个和尚极力求情才保住了性命，邱乘云扔下十两银子就打发他回去了。后来魏忠贤发迹，适逢邱乘云撤任回京，便故意派手下专程到京郊迎接，邱乘云顺手赏了来人三十两银子。魏忠贤知道后，当场落泪：“我当年被徐贵陷害，只给了十两路费，如今随手一赏，便是我的三倍了。”随后又叹息了好久还不能释怀。

是监丞，监丞以下，还有长随、当差。

当差以下，就是火者了。

那么魏火者的主要工作是什么呢？大致包括以下几项：扫地、打水、洗马桶、开大门等。

很明显，这不是一份很有前途的工作，而且进宫这年，魏忠贤已经二十一岁了，所以在相当长的时间里，魏忠贤很不受人待见。

一晃十几年过去了，魏忠贤没有任何成就，也没有任何名头，因为他的年龄比同期入宫的太监大，经常被人呼来喝去，人送外号“魏傻子”。

但这一切，全都是假象。

据调查（本人调查），最装牛的傻人，与人接触时，一般不会被识破。

而最装傻的牛人，在与人接触时，一辈子都不会被识破。

魏忠贤就是后者的杰出代表。

许多人评价魏忠贤时，总是一把鼻涕一把泪，说大明江山、太祖皇帝，怎么就被这么个文盲、傻子给废掉了。

持有这种观点的人，才是傻子。

能在明朝当官，且进入权力核心的这拨人，基本都是高智商的，加上在官场沉浮，混了那么多年，生人一来，打量几眼，就能把这人摸得差不多，在他们面前耍花招，那就是自取其辱。

而在他们的眼中，魏忠贤是一个标准的老实人。年纪大，傻不啦唧的，每天都呵呵笑，长相忠厚老实，人家让他干啥就干啥，欺负他，占他便宜，他都毫不在意。所以从明代直到今天，很多人认定，这人就是个傻子，能混成后来那样，全凭运气。

这充分说明，魏公公实在是威力无穷，在忽悠了明代的无数老狐狸后，还继续忽悠着现代群众。

在我看来，魏忠贤固然是个文盲，却是一个有天赋的文盲，他的这种天赋，叫做伪装。

一般人在骗人的时候，都知道自己在骗人。而据史料分析，魏公公骗人时，不知道自己在骗人，他骗人的态度，是极其真诚的。

在宫中的十几年里，他就用这种天赋，骗过了无数老滑头，并暗中结交了很多朋友，其中一个叫做魏朝。

这位魏朝，也是宫里的太监，对魏忠贤十分欣赏，还帮他找了份工作。这份工作的名字，叫做典膳。

所谓典膳，就是后宫管伙食的，听起来似乎不怎么样，除了混吃混喝，没啥油水。

管伙食固然没什么，可关键在于管谁的伙食。

而魏公公的服务对象，就是后宫的王才人。这位王才人的名头虽然不响，但她儿子的名气很大——朱由校。

正是在那里，魏忠贤第一次遇见了决定他未来命运的两位关键人物——朱常洛父子。

虽然见到了大人物，但魏忠贤的命运仍无丝毫改变，因为王才人身边有很多太监，他不过是极其普通的一个，平时连跟主子说话的机会都没有。

而且此时朱常洛还只是太子，且地位十分不稳，随时都可能被拿下，所以他老婆王才人混得也不好，还经常被另一位老婆李选侍欺负。

这么一来，魏忠贤自然也混得很差，到万历四十七年，在魏忠贤进宫二十周年纪念之际，他混到了人生的最低点：由于王才人去世，他失业了。

失业后的魏忠贤无计可施，只能回到宫里，当了一个仓库保管员。

但被命运挑选的人，注定是不会漏网的，在经过无数极为复杂的人事更替、误打误撞后，魏忠贤竟然摇身一变，又成了李选侍的太监。

正是在这个女人的手下，魏忠贤第一次露出了他的狰狞面目。

这位入宫三十年，已五十多岁的老太监突然焕发了青春，他不等不靠，主动接近李选侍，拍马擦鞋，无所不用其极，最终成为了李选侍的心腹太监。

因为在他看来，这个掌握帝国未来继承人（朱由校），且和他一样精明、自私、无耻的女人，将大有作为。

万历四十八年，魏忠贤的机会到了。

这一年七月，明神宗死了，明光宗即位，李选侍成了候选皇后，朱由校也成了后备皇帝。

可是好景不长，只过了一个月，明光宗又死了，李选侍成了寡妇。

当李寡妇不知所措之时，魏忠贤及时站了出来，开导了李寡妇，告诉她，其实你无须失望，因为一个更大的机会，就在你的眼前：只要紧紧抓住年幼的朱由校，成为幕后的操纵者，你得到的，将不仅仅是皇后甚至太后的头衔，而是整个天下。

这是一个很好的想法，可惜绝非独创，朝廷里文官集团的老滑头们，也明白这一点。

于是在东林党人的奋力拼杀下，朱由校又被抢了回去，李选侍就此彻底歇菜。魏忠贤虽然左蹦右跳，反应活跃，最终也没逃脱下岗的命运。

正是在这次斗争中，魏忠贤认识了他宿命中的对手——杨涟。

杨涟，是一个让魏忠贤汗毛直竖的人物。

两人第一次相遇，是在抢人的路上。杨涟抢走朱由校，魏忠贤去反抢，结果被骂了回来，哆嗦了半天。

第二次相遇，是他奉命去威胁杨涟，结果被杨涟威胁了，杨大人还告诉他，再敢作对，就连你一块儿收拾。魏忠贤相当识趣，调头就走。

总而言之，在魏忠贤的眼中，杨涟是个不贪财、不好色、不怕事，几乎没有任何弱点，还特能折腾的人。而要对付这种人，李选侍是不够分量的，必须寻找一个新的主人。

然而很遗憾，在当时的宫里，比李选侍还狠的，只有东林党，就算魏太监想进，估计人家也不肯收。

看起来是差不多了，毕竟魏公公都五十多了，你要告诉他，别灰心，不过从头再来，估计他能跟你玩命。

但拯救他的人，终究还是出现了。

许多人都知道，天启皇帝朱由校是很喜欢东林党的，也很够意思，即位一个月，就封了很多人，要官给官，要房子给房子。

但许多人不知道，他第一个封的并不是东林党。即位后第十天，他就封了一个女人，封号“奉圣夫人”。

这个女人姓客，原名客印月，史称“客氏”。

◆ 邪恶的结合

客，是一个非常特别的姓氏，估计这辈子，你也遇不上一个姓客的，而这位客小姐，那就更特别了，可谓五百年难得一遇的极品。

进宫之前，客印月是北直隶保定府村民侯二的老婆，相貌极其妖艳，且极其早熟，啥时候结婚没人知道，反正十八岁就生了儿子。

她的命运就此彻底改变。因为就在同一年，宫里的王才人生出了朱由校。

按照惯例，必须挑选合适的乳母去喂养朱由校，经过层层选拔，客印月战胜众多竞争对手，成功入宫。

刚进宫时，客印月极为勤奋，随叫随到。两年后，她的丈夫不幸病逝，但客印月表现出了充分的职业道德，依然兢兢业业完成工作，在宫里混得相当不错。

但很快，宫里的人就发现，这是一个有问题的女人。

有群众反映，客印月常缺勤出宫，行踪诡异，经常出入各种娱乐场所。后经调查，

参考消息 **天下第八妈**

客氏虽跟天启帝没有血缘关系，却常以皇帝“八母之一”自居——明光宗的皇后郭氏为一；朱常洛的生母王才人为二；明光宗的淑女刘氏，即崇祯皇帝的生母为三；两个李选侍（即东李、西李）为四、五；一个赵选侍为六；还有一个姓名不详的“旧贵人”为七；最后，终于排到了“低调”的客氏，为八。不过，客氏虽然排在末尾，但架子却远超其他七个妈。她每次归家，都要皇帝下特旨，乘坐八抬大轿，随行人员数百人前呼后拥，一路警戒，文武官员都要在路旁跪拜。到了家后，还要在大厅上接受参拜，“老祖太太千岁”的呼声此起彼伏，好不威风。

客氏

? —1627
原名客印月，
保定定兴
（今属河北）人

出身
|
村妇

身份
|
明熹宗天启皇帝朱由校的乳母

封号
|
奉圣夫人

特点
|
美貌妖艳，生性险恶

劣迹
|
与魏忠贤勾结，把持朝政十余年，加速了明朝的衰亡

客印月有生活作风问题，时常借机外出幽会。

作为宫中的乳母，如此行径，结论清晰，情节严重，却没有被处罚。有人议论，没人告发。

因为这个看似普通的乳母，一点也不普通。

按说乳母这份活，也就是个临时工，孩子长大了就得走人，该干吗干吗去。可是客小姐是个例外。朱由校断奶，她没走；朱由校长大了，她也没走；朱由校十六岁，当了皇帝，她还没走。

根据明朝规定，皇子长到六岁，乳母必须出宫，但客印月偏偏不走，硬是多混

了十多年，也没人管。因为皇帝不让她走。

不但不让走，还封了个“奉圣夫人”。这位夫人的架子还很大，在宫中可以乘坐轿子，还有专人负责接送。要知道，内阁大学士刘一璟，二品大员，都六十多了，在朝廷混了一辈子，进出皇宫也得步行。

非但如此，逢年过节，皇帝还要亲自前往祝贺，请她吃饭。夏天，给她搭棚子、送冰块；冬天给她挖炕、烧炭取暖。宫里给她分了房子，宫外也有房子，还是黄金地段，就在今天北京的正义路上，步行至天安门，只需十分钟，极具升值潜力。

她家还有几百个仆人伺候，皇宫随意出入，想住哪里就住哪里，想怎么住就怎么住。

所谓客小姐，说破天也就是个保姆，如此得势嚣张，实在很不对劲儿。

一年之后，这位保姆干出了一件更不对劲儿的事情。

天启二年，明熹宗朱由校结婚了。皇帝嘛，娶个老婆很正常，谁也没话说。

可是客阿姨（三十五岁了）不高兴了，突然跳了出来，说了一些不着边际的话。用史籍《明季北略》的话说，是“客氏不悦”。

皇帝结婚，保姆不悦，这是一个相当无厘头的举动。更无厘头的是，朱由校同志非但没有“不悦”，还亲自跑到保姆家，说了半天好话，并当即表示，今后我临幸的事情，就交给你负责了，你安排哪个妃子，我就上哪儿过夜，绝对服从指挥。

这也太过分了，很多人都极其不满，说：你一个保姆，老是赖在宫里，还敢插手后宫。某些胆大的大臣先后上疏，要求客氏出宫。

这事说起来，确实不大光彩，皇帝大人迫于舆论压力，就只好同意了。但在客氏出宫当天，人刚出门，熹宗就立刻传谕内阁，说了这样一段话：今日出宫，午膳至晚未进，暮思至晚，痛心不已，着时进宫奉慰，外廷不得烦激。

这段话的意思是：客氏今天出宫，我中午饭到现在都没吃，整天都在想念她，非常痛心。还是让她回来安慰我吧，你们这些大臣不要再烦我了！

傻子都知道了，这两个人之间，必定存在着一种十分特殊的关系。

对此，后半生竭力揭批魏忠贤，猛挖其人性污点的刘若愚同志曾在他的著作中，

说过这样一句话:

“倏出倏入，人多讶之，道路流传，讹言不一，尚有非臣子之所忍言者。”

这句话的意思是，经常进进出出，许多人都惊讶，也有很多谣言，那些谣言，做臣子的是不忍心提的。

此言非同小可。

所谓臣子不忍心提，那是瞎扯，不敢提倒是真的。

朱由校的母亲王才人死得很早，他爹当了几十年太子，自己命都难保，这一代人的事都搞不定，哪有时间关心下一代。所以朱由校基本算是客氏养大的。

十几年朝夕相处，而且客氏又是“妖艳美貌，品行淫荡”，要有点什么瓜田李下、鸡鸣狗盗，似乎也说得通。

就年龄而言，客氏比朱由校大十八岁，按说不该引发猜想，可惜明代皇帝在这方面，是有前科的。比如成化年间的明宪宗同志，他的保姆万贵妃，就比他大十九岁，后来还名正言顺地搬被子住到一起。就年龄差距而言，客氏技不如人，没能打破万保姆的纪录。如此看来，传点绯闻，实在正常。

当然，这两人之间到底有没有猫腻，谁都不知道，知道也不能写，但可以肯定的是，皇帝陛下对这位保姆，是十分器重的。

客氏就是这么个人物，皇帝捧，大臣让，就连当时的东厂提督太监和内阁大臣都要给她几分面子。

对于年过半百的魏忠贤而言，这个女人，是他成功的唯一机会，也是最后的机会。

于是，他下定决心，排除万难，一定要争取到这个人。

而争取这个人的最好方法，就是让她成为自己的老婆。

你没有看错，我没有写错，事实就是如此。

虽然魏忠贤是个太监，但他是可以找老婆的。

作为古代宫廷的传统，太监找老婆，有着悠久的历史，事实上，还有专用名词——对食。

对食，就是大家一起吃饭。但在宫里，你要跟人对食，人家还不一定肯。

四角关系

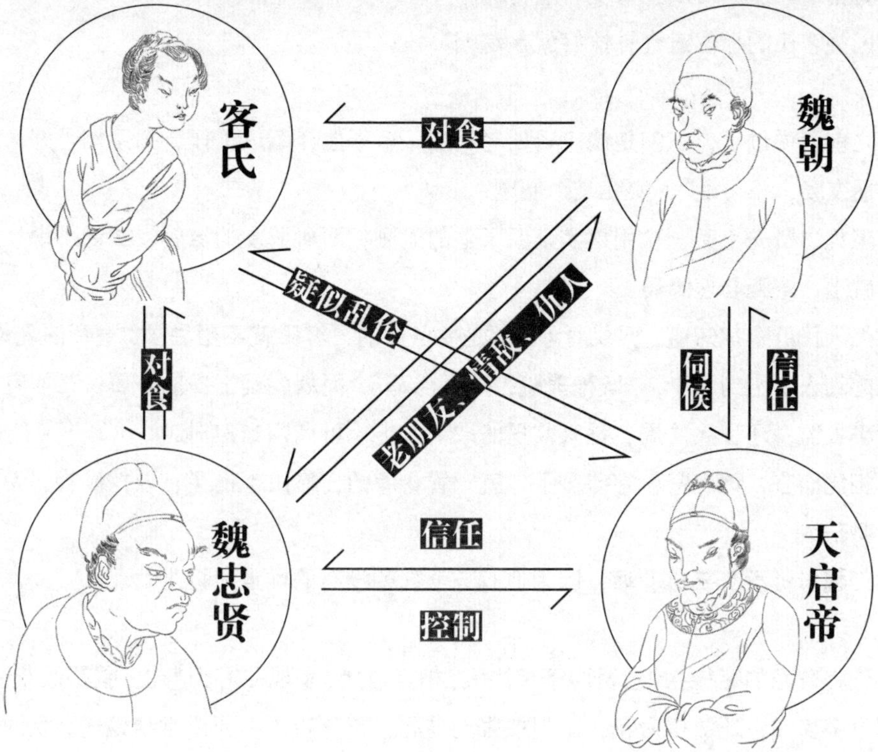

历代宫廷里，有很多宫女，平时不能出宫，也没啥事干，又不能嫁人，长夜漫漫寂寞难耐，闲着也是闲着，许多人就在宫中找对象。可是宫里除了皇帝外，又没男人，找来找去，长得像男人的，只有太监。

没办法，就这么着吧。

虽说太监不算男人，但毕竟不是女人，反正有名无实，大家一起过日子，说说话，也就凑合了。

这种现象，即所谓对食。自明朝开国以来，就是后宫里的经典剧目，经常上演，一般皇帝也不怎么管。但要遇到凶恶型的皇帝，还是相当危险，比如明成祖朱棣，据说被他看见，当头就是一刀，眼睛都不眨。

到明神宗这代，开始还管管，后来他自己都不上朝了，自然就不管了。

但魏忠贤要跟客氏“对食”，还有一个极大的障碍：客氏已经有对象了。

其实对食，和谈恋爱也差不多，也有第三者插足，路边野花四处采，寻死觅活等俗套剧情。但这一次，情况有点特殊。

因为客氏的那位对食，恰好就是魏朝。

之前我说过了，魏朝是魏忠贤的老朋友，还帮他介绍过工作，关系相当好，所谓“朋友妻，不可欺”，实在是个问题。

但魏忠贤先生又一次用事实证明了他的无耻，面对朋友的老婆，二话不说，光膀子就上，毫无心理障碍。

但人民群众都知道，要找对象，那是要条件的。客氏就不用说了，皇帝的乳母，宫里的红人，不到四十，“妖艳美貌，品行淫荡”，而魏朝是王安的下属，任职乾清宫管事太监，还管兵仗局，是太监里的成功人士，可谓门当户对。

相比而言，魏忠贤就寒碜多了，就一管仓库的，靠山也倒了，要挖墙脚，希望相当渺茫。

但魏忠贤没有妄自菲薄，因为他有一个魏朝没有的优点：胆儿大。

作为曾经的赌徒，魏忠贤胆子相当大，相当敢赌，表现在客氏身上，就是敢花钱。明明没多少钱，还敢拼命花，不但拍客氏马屁，花言巧语，还经常给她送名贵时尚礼物，类似今天送法国化妆品、高级香水，相当有杀伤力。

这还不算，他还隔三差五请客氏吃饭，吃饭的档次是“六十肴一席，费至五百金”。翻译成白话就是，一桌六十个菜，要花五百两银子。

参考消息 **你到底爱谁？**

魏忠贤与魏朝本是结拜兄弟，魏忠贤年长，故称“大魏”，魏朝称“小魏”。后来大魏很不厚道地给兄弟戴了绿帽子，两人从此交恶。天启帝即位后不久的一个午夜，大魏与客氏在乾清宫西阁饮酒嬉闹，被恰巧路过的小魏撞见。小魏怒火中烧，揪住大魏就打。不料大魏年纪虽大，却身手不凡，两三回合就占了上风。小魏见状不妙，一把拽过客氏就跑，大魏就在后面猛追不放。两人边跑边骂，一直打到乾清宫外，把刚睡下的天启帝给惊醒了。问明情况后，皇帝问客氏：“你到底跟哪个，我替你做主。”于是客氏便毫不犹豫地甩了小魏。一场闹剧，遂以小三的胜利告终。

五百两银子，大约是人民币四万块，就一顿饭，没落太监魏忠贤的消费水平大抵如此。

人穷不要紧，只要胆子大，这就是魏公公的人生准则。其实这一招到今天，也还能用。比如你家不富裕，就六十万，但你要敢拿这六十万去买个戒指求婚，没准儿真能蒙个把人回来。

外加魏太监不识字，看上去傻乎乎的，老实得不行，实在是宫中女性的不二选择。于是，在短短半年内，客氏就把老情人丢到脑后，接受了这位第三者。

然而，在另外一本史籍中，事情的真相并非如此。

几年后，一个叫宋起凤的人跟随父亲到了京城。因为他家和宫里的太监关系不错，所以经常进宫转悠，在这里他看到很多，也听到了很多。

几十年后，他把自己当年的见闻写成了一本书，取名《稗说》。

所谓稗，就是野草。宋起凤先生的意思是，他的这本书，是野路子，您看了爱信不信，就当图个乐，他不在乎。

但就史料价值而言，这本书是相当靠谱的，因为宋起凤不是东林党，不是阉党，不存在立场问题，加上他在宫里混的时间长，许多事是亲身经历的，没有必要胡说八道。

这位公正的宋先生，在他的野草书里，告诉我们这样一句话:

“魏虽腐余，势未尽，又挟房中术以媚，得客欢。”

这句话，通俗点说就是，魏忠贤虽然割了，但没割干净。后半句儿童不宜，我不解释。

按此说法，有这个优势，魏忠贤要抢魏朝的老婆，那简直是一定得手的。

能说话，敢花钱，加上还有太监所不及的特长，魏忠贤顺利地打败了魏朝，成为了客氏的新对食。

说穿了，对食就是谈恋爱，谈恋爱是讲规则的，你情我愿，谈崩了，女朋友没了，回头再找就是了。

但魏朝比较惨，他找不到第二个女朋友。

因为魏忠贤是个无赖，无赖从来不讲规则，他不但要抢魏朝的女朋友，还要他的命。天启元年，在客氏的配合下，魏朝被免职发配，并在发配的路上被暗杀。

魏忠贤之所以能够除掉魏朝，是因为王安。

作为三朝元老太监，王安已经走到了人生的顶点，现在的皇帝，乃至于皇帝他爹，都是他扶上去的，加上东林党都是他的好兄弟，那真是天下无敌，比东方不败猛了去了。

可是王安也有一个致命的弱点——喜欢高帽子。

高帽子，就是拍马屁。所谓“千穿万穿，马屁不穿”，真可谓至理名言，无论这人多聪明、多精明，只要找得准、拍得狠，都不堪一击。

自盘古开天辟地以来，我们就知道，马屁，是有声音的。

但魏忠贤的马屁，打破了这个俗套，达到马屁的最高境界——无声之屁。

每次见王安，魏忠贤从不主动吹捧，也不说话，只是磕头。王安不叫他，他就不去，王安不问他，他就不说话。王安跟他说话，他也不多说，态度谦恭，点到即止。

他不来虚的，尽搞实在的，逢年过节老送东西，而且猛送，礼物一车车往家里拉。于是当魏朝和魏忠贤发生争斗的时候，王安全力支持了魏忠贤，赶走了魏朝。

但他并不知道，魏忠贤的目标并不是魏朝，而是他自己。

此时的魏忠贤已经站在了门槛上，只要再走一步，他就能获取至高无上的权力。

但是王安，就站在他的面前。必须铲除此人，才能继续前进。

跟之前对付魏朝一样，魏忠贤毫无思想障碍，朋友是可以出卖的。上级自然可以出卖，作为一个无赖、混混、人渣，时时刻刻，他始终牢记自己的本性。

可是怎么办呢？

王安不是魏朝，这人不但地位高，资格老，跟皇帝关系好，路子也猛，东林党的杨涟、左光斗都经常去他家串门。

凭魏忠贤的实力，要除掉他，似乎绝无可能。

但是他办到了，用一种匪夷所思的方式。

第五章

道统

○他依然留在原地　一动不动　因为他依然坚持着一样东西——道统

○所谓道统　是一种规则　一种秩序　是这个国家几千年来历经苦难挫折依旧前行的动力

天启元年，司礼监掌印太监卢受因为犯了事，被罢免了。

在当时，卢受虽然地位高，势力却不大，所以这事并不起眼。

王安，正是栽在了这件并不起眼的事情上。

前面讲过，在太监里面，最牛的是司礼太监，包括掌印太监一人，秉笔太监若干人。

作为司礼监的最高领导，按照惯例，如职位空缺，应该由秉笔太监接任。在当时而言，就是由王安接任。

必须说明，虽然王安始终是太监的实际领导，但他并不是掌印太监。具体原因无人知晓，可能是这位仁兄知道枪打出头鸟，所以死不出头，想找人去顶缸。

但这次不同了，卢受出事后，最有资历的就剩下他了，只能自己干了。

可是魏忠贤不想让他干，因为这个位置太过重要，要是王安坐上去，自己想出头，只能等下辈子了。

但事实如此，生米做成了熟饭，魏忠贤无计可施。

王安也是这么想的，他打点好一切，并接受了任命，按照以往的惯例，写了一封给皇帝的上疏。主要意思无非是我无才无能，干不了，希望皇上另找贤能之类的话。

接受任命后，再写这些，似乎比较虚伪，但这也是没办法的，在我们这个有着光荣传统的地方，成功是不能得意的，得意是不能让人看见的。

几天之后，他得到了皇帝的回复：同意，换人。

王安自幼入宫，从倒马桶干起，熬到了司礼监，一向是现实主义者，从不相信什么神话，但这次，他亲眼看见了神话。

写这封奏疏，无非是跟皇帝客气客气，皇帝也客气客气，然后该干吗干吗，突然来这么一杠子，实在出人意料。

但更出人意料的是，没过多久，他就被勒令退休，彻底被赶出了朝廷。而那个他亲手捧起的朱由校，竟然毫无反应。

魏忠贤，确实是一个聪明绝顶的人，在苦思冥想后，他终于找到了这个不是机会的机会：你要走，我批准，实在是再自然不过。

但这个创意的先决条件是，皇帝必须批准，这是有难度的。因为皇帝大人虽说喜欢当木工，也没啥文化，但要他下手坑捧过他的王公公，实在需要一个理由。

魏忠贤帮他找到了这个理由：客氏。

乳母、保姆，外加还可能有一腿，凭如此关系，要她去办掉王公公，应该够了。

王安失去了官职，就此退出政治舞台，凄惨离去。此时他才明白，几十年的宦海沉浮、尔虞我诈的权谋，扶植过两位皇帝的功勋，都抵不上一个保姆。

心灰意冷的他打算回去养老，却未能如愿。因为一个人下定决心，要斩草除根，这人就是魏忠贤。

以前曾有个人问我，在整死岳飞的那几个人里，谁最坏。

我不假思索地回答：当然是秦桧。

于是此人脸上带着欠揍的表情，微笑着对我说：不对，是秦桧他老婆。

我想了一下，对他说：你是对的。

我想起了当年读过的那段记载，秦桧想杀岳飞，却拿不定主意干不干，于是他的老婆、李清照的表亲王氏告诉他，一定要干，必须要干，不干不行，于是他干了。

魏忠贤的情况大致如此。这位仁兄虽不认朋友，倒还认领导，想来想去，对老

一个掌权大太监的凄惨结局

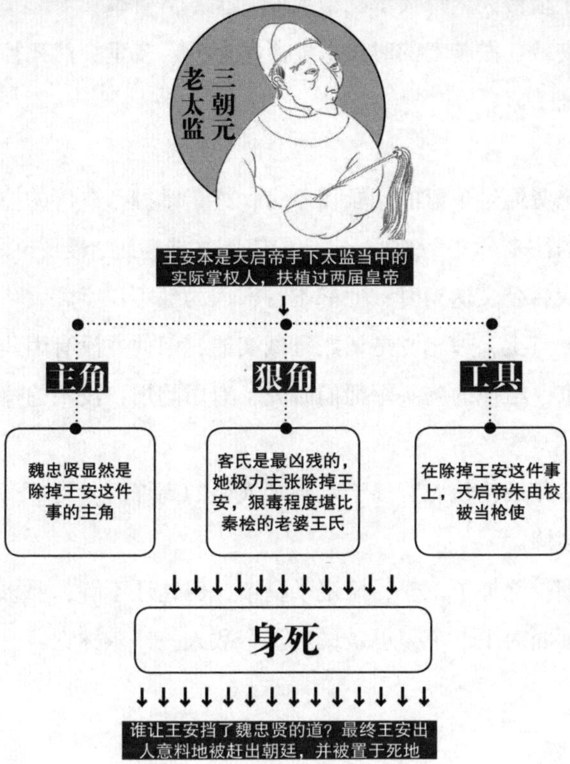

婆客氏说，算了吧。

然后，客氏对他说了这样几句话：

“移宫时，对外传递消息，说李选侍挟持太子的，是王安；东林党来抢人，把太子拉走的，是王安；和东林党串通，逼李选侍迁出乾清宫的，还是王安。此人非杀不可！”

说这些话的时候，她的表情十分严肃，态度十分认真。

女人比男人更凶残，信乎。

魏忠贤听从了老婆的指示，他决定杀掉王安。

这事很难办，皇帝大人比魏忠贤厚道，他虽然不用王安，却绝不会下旨杀他。

但在魏忠贤那里，就不难办了。因为接替王安，担任司礼监掌印太监的，是他的心腹王体乾，而他自己，是司礼监秉笔太监兼东厂提督太监，大权在握，想怎么折腾都行，反正皇帝大人每天都在做木匠，也不大管事。

很快，王安就在做苦工的时候，发生了意外，夜里突然死掉了。后来报了个自然死亡，也就结了。

至此，魏忠贤通过不懈的无耻和卑劣，终于掌握了东厂的控制权，成为了最大的特务。皇帝的往来公文，都要经过他的审阅才能通过，最少也是“一言八鼎”了。

然而，每次有公文送到时，他都不看，因为他不识字。

在文盲这一点上，魏忠贤是认账且诚实的，但他并没有因此耽误国家大事，总是把公文带回家，给他的狗头军师们研究，有用的用，没用的擦屁股、垫桌脚，做到物尽其用。

入宫三十多年后，魏忠贤终于走到了人生的高峰。

但还不是顶峰。

战胜了魏朝，除掉了王安，搞定了皇帝，但这还不够，要想成为这个国家的真正统治者，必须面对下一个，也是最后一个敌人——东林党。

◆ 走狗

成为东厂提督太监后不久，魏忠贤经过仔细思考、精心准备，对东林党发动了攻击。

具体行动有，派人联系东林党的要人，包括刘一璟、周嘉谟、杨涟等人，表示

参考消息 **一个太监的非正常死亡**

王安失势后，被发配到南海子充当杂役。魏忠贤授意南海子提督太监宋晋找机会干掉王安。谁知宋晋心地善良，始终下不了黑手。魏忠贤只好换上与王安有仇的刘朝行事。刘朝是个睚眦必报的小人，一上任就遣散了王安的随从，并禁止其与家人联系，随后便百般刁难，折磨王安，还不给饭吃。王安饿得头晕眼花之时，居然在篱笆里找到了几个萝卜，就这样又挺了三天。刘朝再也按捺不住了，便授意手下勒死了王安，并分尸喂狗。一代权阉，就这样惨烈地死去了。

自己刚上来，许多事情还望多多关照，并多次附送礼物。

此外，他还在公开场合，赞扬东林党的某些干将，兴奋之情溢于言表。

更让人感动的是，他多次在皇帝面前进言，说东林党的赵南星是国家难得的人才，工作努力认真，值得信赖，还曾派自己的亲信上门拜访，表达敬意。

除去遭遇车祸失忆、意外中风等不可抗力因素，魏忠贤突然变好的可能性，大致是零。所以结论是，这些举动都是伪装，在假象的背后，隐藏着不可告人的秘密。

这个不可告人的秘密就是：魏忠贤想跟东林党做朋友。

有必要再申明一次，这句话我没有写错。

其实我们这个国家的历史，一向是比较复杂的，所谓你中有我，我中有你，能凑合就凑合，能糊弄就糊弄。向上追溯，真正执著到底、决不罢休的，估计只有山顶洞人。

魏忠贤并不例外，他虽然不识字，却很识相。

他非常清楚，东林党这帮人不但手握重权，且都是读书人。其实手握重权并不可怕，书呆子才可怕。

自古以来，读书人大致分为两种，一种叫文人，另一种叫书生。文人是“文人相轻”，具体特点为比较无耻外加自卑，你好，他偏说坏，你行，他偏说不行，胆子还小，平时骂骂咧咧，遇上动真格的，又把头缩回去，实在是相当之扯淡。

而书生的主要特点，是“书生意气”，表现为二杆子加一根筋，好就是好，不好就是不好，认死理，平时不惹事，事来了不怕死，关键时刻敢于玩命，文弱书生变身钢铁战士，不用找电话亭，不用换衣服，眨眼就行。

当年的读书人，还算比较靠谱，所以在东林党里，这两种人都有，后者占绝大多数。形象代言人就是杨涟，咬住就不撒手，相当让人头疼。

这种死脑筋、敢乱来的人，对于见机行事、欺软怕硬的无赖魏忠贤而言，实在是天然的克星。

所以，魏忠贤死乞白赖地要巴结东林党，他实在是不想得罪这帮人。这世道，大家都不容易，混碗饭吃嘛，我又不想当皇帝，最多也就是个成功太监，你们之前跟王安合作愉快，现在我来了，不过是换个人，有啥不同的。

对于魏忠贤的善意表示，东林党的反应是这样的：上门的礼物，全部退回去，上门拜访的，赶走。

最不给面子的，是赵南星。

在东林党人中，魏忠贤最喜欢赵南星，因为赵南星和他是老乡，容易上道，所以他多次拜见，还人前人后，逢人便夸赵老乡如何如何好。

可是赵老乡非但不领情，还拒不见面。有一次，还当着很多人的面，针对魏老乡的举动，说了这样一句话：宜各努力为善。

联系前后关系，这句话的隐含意思是，各自干好各自的事就行了，别动歪心思，没事少烦我。

魏忠贤就不明白了，王安你们都能合作，为什么不肯跟我合作呢？

其实东林党之所以不肯和魏忠贤合作，不是因为魏忠贤是文盲，不是因为他是无赖，只是因为，他不是王安。

没有办法，书生都是认死理的。虽然从本质和生理结构上讲，王安和魏忠贤实在没啥区别，都是太监，都是司礼监，都管公文。但东林党一向是做生不如做熟，对人不对事，像魏忠贤这种无赖出身、行为卑劣的社会垃圾，他们是极其鄙视的。

应该说，这种思想是值得尊重、值得敬佩的，却是绝对错误的。

因为他们并不知道，政治的最高技巧，不是你死我活，而是妥协。

魏忠贤愤怒了，他的愤怒是有道理的，不仅是因为东林党拒绝合作，更重要的是，他感觉自己被鄙视了。

这个世上的人分很多类，魏忠贤属于江湖类，这种人从小混社会，狐朋狗友一大串，老婆可以不要，女儿可以不要，只有面子是不能不要的。东林党的蔑视，给他那污浊不堪的心灵以极大的震撼。他痛定思痛，幡然悔悟，毅然作出了一个决定：

既然不给脸，那就撕破脸吧！

但魏公公很快就发现，要想撕破脸，一点也不容易。

赵南星

1550 — 1627
高邑（今河北高邑县）人

身份
|
明末东林党首

官位
|
吏部尚书

性格
|
从小接受正统教育，疾恶如仇，提倡用正去邪

贡献
|
整顿吏治的政治改革思想和实践，对今天仍有借鉴意义

失误
|
对所谓“邪党”人士的处理过于决绝，反倒“帮”了阉党

因为他是文盲。

解决魏朝、王安，只要手够狠、心够黑就行。但东林党不同，这些人都是知识分子，至少也是个进士，擅长朝廷斗争，这恰好是魏公公的弱项。

在朝廷里干仗，动刀动枪是不行的，一般都是骂人打笔仗，技术含量相当之高，多用典故成语，保证把你祖宗骂绝也没个脏字。对于字都不识的魏公公而言，要他干这活，实在有点勉为其难。

为了适应新形势下的斗争，不至于被人骂死还哈哈大笑，魏公公决定找几个助手，俗称走狗。

最早加入，也最重要的两个走狗，分别是顾秉谦与魏广微。

顾秉谦，万历二十三年（1595）进士，坏人。

此人翰林出身，学识过人，无耻也过人，无耻到魏忠贤没找他，他就自己送上门去了。

当时他的职务是礼部尚书，都七十一了。按说再干几年就该退休了，这孙子偏偏人老心不老，想更进一步，但大臣又瞧不上他，于是索性投了太监。

改换门庭倒也无所谓，这人最无耻的地方在于，他干过这样一件事：

有一次为了升官，顾秉谦先生不顾自己七十多岁高龄，带着儿子登门拜访魏忠贤，说了这样一段话：

“我希望认您作父亲，但又怕您觉得我年纪大，不愿意，索性让我的儿子给您做孙子吧！”

顾秉谦，嘉靖二十九年（1550）生，魏忠贤，隆庆二年（1568）出生。顾秉谦比魏忠贤大十八岁。

无耻，无语。

魏广微，万历三十二年进士，可好可坏的人。

魏广微的父亲，叫做魏允贞，魏允贞有一个最好的朋友，叫做赵南星。

万历年间，魏允贞曾当过侍郎，他和赵南星的关系很好，两人曾是八拜之交，用今天的话说，是拜过把子的把兄弟。

魏广微的仕途比较顺利，考中翰林，然后步步高升，天启年间，就当上了礼部侍郎。

按说这个速度不算慢，可魏先生是个十分有上进心的人，为了实现跨越性发展，他找到了魏忠贤。

魏公公自然求之不得，仅过两年，就给他提级别，从副部长升到部长，并让他进入内阁，当上了大学士。

值得表扬的是，魏广微同志有了新朋友，也不忘老朋友，上任之后，第一件事就去拜会父亲当年的老战友赵南星。

但赵南星没有见他，让他滚蛋的同时，送给了他四个字：

“见泉无子！”

魏广微之父魏允贞，字见泉。

这是一句相当狠毒的话，你说我爹没有儿子，那我算啥？

魏广微十分气愤。

气愤归气愤，他还是第二次上门，要求见赵南星。

赵南星还是没见他。

接下来，魏广微作出了一个出人意料的举动，他又去了。

魏先生不愧为名门之后，涵养很好，当年刘备请诸葛亮出山卖命，也就三次，魏广微不要赵大人卖命，吃顿饭聊聊天就好。

但赵南星还是拒而不见。

面对着紧闭的大门，魏广微怒不可遏，立誓，与赵南星势不两立。

魏广微之所以愤怒，没见到面倒是其次，关键在于赵南星坏了规矩。

当时的赵南星，是吏部尚书，人事部部长，魏广微却是礼部尚书，东阁大学士。虽说两人都是部长，但魏广微是内阁成员，相当于副总理，按规矩，赵部长还得叫他领导。

但魏大学士不计较，亲自登门，还登了三次，您都不见，实在有点太不像话了。

就这样，这个可好可坏的人，在赵南星的无私帮助下，变成了一个彻底的坏人。

除了这两人外，魏忠贤的党羽还有很多，如冯铨、施凤来、崔呈秀、许显纯等，后人统称为五虎、五彪、十狗、十孩儿，光这四拨人加起来，就已有三十个。

这还是小儿科，魏公公的手下，还有二十孩儿、四十猴孙、五百义孙。作为一个太监，如此多子多孙，实在是有福气。

我曾打算帮这帮太监子孙亮亮相，搞个简介，起码列个名，但看到“五百义孙”之类的字眼时，顿时失去了勇气。

其实东林党在拉山头、搞团体等方面，也很有水平。可和魏公公比起来，那就差得多了。

因为东林党的入伙标准较高，且渠道有限，要么是同乡（乡党）、同事（同科进士），要么是座主（师生关系），除个别有特长者外（如汪文言），必须是高级知识分子（进士或翰林），还要身家清白，没有案底（贪污受贿）。

而魏公公就开放得多了，他本来就是无赖、文盲，还兼职人贩子（卖掉女儿），要找个比他素质还低的人，那是比较难的。

所以他收人的时候，非常注意团结。所谓“英雄莫问出处，富贵不思来由”，阿猫阿狗无所谓，能干活就行。他手下这帮人也还相当知趣，纷纷用“虎”“彪”“狗”“猴”自居，甭管是何禽兽，反正不是人类。

这帮妖魔鬼怪的构成很复杂，有太监、特务、六部官员、地方官、武将，涉及各个阶层、各个行业，百花齐放。

虽然他们来自不同领域，但有一点是相同的：他们都是经过精挑细选，纯度极高的人渣。

参考消息 **煨蹄总宪**

魏忠贤得势，一帮无耻之徒为了拍他的马屁，可谓绞尽脑汁。这当中，左都御史周应秋就拍得很有创意。由于拍魏忠贤马屁的人太多排不上号，他转而将马屁拍向了魏忠贤身边的红人。他家有个厨子善于煨蹄髈——俗称肘子，而魏忠贤的侄子魏良卿尤其爱这口。所以每当魏良卿去他家里时，他必以煨蹄髈款待，马屁殷勤得差点让魏公子昏过去。都御使俗称“总宪”，所以时人就讥称周应秋为“煨蹄总宪”。靠着这层关系，周应秋一直爬到了吏部尚书的高位，并且稳坐“十狗”头把交椅。

比如前面提到的四位仁兄，都很有代表性：

崔呈秀，原本是一贪污犯，收了人家的钱，被检举丢了官，才投奔魏公公。

施凤来，混迹朝廷十余年，毫无工作能力，唯一的长处是替人写碑文。

许显纯，武进士出身，锦衣卫首领，残忍至极，喜欢刑讯逼供，并有独特习惯——杀死犯人后，将其喉骨挑出，作为凭证，或作纪念。

但相对而言，以上三位还不够份儿，要论王八蛋程度，还是冯铨先生技高一筹。

这位仁兄全靠贪污起家，并主动承担陷害杨涟、左光斗等人的任务，唯恐坏事干得不够多。更让人称奇的是，后来这人还主动投降了清朝，成为了不知名的汉奸。

短短一生之中，竟能集贪官、阉党、汉奸于一体，如此无廉耻，如此无人格，说他是禽兽，那真是侮辱了禽兽。

综上所述，魏忠贤手下这帮人，在工作和生活中，有着这样一个特点：

什么都干，就是不干好事；什么都要，就是不要脸。

他们之中的大多数人，都曾是三党的成员，在彻底出卖自己的灵魂和躯体，加入阉党这个“温馨”的集体，成为毫无廉耻的禽兽之前，他们曾经也是人。

多年以前，当他们刚踏入朝廷的时候，都曾品行端正满怀理想，立志以身许国，匡扶天下，公正地对待每一个人，谨言慎行，并期冀最终成为一个青史留名的伟人。

但他们终究倒下了，在残酷的斗争、仕途的磨砺、党争的失败面前，他们失去了最后的勇气和尊严，并最终屈服，屈服于触手可及的钱财、权位和利益。

魏忠贤明白，坚持理想的东林党，是绝不可能跟他合作的，要想继续好吃好喝地混下去，就必须解决这些人。现在，他准备摊牌了。

但想挑事，总得有个由头，东林党这帮人都是道德先生，也不怎么收黑钱，想找茬整顿他们，是有相当大难度的。

考虑再三之后，魏忠贤找到了一个看似完美的突破口——汪文言。

作为东林党的智囊，汪文言起着极其关键的作用，左推右挡来回忽悠，拥立了皇帝，搞垮了三党，人送外号“天下第一布衣”。

但在魏忠贤看来，这位布衣有个弱点：他没有功名，不能做官，只能算是地下党。对这个人下手，既不会太显眼，又能打垮东林党的支柱，实在是一举两得。

阉党主力人渣程度大比拼

	姓名	出身	无耻事迹	人渣指数
	顾秉谦	进士出身，曾任礼部尚书	七十高龄，比魏忠贤大十八岁，竟然让自己的儿子认魏忠贤为爷爷	★★★★★
	许显纯	武进士出身，曾任锦衣卫都指挥佥事	性情极其残忍，喜好用酷刑，多位东林党正直人士都被他所杀	★★★★★
	冯铨	进士出身，曾任礼部尚书	贪污受贿，依附魏忠贤，极其谄媚，杀害杨涟、熊廷弼、左光斗等人。后来投降清朝，毫无廉耻	★★★★★
	施凤来	进士出身，曾任礼部尚书	毫无风骨，以柔和取媚于世，依附权势	★★★★★
	崔呈秀	进士出身，曾任兵部尚书	因贪污被革职，向魏忠贤摇尾乞怜、磕头痛哭，认其为父，排除异己	★★★★
	魏广微	进士出身，曾为内阁成员	为了升官，攀附魏忠贤，性格狡诈，没有气节，陷害忠良	★★★

所以在王安死后，魏忠贤当即指使顺天府府丞绍辅忠，弹劾汪文言。

要整汪文言，是比较容易的。这人本就是个老油条，除东林党外，跟三党也很熟，后来三党垮了，他跟阉党中的许多人关系也很铁，经常来回倒腾事，收人钱财，替人消灾，底子实在太不干净。

更重要的是，他的老东家王安倒了，靠山没了，自然好收拾。

事实恰如所料，汪文言一弹就倒，监生的头衔被没收了，还被命令马上收拾包裹滚蛋。

汪文言相当听话，也不闹，乖乖地走人了，可他还没走多远，京城里又来了人，从半道上把他请了回去——坐牢。

赶走汪文言，是不够的，魏忠贤希望，能把这个神通广大又神秘莫测的人一棍子打死。于是魏忠贤指使御史弹了汪先生第二下，把他直接弹进了牢房里。

魏忠贤终于满意了，行动进行得极其顺利，汪文言已成为阶下囚，一切都已准备妥当，下面……

下面没有了。

因为不久之后，汪文言就出狱了。

此时的魏忠贤是东厂提督太监、掌控司礼监，党羽遍布天下，而汪先生是个没有功名、没有身份、失去靠山的犯人。并且魏公公很不喜欢汪文言，很想把他打翻在地，再踏上一只脚，这看上去似乎是件十分容易的事情。毕竟连汪文言的后台王安，都死在了魏忠贤的手中。

无论如何，他都不应该、也不可能出狱。

然而，他就是出狱了。

他到底是怎么出狱的，我不知道，反正是出来了，成功自救，魏公公也毫无反应。王安都没有办到的事情，他办到了。

而且这位仁兄出狱之后，名声更大。赵南星、左光斗、杨涟都亲自前来拜会慰问，上门的人络绎不绝，用以往革命电影里的一句话：坐牢还坐出好来了。

更出人意料的是，不久之后，朝廷首辅叶向高主动找到了他，并任命他为内阁中书。

所谓内阁中书，相当于国务院办公厅主任，是个极为重要的职务。汪文言先生连举人都没考过，竟然捞到这个位置，实在耸人听闻。

而对这个严重违背常规的任命，魏公公竟然沉默是金，什么话都不说。

因为他已经意识到，自己还没有足够的实力，去战胜这个神通广大的人。

于是，魏忠贤停止了行动，他知道，要打破目前的僵局，必须继续等。

此后的三年里，悄无声息之中，他不断排挤东林党，安插自己的亲信，投靠他的人越来越多，他的党羽越来越庞大，实力越来越强，但他仍在沉默中等待。

因为他已看清，这个看似强大的东林党，实际上非常脆弱。吏部尚书赵南星不可怕，佥都御史左光斗不可怕，甚至首辅叶向高，也只是一个软弱的盟友。

真正强大的，只有这个连举人都考不上，地位卑微，却机智过人、狡猾到底的汪文言。要解决东林党，必须除掉这个人，没有任何捷径。

这是一件非常冒险的事，魏忠贤不喜欢冒险，所以他选择等待。

但事情的发展，超出了所有人的预料，包括魏忠贤在内。

天启四年（1624），吏科给事中阮大铖上疏，弹劾汪文言、左光斗互相勾结，祸乱朝政。

热闹开始，阉党纷纷加入，趁机攻击东林党。左光斗也不甘示弱，参与论战，朝廷上下，口水滔滔，汪文言被免职，连首辅叶向高也申请辞职，乱得不可开交。

但讽刺的是，对于这件事，魏忠贤事先可能并不知道。

这事之所以闹起来，无非是因为吏科都给事中退休了，位置空出来，阮大铖想要进步，就开始四处活动、拉关系。

偏偏东林党不吃这套。人事部长赵南星听说这事后，索性直接让他滚出朝廷，连给事中都不给他干了。阮大铖知道后，十分愤怒，决定告左光斗的黑状。

这是句看上去前言不搭后语的话，赵南星让他滚，关左光斗何事？

原因在于，左光斗是阮大铖的老乡，当年阮大铖进京，就是左光斗抬举的。所以现在他升不了官，就要找左光斗的麻烦。

看起来，这个说法仍然比较乱，不过跟“因为生在荆楚之地，所以就叫萌萌”

之类的逻辑相比，这种想法还算正常。

这位逻辑“还算正常”的阮大铖先生，真算是奇人，可以多说几句。后来他加入了阉党，跟着魏忠贤混；混砸了又跑到南京，跟着南明混；跟南明混砸了，他又加入大清。在清军营里，他演出了人生中最精彩、最无耻的一幕。

作为投降的汉奸，他毫无羞耻之心，还经常和清军将领说话，白天说完，晚上接着说，说得人家受不了，对他说：您口才真好，可我们明天早起还要打仗，早点洗洗睡吧。

此后不久，他因急于抢功跑得太快，猝死于军中。

但在当时，阮大铖先生这个以怨报德的黑状，只是导火索。真正让魏公公对东林党极为愤怒、痛下杀手的，是另一件事，准确地说，是另一笔钱。

其实长期以来，魏公公虽和东林党势不两立，却只有公愤，并无私仇。但几乎就在阮大铖上疏的同一时刻，魏公公得到消息，他的一笔生意黄了，就黄在东林党的手上。

这笔生意值四万两银子，和他做生意的人，叫熊廷弼。

希望大家还记得这兄弟。自从回京后，他已经被关了两年多了，由于情节严重，上到皇帝下到刑部，倾向性意见相当一致——杀。

事到如今，只能开展自救了，熊廷弼开始积极活动，找人疏通关系，希望能送

参考消息 **有才的坏蛋**

阮大铖为后世所熟知，多半是戏剧《桃花扇》的功劳。在这部宏大的史诗性悲剧中，阮大铖从头到尾都是一副卑鄙小人的形象：先是在文庙祭孔中被复社文人痛殴，接着又想通过李香君拉拢侯方域，不料被识破，遂怀恨在心，蓄意报复，最终迫使李香君血洒桃花扇。但历史就是这么有趣，阮大铖人品虽差，才华却十分出众：他在戏剧创作领域成就斐然，其《燕子笺》《春灯谜》等很受陈寅恪的推崇；其诗也很受章太炎、胡先骕等人激赏，甚至誉其为“有明一代唯一之诗人”。可惜阮大铖逞一时意气投了阉党，从此声名狼藉。他的才名，最终淹没在了千古不绝的唾骂声之中。

点钱，救回这条命。

七转八转，他终于找到了一位叫做汪文言的救星，据说此人神通广大，手到擒来。

汪文言答应了，开始活动，他七转八转，找到了一个能办事的人——魏忠贤。

当然，鉴于魏忠贤同志对他极度痛恨，干这件事的时候，他没有露面，而是找人代理。

魏忠贤接到消息，欣然同意，并开出了价码——四万两，熊廷弼不死。

汪文言非常高兴，立刻回复了熊廷弼，告诉他这个好消息，以及所需银子的数量（很可能不是四万两，毕竟中间人也要收费）。

以汪文言的秉性，拿中介费是一定的，拿多少是不一定的，但这次，他一文钱也没拿到。因为熊廷弼拿不出四万两。

拿不出钱，事情没法办，也就没了下文。

但魏忠贤不知是手头紧，还是办事认真负责，发现这事没消息了，就好了奇，派人去查，七转八转，终于发现那个托他办事的人，竟然是汪文言！

过分了，实在过分了，魏忠贤感受到了出奇的愤怒：和我作对也就罢了，竟然还要托我办事，吃我的中介费！

拿不到钱，又被人耍了一把的魏忠贤，国仇家恨顿时涌上心头，当即派人把汪文言抓了起来。

汪文言入狱了，但这只是开始，魏忠贤的最终目标，是通过他，把东林党人拉下水。

参考消息 **小说杀人事件**

压死熊廷弼的最后一根稻草，是一本叫《辽东传》的绣像小说。书中有一章叫“冯布政父子奔逃”，淋漓尽致地刻画了冯铨父子听闻金兵将至，抱头鼠窜的狼狈丑态，一时流传甚广。阉党红人冯铨读后，又羞又恼，怀疑此书是熊廷弼的作品，于是动了杀心。此时熊廷弼还在牢中，是死是留，朝廷中一时没有定论。冯铨趁机将小说呈给天启帝，诬称：“这本书乃熊廷弼所作，意在逃脱罪责。”天启帝翻阅后大怒，遂下令诛杀熊廷弼，传首九边。可怜的熊大人，因为一本莫名其妙的小说，非但没拿过一分钱的稿费，反而丢了性命，实在冤枉至极。

但事实再一次证明，冲动是魔鬼。一时冲动的魏公公惊奇地发现，他又撞见鬼了。汪文言入狱后，审来审去毫无进展，别说杨涟、左光斗，就连汪先生自己也在牢里过得相当滋润。

之所以出现如此怪象，除汪先生自己特别能战斗外，另一个人的加入，也起了极大的作用。

这个人名叫黄尊素，时任都察院监察御史。

这是一个很有名的人，知道他的人比较多，但他还有个更有名的儿子——黄宗羲。如果连黄宗羲都不知道，应该回家多读点书了。

在以书生为主的东林党里，黄尊素是个异类，此人深谋远虑，凡事三思而行，擅长权谋，与汪文言并称为东林党两大智囊。

得知汪文言被抓后，许多东林党人都很愤怒，但也就是发发牢骚，真正作出反应的，只有两个人，其中一个，就是黄尊素。

他敏锐地感觉到，魏忠贤要动手了。

抓汪文言只是个开头，很快，这场战火就将蔓延到东林党的身上。到那时一切都迟了。

于是，他连夜找到了锦衣卫刘侨。

刘侨，时任锦衣卫镇抚司指挥使，管理诏狱，汪文言就在他的地盘坐牢。这人品格还算正派，所以黄尊素专程找到他，疏通关系。

黄尊素表示，人你照抓照关，但万万不能牵涉到其他人，比如左光斗、杨涟等。

刘侨是个聪明人，他明白黄尊素的意思。便照此意思吩咐审讯工作，所以汪文言在牢里满口胡话，也没人找他麻烦。

而另一个察觉魏忠贤企图的人，是叶向高。

叶向高毕竟是见过世面的，几十年官场混下来，一看就明白，即刻上疏表示汪文言是自己任命的，如果此人有问题，就是自己的责任，与他人无关，特请退休回家养老。

叶首辅不愧为老狐狸，他明知道，朝廷是不会让自己走的，却偏要以退为进，给魏忠贤施加压力，让他无法轻举妄动。

看到对方摆出如此架势，魏忠贤退缩了。

太冲动了，时候还没到。

在这个回合里，东林党获得了暂时的胜利，却将迎来永远的失败。

抓汪文言时，魏忠贤并没有获胜的把握，但到了天启四年五月，连东林党都不再怀疑自己注定失败的命运。

因为魏公公实在太能拉人了。

几年之间，所谓“众正盈朝”已然变成了“众兽盈朝”，魏公公手下那些飞禽走兽已经遍布朝廷：王体乾掌控了司礼监，顾秉谦、魏广微进入内阁，许显纯、田尔耕控制锦衣卫。六部里，只有吏部部长赵南星还苦苦支撑，其余各部到处都是阉党，甚至管纪检监察的都察院六科都成为了阉党的天下。

对于这一转变，大多数书上的解释是世风日下、人心不古、道德沦丧、品质败坏，等等。

其实原因很简单，就两个字：实在。

魏忠贤能拉人，因为他实在。

你要人家给你卖命，拿碗白饭对他说，此去路远，多吃一点，那是没有效果的。毕竟千里迢迢，不要脸面，没有廉耻来投个太监，不见点干货，心理很难平衡。

在这一点上，魏公公表现得很好，但凡投奔他的，要钱给钱，要官给官，真金白银，不打白条。

相比而言，东林党的竞争力实在太差，什么都不给还难进，实在有点难度过高。

如果有人让你选择如下两个选项：坚持操守，坚定信念和理想，一生默默无闻，家徒四壁，为国为民，辛劳一生。

或是放弃原则，泯灭良心，少奋斗几十年，青云直上，升官发财，好吃好喝，享乐一生。

嗟乎！大阉之乱，以缙绅之身而不改其志者，四海之大，有几人欤？

——《五人墓碑记》

不用回答，我们都知道答案。

很久以前，我曾经看过一部电影，电影里的黑社会老大在向他的手下训话，他说，昨天晚上他做了一个梦，梦见这个世界上没有黑社会了。

因为这个世界上的人，都变成了黑社会。

这句话在魏忠贤那里，已不再是梦想。

他不问出身，不问品格，将朝廷大权赋予所有和他一样卑劣无耻的人。

而这些靠跪地磕头、自认孙子才掌握大权的人，自然没有什么造福人民的想法，受尽屈辱才得到的荣华富贵，不屈辱一下老百姓，怎么对得起自己呢？

在这种良好愿望的驱使下，某些匪夷所思的事情开始陆续发生。比如某县有位富翁，闲来无事杀了个人，知县秉公执法，判了死刑。这位仁兄不想死，就找到一位阉党官员，希望能够拿钱买条命。

很快他就得到了答复：一万两。

这位财主同意了，此外他还提出了一个要求：希望杀掉那位判他死刑的知县，因为这位县太爷太过公正，实在让他不爽。

还是阉党的同志们实在，收钱之后立马放人，并当即捏造了罪名，把那位知县干掉了。

无辜的被害者，正直的七品知县，司法，正义，全加在一起，也就一万两。

事实上，这个价码还偏高。

参考消息 **魏氏速度**

天启四年之前，阉党中担任内阁大学士的还只有顾秉谦、魏广微二人，同时，也只有这二人有尚书级别，并加一品太子师衔（均为太子太保）。其他能称得上重量级的也只有十人，其中侍郎和左副都御使六人、总督两人（均带兵部右侍郎衔）、巡抚两人（均带右佥都御使衔）。而这十人之中，又有五人都是有名无实的退休老干部。但仅过了三年，到魏忠贤倒台前，阉党中已有八人担任过大学士，有尚书及加尚书衔的达四十四人，并有二十七人加公孤、太子师衔。至于侍郎、总督、巡抚之类的更是多如牛毛。阉党的扩张速度和吸引力，可见一斑。

搞到后来，除封官许愿外，魏忠贤还开发了新业务：卖官。有些史料还告诉我们，当时的官职都是明码标价。买个知县，大致是两三千两；要买知府，五六千两也就够了。

如此看来，那位草菅人命的财主，还真是不会算账，不如找到魏公公，花一半钱买个知府，直接当那知县的上级，找个由头把他干掉，还能省五千两。亏了，真亏了。

自开朝以来，大明最黑暗的时刻，终于到来。

我们想干什么就干什么，我们想怎么干就怎么干，为了获取权力和财富，所付出的尊严和代价，要从那些更为弱小的人身上加倍掠夺。蹂躏、欺凌、劫掠，不用顾忌，不用考虑，我们可以为所欲为！

因为在这个时代，没有人能阻止我们，没有人敢阻止我们！

◆ 最后的道统

几年来，杨涟一直在看。

他看见那个无恶不作的太监，抢走了朋友的情人，杀死了朋友，坑死了上司，却掌握了天下的大权，无须偿命，没有报应。

那个叫天理的玩意儿，似乎并不存在。

他看见，一个无比强大的敌人，已经出现在自己的面前。

在明代历史上，从来不缺重量级的坏人，比如刘瑾，比如严嵩。但刘瑾多少还读点书，知道做事要守规矩，至少有个底线，所以他明知李东阳和他作对，也没动手杀人。严嵩虽说杀了夏言，至少还善待自己的老婆。

而魏忠贤，是一个文盲，逼走老婆，卖掉女儿，他没原则，没底线，阴险狡诈，不择手段，已达到了无耻无极限的境界。他绝了后，也空了前。

当杨涟回过神来，他才发现，自己身边，已是空无一人，那些当年的敌人，甚至朋友、同僚都已抛弃良知，投入了这个人的怀抱。在利益的面前，良知实在太过脆弱。

但他依然留在原地，一动不动，因为他依然坚持着一样东西——道统。

所谓道统，是一种规则、一种秩序，是这个国家几千年来历经苦难挫折依旧前行的动力。

杨涟和道统已经认识很多年了。

小时候，道统告诉他：你要努力读书，研习圣人之道，将来报效国家。

当知县时，道统告诉他：你要为官清廉，不能贪污，不能拿不该拿的钱，要造福百姓。

京城，皇帝病危，野心家蠢蠢欲动，道统告诉他：国家危亡，你要挺身而出，即使你没有义务，没有帮手。

长期以来，杨涟对道统的话都深信不疑，他照做了，并获得了成功。

是你让我相信，一个普通的平民子弟，也能够通过自己的努力，坚持不懈，成就一番事业，成为千古留名的人物。

你让我相信，即使身居高位，尊荣加身，也不应滥用自己的权力，去欺凌那些依旧弱小的人。

你让我相信，一个人活在这世上，不能只是为了自己。他应该清正廉洁，严于律己，坚守那条无数先贤走过的道路，并继续走下去。

但是现在，我有一个疑问。

魏忠贤是一个不信道统的人。他无恶不作、肆无忌惮，没有任何原则，但他依然成为了胜利者。同时越来越多的人放弃了道统，投奔了他，只是因为他封官给钱，如同送白菜。

我的朋友越来越少，敌人越来越多，在这条道路上，我已是孤身一人。

道统说：是的，这条道路很艰苦，门槛高，规矩多，清廉自律，家徒四壁，还要立志为民请命，一生报效国家，实在太难。

那我为何还要继续走下去呢？

因为这是一条正确的道路，几千年来，一直有人走在这条孤独的道路上。无论经过多少折磨，他们始终相信规则，相信每个人都有着自己的尊严和价值，相信这个世界上，存在着公理与正义，相信千年之后，正气必定长存。

是的，我明白了，现在轮到我了，我会坚守我的信念，我将对抗那个强大的敌人，战斗至最后一息，即使孤身一人。

好吧，杨涟，现在我来问你最后一个问题：

为了你的道统，牺牲你的一切，可以吗？

可以。

第六章

杨涟

○他依然充满自信　因为奏疏在社会上引起的强烈反响和广大声势让他相信　真理和正义是站在他这边的

○但是实力　并不在他的一边

天启四年六月，左副都御史杨涟写就上疏，弹劾东厂提督太监魏忠贤二十四大罪。

在这篇青史留名的檄文中，杨涟历数了魏忠贤的种种罪恶，排除异己、陷害忠良、图谋不轨、杀害无辜，可谓世间万象，无所不包，且真实可信，字字见血。

由此看来，魏忠贤确实是人才，短短几年里，跨行业，跨品种，坏事干得面面俱到，着实不易。

这是杨涟的最后反击。与其说是反击，不如说是愤怒，因为连他自己都很清楚，此时的朝廷，从内阁到六部，都已是魏忠贤的爪牙。按照常理，这封奏疏只要送上去，必定会落入阉党之手，到时只能是废纸一张。

杨涟虽然正直，却并非没有心眼儿，为了应对不利局面，他想出了两个办法。

他写完这封奏疏后，并没有遵守程序把它送到内阁，而是随身携带，等待着第二天的到来。

因为在这一天，皇帝大人将上朝议事，那时，杨涟将拿出这封奏疏，亲口揭露魏忠贤的罪恶。

在清晨的薄雾中，杨涟怀揣着奏疏，前去上朝，此时除极个别人外，无人知道他的计划和他即将要做

的事。

然而，当他来到大殿前的时候，却得到一个让人哭笑不得的消息：皇帝下令，今天不办公（免朝）。

紧绷的神经顿时松弛了下来，杨涟明白，这场生死决战又延迟了一天。

只能明天再来了。

但就在他准备打道回府之际，却突然改变了主意。

杨涟走到了会极门，按照惯例，将这封奏疏交给了负责递文书的官员。

在交出文书的那一刻，杨涟已然确定，不久之后，这份奏疏就会放在魏忠贤的文案上。

之所以作此选择，是因为他别无选择。

杨涟是一个做事认真谨慎的人，他知道，虽然此事知情者很少，但难保不出个把叛徒，万一事情曝光，以魏公公的品行，派个把东厂特务把自己黑掉，也不是不可能的。

不能再等了，不管魏忠贤何时看到，会不会在上面吐唾沫，都不能再等了。

第一个办法失败了，杨涟没能绕开魏忠贤，直接上疏。事实上，这封奏疏确实落到了魏忠贤的手中。

魏忠贤知道这封奏疏是告他的，但不知是怎么告的，因为他不识字。

所以，他找人读给他听。

但当这位无恶不作、肆无忌惮的大太监听到一半时，便打断了朗读，不是歇斯底里的愤怒，而是面无人色的恐惧。

魏忠贤害怕了，这位不可一世、手握大权的魏公公，竟然害怕了。

据史料的记载，此时的魏公公面无人色，两手不由自主地颤抖，并且半天沉默不语。

他已经不是四年前那个站在杨涟面前，被骂得狗血淋头、哆哆嗦嗦的老太监了。

现在他掌握了内阁，掌握了六部，甚至还掌握了特务机关，他一度以为，天下再无敌手。

但当杨涟再次站在他面前的时候，他才明白，纵使这个人孤立无援、身无长物，他却依然畏惧这个人，深入骨髓地畏惧。

极度的恐慌彻底搅乱了魏忠贤的神经，他的脑海中只剩下一个念头：绝对不能让这封奏疏传到皇帝的手中！

奏疏倒还好说，魏公公一句话，说压就压了，反正皇帝也不管。但问题是，杨涟是左副都御史，朝廷高级官员，只要皇帝上朝，他就能够见到皇帝，揭露所有一切。

参考消息 **不服不行**

魏忠贤文化水平有限，自尊心却很强，经常不懂装懂。礼科给事中李恒茂是阉党的得力干将，有次他上的奏章中有“曹尔桢整兵山东”一句，被魏忠贤抓住了把柄。原来就在不久前，曹尔桢刚刚买通魏忠贤，被授予了山西巡抚一职。李恒茂奏折中的“山东”，显然是弄错了。谁知李恒茂很委屈，上疏辩解道：曹尔桢本为山东布政使，虽已升职，但还未赴任，而兵部又确有公文命他“整兵山东”，因此自己的说法有凭有据，怎能算错呢？魏忠贤本想借此显示下自己的英明，结果被弄得下不了台，一怒之下便将李恒茂削职为民了——不服是不行的！

怎么办呢？魏忠贤冥思苦想了很久，终于想出了一个没办法的办法：不让皇帝上朝。

在接下来的三天里，皇帝都没有上朝。

但这个办法实在有点蠢，因为天启皇帝到底是年轻人，到第四天，就不干了，偏要去上朝。

魏忠贤头疼不已，但皇帝大人说要上朝，不让他去又不行，迫于无奈，竟然找了上百个太监，把皇帝大人围了起来，到大殿转了一圈，权当是给大家一个交代。

此外，他还特意派人事先说明，不允许任何人发言。

总之，他的对策是，先避风头，把这件事压下去，以后再跟杨涟算账。

得知皇帝三天没有上朝，且目睹了那场滑稽游行的杨涟并不吃惊，事情的发展，早在他意料之中。

因为当他的第一步计划失败，被迫送出那份奏疏的时候，他就想好了第二个对策。

虽然魏忠贤压住了杨涟的奏疏，但让他惊奇的是，这封文书竟然长了翅膀，没过几天，朝廷上下，除了皇帝没看过，大家基本是人手一份。还有个把缺心眼儿的，把词编成了歌，四处去唱，搞得魏公公没脸出门。

杨涟充分发挥了东林党的优良传统，不坐地等待上级批复，就以讲学传道为主要途径，把魏忠贤的恶劣事迹广泛传播，并在短短几天之内，达到了妇孺皆知的效果。

比如当时国子监里的几百号人，看到这封奏疏后，欢呼雀跃，连书都不读了，每天就抄这份“二十四大罪”，抄到手软，并广泛散发。

吃过魏公公苦头的劳苦大众自不用说，大家一拥而上，反复传抄，当众朗诵，成为最流行的手抄本，据说最风光的时候，连抄书的纸都缺了货。

左光斗是少数几个事先知情的人之一，此时自然不甘人后，联同朝廷里剩余的东林党官员共同上疏，斥责魏忠贤，甚至某些退休在家的老先生，也来凑了把热闹。于是几天之内，全国各地弹劾魏忠贤的公文纷至沓来，堆积如山，足够把魏忠贤埋了再立个碑。

眼看革命形势一片大好，许多原先是阉党的同志也坐不住了，唯恐局势变化自己垫背，一些人纷纷倒戈，调头就骂魏公公，搞得魏忠贤极其狼狈。

而广大人民群众对魏忠贤的愤怒之情，也如同那滔滔江水，延绵不绝，搞得深宫之中的皇帝都听说了这件事，专门找魏忠贤来问话。到了这个地步，事情已经瞒不住了。

杨涟没有想到，自己的义愤之举，竟然会产生如此重大的影响。在他看来，照此形势发展，大事必成，忠贤必死。

然而，有一个人，不同意杨涟的看法。

在写奏疏之前，为保证一击必中，杨涟曾跟东林党的几位重要人物，如赵南星、左光斗通过气，但有一个人，他没有通知，这个人是叶向高。

自始至终，叶向高都是东林党的盟友，且身居首辅，是压制魏忠贤的最后力量，但杨先生就是不告诉他，偏不买他的账。

因为叶向高曾不止一次对杨涟表达过如下观点：

对付魏忠贤，是不能硬来的。

叶向高认为，魏忠贤根基深厚，身居高位，且内有奶妈（客氏），外有特务（东厂），以东林党目前的力量，是无法扳倒他的。

杨涟认为，叶向高的言论，是典型的投降主义精神。

魏忠贤再强大，也不过是个太监，他手下的那帮人，无非是乌合之众。只要能够集中力量，击倒魏忠贤，就能将阉党这帮人渣一网打尽，维持社会秩序、世界和平。

更何况，自古以来，邪不胜正。

邪恶是必定失败的。基于这一基本判断，杨涟相信，自己是正确的，魏忠贤终究会被摧毁。

历史已经无数次证明，邪不胜正是靠谱的。但杨涟不明白，这个命题有个前提条件——时间。

其实在大多数时间里，除去超人、蝙蝠侠等不可抗力出来维护正义外，邪是经常胜正的。所谓好人、善人、老实人常常被整得凄惨无比，比如于谦、岳飞等，都是死后很多年才翻身平反。

只有岁月的沧桑，才能淘尽一切污浊，扫清人们眼帘上的遮盖与灰尘，看到那些殉道者无比璀璨的光芒，历千年而不灭。

◆ 逆转

杨涟，下一个殉道者。

很不幸，叶向高的话虽然不中听，却是对的，以东林党目前的实力，要干掉魏忠贤，是毫无胜算的。

但决定他们必定失败的，不是奶妈，也不是特务，而是皇帝。

杨涟并不傻，他知道大臣靠不住，太监靠不住，所以他把所有的希望都寄托在皇帝身上，希望皇帝陛下雷霆大怒，最好把魏公公五马分尸再拉出去喂狗。

可惜，杨涟同志寄予厚望的天启皇帝，是靠不住的。

参考消息 **那些业余的皇帝**

一说起木匠皇帝朱由校，就让人想起法国的锁匠国王路易十六。这位个性的国王对政治没多大兴趣，却整天待在五金坊中琢磨各种锁具。其实在中国历史上，像这样有个性的皇帝还有很多，比如：梁武帝萧衍痴迷佛教，为了给寺庙筹款，不惜以出家为要挟，多次敲诈大臣；唐僖宗李儇热衷于打马球，技艺精湛，他曾自负地讲过“朕若参加击球进士科考试，应该中个状元”；后唐庄宗李存勖看戏演戏上瘾，自称扮演的角色为“李天下”……至于喜欢领兵打仗的朱厚照、痴迷炼丹修仙的嘉靖皇帝，更是尽人皆知。对这些人来讲，爱好成了主业，皇帝则成了兼职，真是滑稽。

自有皇帝以来，牛皇帝有之，熊皇帝有之，不牛不熊的皇帝也有之。而天启皇帝比较特别：他是个木匠。

身为一名优秀的木匠，明熹宗有着良好的职业素养。他经常摆弄宫里的建筑，具体表现为在他当政的几年里，宫里经常搞工程，工程的设计单位、施工、监理、检验，全部由皇帝大人自己承担。

更为奇特的是，工程的目的也很简单：修好了，就拆，拆完了，再修，以达到拆拆修修无穷尽之目的。总之，搞来搞去，只为图个乐。

这是大工程，小玩意儿天启同志也搞过。据史料记载，他曾经造过一种木制模型，有山有水有人，据说木人身后有机关控制，还能动起来，纯手工制作，比起今天的遥控玩具有过之而无不及。

为检验自己的实力，天启还曾把自己的作品放到市场上去卖，据称能卖近千两银子，合人民币几十万元。要换在今天，这兄弟就算不干皇帝，也早发了。

可是，他偏偏就是皇帝。

大明有无数木匠，但只有一个皇帝，无论是皇帝跑去做木匠，还是木匠跑来做皇帝，都是彻底地抓瞎。

当然，许多书上说这位皇帝是低能儿，从来不管政务，不懂政治，那也是不对的。虽然他把权力交给了魏忠贤，也不看文件，不理朝政，但他心里是很有数的。

比如魏公公，看准了皇帝不想管事，就爱干木匠，每次有重要事情奏报，他都专挑朱木匠干得最起劲儿的时候去，朱木匠自然不高兴，把手一挥：我要你们是干

参考消息 **太监所见略同**

秦朝大太监赵高想除掉宰相李斯，于是便下了个套。每当秦二世淫乐到兴头上时，他便派人通知李斯："皇上正闲着，可以奏事。"李斯前去求见，结果自然是碰壁。如此多次，秦二世被彻底惹烦，遂被赵高当刀使，杀了李斯。到了唐代，超级大太监仇士良更是深谙此道，他曾经语重心长地跟手下谈经验："不要让天子闲着，应常以各种奢靡之物来掩住他的耳目，使他沉溺于宴乐中，没工夫管别的事情，这样我辈才能得志。"魏忠贤的那点伎俩，越看越像是从两位杰出前辈那里偷师来的。这三人倘若能聚到一块，一定会相见恨晚，毕竟知音不是那么容易找的。

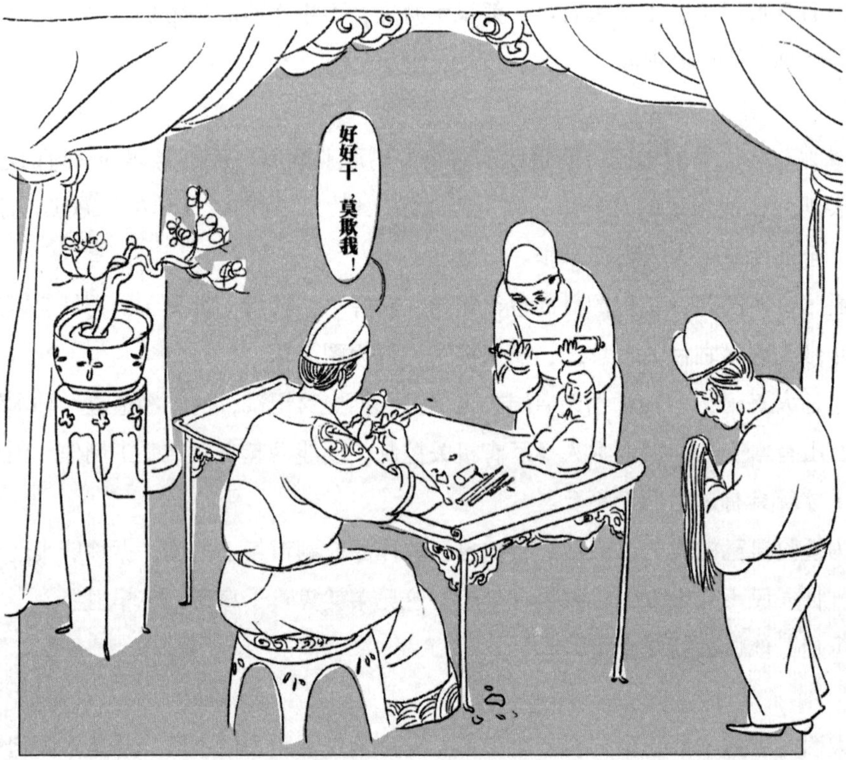

什么的？

这句话在手，魏公公自然欢天喜地、任意妄为。

但在这句话后，朱木匠总会加上一句：好好干，莫欺我！

这句话的表面意思是，你不要骗我，但隐含意思是，我知道，你可能会骗我。

事实上，对魏忠贤的种种恶行，木匠多少还是知道点。但在他看来，无论这人多好，只要对他坏，就是坏人；无论这人多坏，只要对他好，就是好人。

基于这一观点，天启对魏忠贤有着极深的信任，就算不信任他，也没有必要干掉他。

叶向高正是认识到这一点，才认定，单凭这封奏疏，是无法解决魏忠贤的。

而东林党里的另一位明白人黄尊素，事发后也问过这样一个问题：

“清君侧者必有内援，杨公有乎？”

这意思是，你要搞定皇帝身边的人，必须要有内应，当然没内应也行，像当年猛人朱棣，带几万人跟皇帝死磕，一直打到京城，想杀谁杀谁。

杨涟没有，所以不行。

但他依然充满自信，因为奏疏在社会上引起的强烈反响和广大声势让他相信：真理和正义是站在他这边的。

但是实力，并不在他的一边。

奏疏送上后的第五天，事情开始脱离杨涟的轨道，走上了叶向高预言的道路。

焦头烂额的魏忠贤几乎绝望了，面对如潮水涌来的攻击，他束手无策。无奈之下，他只能跑去求内阁大臣、东林党人韩爌，希望他手下留情。

韩爌给他的答复是，没有答复。

这位东林党内除叶向高外的最高级别干部，对于魏公公的请求，毫无回应，别说赞成，连拒绝都没有。

如此的态度让魏忠贤深信，如果不久之后自己被拉出去干掉，往尸体上吐唾沫的人群行列中，此人应该排在头几名。

与韩爌不同，叶向高倒还比较温柔。他曾表示，对魏忠贤无须赶尽杀绝，能让他消停下来，洗手不干，也就罢了。

这个观点后来被许多的史书引用，来说明叶向高那卑劣的投降主义和悲观主义思想，甚至还有些人把叶先生列入了阉党的行列。

凡持此种观点者，皆为站着说话不腰疼，啃着馒头看窝头之流。

因为就当时的局势而言，叶向高说无须赶尽杀绝，那只是客气客气的，实际上，压根儿就无法赶尽杀绝。

事情的下一步发展完美地印证了这一点。

在被无情地拒绝后，魏忠贤丢掉了所有的幻想，他终于明白，对于自己的胡作非为，东林党人是无法容忍、也无法接纳的。

正邪不能共存，那么好吧，我将把所有的一切，都拉入黑暗之中。

魏忠贤立即找到了另一个人，一个能够改变一切的人。

在皇帝的面前，魏忠贤表现得相当悲痛，一进去就哭，一边哭一边说：

“现在外面有人要害我，而且还要害皇上，我无法承担重任，请皇上免去我的职务吧。”

这种混淆是非，拉皇帝下水的伎俩，虽然并不高明，却比较实用，是魏公公的必备招数。

面对着痛哭流涕的魏忠贤，天启皇帝只说了一句话，就打断了魏公公的所有部署：

“听说有人弹劾你，是怎么回事？”

听到这句话时，魏忠贤知道，完了。他压住杨涟的奏疏，煞费苦心封锁消息，这木匠还是知道了。

对于朱木匠，魏忠贤还是比较了解的，虽不管事，却绝不白痴，事到如今不说真话是不行了。

于是他承认了奏疏的存在，并顺便沉重地控诉了对方的污蔑。

但皇帝陛下似乎不太关心魏公公的痛苦，只说了一句话：

“奏疏在哪里，拿来给我！”

这句话再次把魏公公推入了深渊。因为在那封奏疏上，杨涟列举了很多内容，比如迫害后宫嫔妃，甚至害死怀有身孕的妃子，以及私自操练兵马（内操）、图谋不轨等。

贪污受贿，皇帝可以不管，坑皇帝的老婆，抢皇帝的座位，皇帝可就生气了。

更何况这些事，他确实也干过，只要皇帝知道，一查一个准。

奏疏拿来了，就在魏忠贤的意志即将崩溃的时候，他听到了皇帝陛下的指示：

“读给我听。”

魏忠贤笑了。

因为他刚刚想起一件很重要的事——皇帝陛下，是不大识字的。

如果说皇帝陛下的文化程度和魏公公差不多，似乎很残酷，但却是事实。天启之所以成长为准文盲（认字不多），归根结底，还是万历惹的祸。

万历几十年不立太子，太子几十年不安心，自己都搞不定，哪顾得上儿子，儿子都顾不上，哪顾得上让儿子读书。就这么折腾来折腾去，把天启折腾成了木匠。

所以现在，他并没有自己看，而是找了个人，读给他听。

魏忠贤看到了那个读奏疏的人，他确定，东林党必将死无葬身之地。

这个朗读者，是司礼监掌印太监，他的死党，王体乾。

就这样，杨涟的二十四条大罪，在王太监的口里缩了水。为不让皇帝大人担心，有关他老婆和他个人安危的，都省略了，而魏公公一些过于恶心人的行为，出于善意，也不读了。

所以一篇文章读下来，皇帝大人相当疑惑，听起来魏公公为人还不错，为何群众如此愤怒？

但这也无所谓，反正也没什么大事，老子还要干木匠呢，就这么着吧。

于是他对魏忠贤说，你接着干吧，没啥大事。

魏忠贤彻底解脱了。

正如叶向高所说的那样，正义和道德是打不倒魏忠贤的，能让这位无赖屈服的，只有实力。而唯一拥有这种实力的人，只有皇帝。

现在皇帝表明了态度，事件的结局，已无悬念。

天启四年十月，看清虚实的魏忠贤，终于举起了屠刀。

同月，在毫无预兆的情况下，皇帝下旨，训斥吏部尚书赵南星结党营私。此后

参考消息　**反阉第一烈士**

受杨涟弹劾魏忠贤之举的鼓舞，工部屯田司郎中万燝上疏，弹劾魏忠贤对泰昌帝的庆陵工程漠不关心，却大兴土木为自己建造坟墓，规格与天子陵寝不相上下。奏折的最后，他愤然道：“内外只知有忠贤，而不知有陛下！”这自然惹怒了魏忠贤，他便想拿万燝开刀，杀一儆百。第二天一早，万燝在家中被数十名武阉戴上刑具，随即押赴午门，他身体本来就弱，一路上众太监拳脚相加，到了地方后又结结实实地挨了一百重棍，很快便昏死过去。为了表示对魏忠贤的忠诚，这帮太监对着血肉模糊的万燝再下重手。万燝被抬回去后，苦撑四日，最终含愤而死。

一封奏疏的起伏沉降

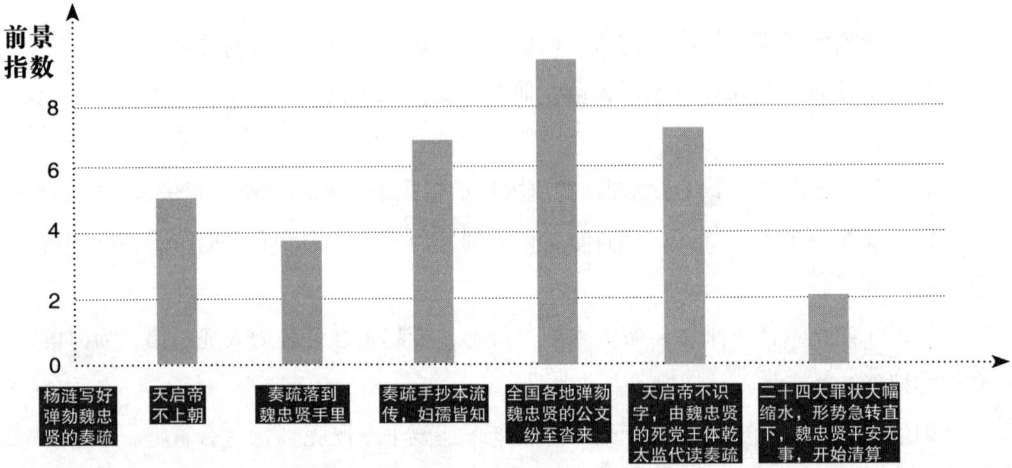

皇帝又先后下文，批评杨涟、左光斗、高攀龙等人，最后索性给他们搞了个总结，一顿猛踩，矛头直指东林党。

可以肯定的是，皇帝大人对此是不大清楚的。他老人家本不识字，且忙于做木匠，考虑到情况比较特殊，为保证及时有力地迫害忠良，魏公公越级包办了所有圣旨。

大势已去，一切已然无可挽回。

同月，心灰意冷的赵南星、杨涟、左光斗纷纷提出辞职，回了老家。东林党就此土崩瓦解。

只剩下一个人——叶向高。

叶向高很冷静，自始至终，他都极其低调。魏忠贤倒霉时，他不去踩，魏忠贤得意时，他不辞职，因为他知道，自己将是东林党最后的希望。

必须忍耐下去，等待反攻的时机。

但是，他错误地估计了一点——魏忠贤的身份。

魏忠贤是一个无赖,无赖没有原则。他不是刘瑾,不会留着李东阳给自己刨坟。

几天之后,叶向高的住宅迎来了一群不速之太监,每天在叶向高门口大吵大嚷,不让睡觉,无奈之下,叶向高只得辞职回家。

两天后,内阁大学士韩爌辞职,魏忠贤的非亲生儿子顾秉谦接任首辅,至此,内阁彻底沦陷。

东林党失败了,败得心灰意冷。按照以往的惯例,被赶出朝廷的人,唯一的选择是在家养老。

但这一次,魏公公给他们提供了第二个选择——赶尽杀绝。

因为魏公公不是政治家,他是无赖流氓,政治家搞人,搞倒、搞臭也就罢了,无赖流氓搞人,都是搞死为止。

杀死那些毫无抵抗能力的人,这就是魏忠贤的品格。

但要办到这一点,是有难度的。

大明毕竟是法治社会,要干掉某些人,必须要有罪名,至少要有个借口。但魏公公查遍了杨涟等人的记录,作风问题、经济问题,都统统没有。

东林党用实际行动证明了这样一点:他们或许狭隘,或许偏激,却不贪污、不受贿、不仗势欺民,他们的所有举动,都是为了百姓的生计,为了这个国家的未来。

什么生计、未来,魏公公是不关心的,他关心的是,如何合理地把东林党人整死。抓来打死不行,东林党人都有知名度,社会压力太大;抓来往死里打套取口供,估计也不行,这帮人是出了名的硬骨头,攻坚难度太大。

于是,另一个人进入了魏忠贤的视线,他相信,从此人的身上,他将顺利地打开突破口。

虽然在牢里,但汪文言已经清楚地感觉到,世界已经变了。刘侨走了,魏忠贤的忠实龟孙、五彪之一的许显纯接替了他的位置。原先好吃好喝,现在没吃没喝,审讯次数越来越多,态度越来越差。

但他并不知道,地狱之门才刚刚打开。

魏忠贤明白,东林党的人品是清白的,把柄是没有的,但这位汪文言是个例外。

这人自打进朝廷以来，有钱就拿，有利就贪，和东林党熟，和阉党也熟，牛鬼蛇神全不耽误，谈不上什么原则。只要从他身上获取杨涟等人贪污的口供，就能彻底摧毁东林党。

面对左右逢源、投机取巧的汪文言，这似乎不是什么难事。

天启五年，许显纯接受魏忠贤的指示，审讯汪文言。

史料反映,许显纯很可能是个心理比较变态的人。他不但喜欢割取犯人的喉骨，还想出了许多花样繁多的酷刑，比如用铁钩扎穿琵琶骨，把人吊起来，或是用蘸着盐水的铁刷去刷犯人，皮肤会随着惨叫声一同脱落。所谓审讯，就是赤裸裸的折磨。

在第一次审讯后，汪文言已经是遍体鳞伤、奄奄一息。

但许显纯并不甘休，之后他又进行了第二次、第三次审讯，十几次审下来，审到他自已都体力不支，依然乐此不疲。

因为无论他怎么殴打、侮辱、拷问汪文言，逼他交代东林党的罪行，这个不起眼的小人物始终重复一句话:

“不知道。”

无论拷打多少次，折磨多少回，穷凶极恶地质问，丧心病狂的酷刑，这就是他唯一的回答。

当汪文言的侄子买通了看守，在牢中看到不成人形的汪文言时，禁不住痛哭流涕。

参考消息 **好生着实打着问**

汪文言再次被捕时，天启皇帝按照魏忠贤的意思，批示“拿送镇抚司，好生打着问”。“拿送镇抚司”不难理解，简单地讲就是关到锦衣卫诏狱。这里面的玄机，全在“好生打着问”这五个字里。明代有一项刑罚叫“杖刑”，在行刑的时候十分有讲究：对一般的犯人，就说“打着问”，意思是不必太重；如果要打重一些，就说“好生打着问”；要求不论死活地狠打，就说“好生着实打着问”。这里面差两个字，待遇就是天壤之别。中国的语言，果然博大精深。

然而，汪文言用镇定的语气对他说:

“不要哭，我必死，却并不怕死！”

许显纯急红眼了。在众多的龟孙之中，魏公公把如此重要的任务交给他，实在是莫大的信任，为不让太监爷爷失望，他必须继续拷打。

终于有一天，在拷打中，奄奄一息的汪文言用微弱的声音对许显纯说:

“你要我承认什么，就说吧，我承认就是了。”

许显纯欣喜万分，说道:

“只要你说杨涟收取贿赂，作口供为证，就放了你。”

在短暂的沉默之后，一个微弱却坚定的声音响起:

“这世上，没有贪赃的杨涟。”

混社会的游民，油滑的县吏，唯利是图、狡猾透顶的官僚汪文言，为了在这丑恶的世界上生存下去，他的一生，都在虚伪、圆滑、欺骗中度过，他的每次选择，都是为了利益，都是妥协的产物。

但在这人生的最后时刻，他作出了最后的抉择：面对黑暗，决不妥协。

付出生命，亦在所不惜。

许显纯无计可施，所以他决定，用一种更不要脸的方式解决问题——伪造口供。

在这个问题上，许显纯再次显示了他的变态心理。他一边拷打汪文言，一边在他的眼前伪造证词，意思很明白：我就在你的面前，伪造你的口供，你又能怎么样呢？

但当他扬扬得意地伪造供词的时候，对面阴暗的角落里，那个遍体鳞伤、奄奄一息的人发出了声音。

无畏的东林党人汪文言，用尽他最后的力气，向这个黑暗的世界，迸发出愤怒的控诉:

“不要乱写，就算我死了，也要与你对质！”

这是他留在世间的最后一句话。

这句话告诉我们，追逐权位、利益至上的老油条汪文言，经历几十年官场沉浮、尔虞我诈之后，拒绝了诱惑，选择了理想，并最终成为了一个正直无私的人。

汪文言的一生

汪文言

籍贯	徽州歙县人
后世评价	以布衣之身操控天下

积累

- 监狱看守，进入县衙，名头渐响
- 被邀至京城，为刑部员外郎于玉立办事

上升

- 捐了监生，进了太学
- 投奔太子朱常洛的贴身太监王安门下

辉煌

- 准确判断太子朱常洛应入宫即位
- 用手段搞垮三党，使东林党一枝独秀

身死

- 被魏忠贤指使走狗弹劾入狱，不久成功出狱
- 再次入狱，受尽酷刑，不屈而死

第七章

殉道

◎昏暗的牢房中　惨无人道的迫害　无法形容的痛苦　死亡边缘的挣扎　却没有仇根　没有愤懑

◎只有坦然　从容　以天下为己任

◆ 血书

许显纯怕了，他怕汪文言的诅咒，于是他找到了一个解决方法：杀死汪文言。

死后对质还在其次，如果让他活着对质，下一步计划将无法进行。

天启五年四月，汪文言被害于狱中，他始终没有屈服。

同月，魏忠贤的第二步计划开始，杨涟、左光斗、魏大中等东林党人被逮捕，他们的罪名是受贿，而行贿者是已经被处决的熊廷弼。

受贿的证据自然是汪文言的那份所谓口供，在这份无耻的文书中，杨涟被认定受贿两万两，左光斗等人也人人有份。

审讯开始了，作为最主要的对象，杨涟首先被提审。

许显纯拿出了那份伪造的证词，问：

“熊廷弼是如何行贿的？”

杨涟答：

“辽阳失陷前，我就曾上疏弹劾此人，他战败后，我怎会帮他出狱？文书尚在，可以对质。”

许显纯无语。

很明显，许锦衣卫背地要阴招有水平，当面胡扯还差点。既然无法在沉默中发言，只能在沉默中变态：

“用刑！”

下面是杨涟的反应：

“用什么刑？有死而已！”

许显纯想让他死，但他必须找到死的理由。

拷打如期进行，拷打规律是每五天一次，打到不能打为止。杨涟的下颌脱落，牙齿打掉，却依旧无一字供词。

于是许显纯用上了钢刷，几次下来，杨涟体无完肤，史料有云：“皮肉碎裂如丝。”

然“骂不绝口”，死不低头。

在一次严酷的拷打后，杨涟回到监房，写下了《告岳武穆疏》。

在这封文书中，杨涟没有无助的抱怨，也没有愤怒的咒骂，他说：

“此行定知不测，自受已是甘心。”

他说：“涟一身一家其何足道，而国家大体大势所伤实多。”

昏暗的牢房中，惨无人道的迫害，无法形容的痛苦，死亡边缘的挣扎，却没有仇恨，没有愤懑。

只有坦然、从容，以天下为己任。

在无数次的尝试失败后，许显纯终于认识到，要让这个人低头认罪，是绝不可能的。

栽赃不管用的时候，暗杀就上场了。

魏忠贤很清楚，杨涟是极为可怕的对手，是绝对不能放走的。无论如何，必须将他杀死，且不可走漏风声。

许显纯接到了指令，他信心十足地表示，杨涟将死在他的监狱里，悄无声息，杨涟的冤屈和所受的酷刑将永无人知晓。

事实确实如此，朝廷内外只知道杨涟有经济问题，被弄进去了，所谓拷打、折磨，闻所未闻。

对于这一点，杨涟自己也很清楚，他可以死，但不想死得不明不白。

于是，在暗无天日的监房中，杨涟用被打得几近残废的手，颤抖地写下了两千字的绝笔遗书。在遗书中，他写下了事情的真相，以及自己坎坷的一生。

遗书写完了，却没用，因为送不出去。

为保证杨涟死得不清不楚，许显纯加派人手，经常检查杨涟的牢房，如无意外，这封绝笔最终会落入许显纯手中，成为灶台的燃料。

于是，杨涟将这封绝笔交给了同批入狱的东林党人顾大章。

顾大章接受了，但他也没办法，因为他也是东林重犯，如果杨涟被杀，他必难逃一死。且此封绝笔太过重要，如若窝藏必是重犯，推来推去，谁都不敢收。

更麻烦的是，看守查狱的时候，发现了这封绝笔，顾大章已别无选择。

他面对监狱的看守，坦然告诉看守所有的一切，然后从容等待结局。

短暂的沉寂后，他看见那位看守面无表情地收起绝笔，平静地告诉他：这封绝笔，绝不会落到魏忠贤的手中。

这封绝笔开始被藏在牢中关帝像的后面，此后被埋在牢房的墙角下，杨涟被杀后，那位看守将其取出，并最终公告于天下。

无论何时何地，正义终究是存在的。

天启五年七月，许显纯开始了谋杀。

不能留下证据，所以不能刀砍，不能剑刺，不能有明显的皮外伤。

于是许显纯用铜锤砸杨涟的胸膛，几乎砸断了他所有的肋骨。

然而，杨涟没有死。

他随即用上了监狱里最著名的杀人技巧——布袋压身。

所谓布袋压身，是监狱里杀人的不二法门，专门用来处理那些不好杀，却又不能不杀的犯人。具体操作程序是，找到一只布袋，里面装满土，晚上趁犯人睡觉时压在他身上，按照清代桐城派著名学者方苞（当年曾经蹲过黑牢）的说法，基本上是晚上压住，天亮就死，品质有保障。

然而，杨涟还是没死，每晚在他身上压布袋，就当是盖被子，白天拍拍土又站起来。

口供问不出来倒也罢了，居然连人都干不掉，许显纯快疯了。

于是这个疯狂的人，使用了丧心病狂的手段。

他派人把铁钉钉入了杨涟的耳朵。

具体的操作方法，我不知道，我只知道，这不是人能干出来的事情。

铁钉入耳的杨涟依然没有死。但例外不会再发生了，毫无人性的折磨、耳内的铁钉已经重创了杨涟，他的神志开始模糊。

杨涟知道，自己活不了多久了，于是他咬破手指，向这个世界，写下了最后的血书。

此时的杨涟已处于濒死状态，他没有力气将血书交给顾大章，在那个寂静无声的黑夜里，他凭借着顽强的意志，拖着伤残的身体，用颤抖的双手，将血书藏在了枕头里。

结束吧，杨涟微笑着，等待着最后的结局。

许显纯来了，用人间的言语来形容他的卑劣与无耻，已经力不从心了。

看着眼前这个有着顽强信念和坚忍生命力的人，许显纯真的害怕了。敲碎他全身的肋骨，他没有死，用土袋压，他没有死，用钉子钉进耳朵，也没有死。

无比恐惧的许显纯决定，使用最后也是最残忍的一招。

天启五年七月二十四日夜。

许显纯把一根大铁钉，钉入了杨涟的头顶。

这一次，奇迹没有再次出现，杨涟当场死亡，年五十四。

伟大的殉道者，就此走完了他光辉的一生。

杨涟希望，他的血书能够在他死后清理遗物时，被亲属发现。

然而，这注定是个破灭的梦想，因为这一点，魏忠贤也想到了。

为消灭证据，他下令对杨涟的所有遗物进行仔细检查，绝不能遗漏。

很明显，杨涟藏得不够好，在检查中，一位看守轻易地发现了这封血书。

他十分高兴，打算把血书拿去请赏。

但当他看完这封血迹斑斑的遗言后，便改变了主意。

他藏起了血书，把它带回了家。他的妻子知道后，非常恐慌，让他交出去。

牢头并不理会，只是紧握着那份血书，一边痛哭，一边重复着这样一句话：

“我要留着它，将来，它会赎清我的罪过。”

三年后，当真相大白时，他拿出了这份血书，昭示天下：

“仁义一生，死于诏狱，难言不得死所，何憾于天，何怨于人？唯我身副宪臣，曾受顾命，孔子云：托孤寄命，临大节而不可夺。持此一念终可见先帝于在天，对二祖十宗于皇天后土，天下万世矣！

“大笑大笑还大笑，刀砍东风，于我何有哉！”

他不知道自己还能活多久，不知道死后何人知晓，不知道能否平反，也不知道这份血书能否被人看见。

毫无指望，只有彻底的孤独和无助。

这就是阴森恐怖的牢房里，肋骨尽碎的杨涟，在最为绝望的时刻，写下的文字，每一个字，都闪烁着希望和光芒。

拷打、折磨，毫无人性的酷刑，制伏了他的身体，却没有征服他的意志。无论何时，他都坚持着自己的信念，那个他写在绝笔中的信念，那个崇高、光辉、唯一的信念：

“涟即身无完骨，尸供蛆蚁，原所甘心。

“但愿国家强固，圣德明，海内长享太平之福。

“此痴愚念头，至死不改。”

有人曾质问我：遍读史书的你，所见皆为帝王将相之家谱，有何意义？

千年之下，可有一人，不求家财万贯，不求出将入相，不求青史留名，唯以天下、

杨涟的一生

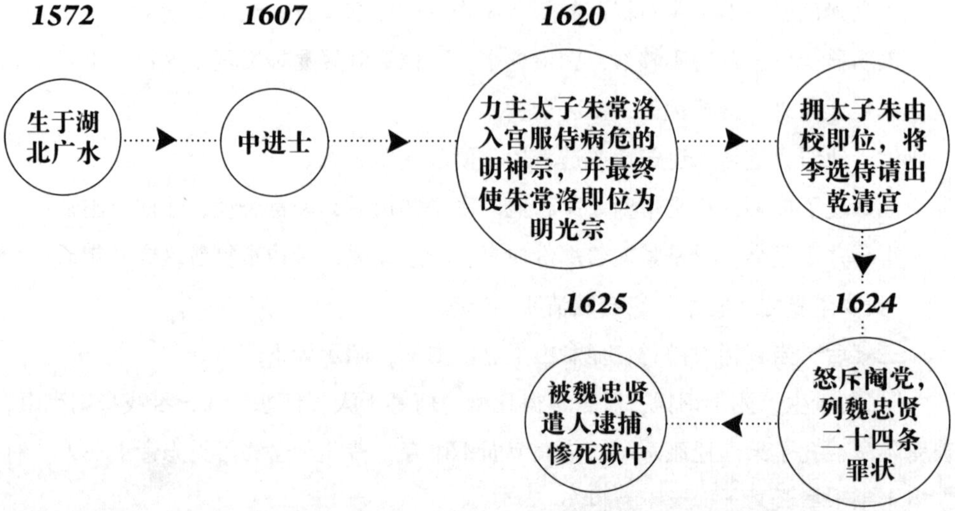

以国家、以百姓为任，甘受屈辱，甘受折磨，视死如归？

我答：曾有一人，不求钱财，不求富贵，不求青史留名，有慨然雄浑之气，万刃加身不改之志。

杨涟，千年之下，终究不朽。

◆ 老师

杨涟死的那天，左光斗也死了。

身为都察院高级长官，左光斗也是许显纯拷打的重点对象，杨涟挨过的酷刑，左光斗一样都没少。

而他的态度，也和杨涟一样，决不退让，决不屈服。

虽然被打得随时可能断气，左光斗却毫不在乎，死不低头。

他不在乎，有人在乎。

先是左光斗家里的老乡们开始凑钱，打算把人弄出来，至少保住条命。无效不退款后，他的家属和学生就准备进去探监，至少再见个面。

但这个要求也被拒绝了。

最后，他的一位学生使尽浑身解数，才买通了一位看守，进入了监牢。

他换上了破衣烂衫，化装成捡垃圾的，在黑咕隆咚的诏狱里摸了半天，才摸到了左光斗的牢房。

左光斗是坐着的，因为他的腿已经被打没了（筋骨尽脱），面对自己学生的到访，他没有表现出任何惊讶，因为他根本不知道——脸已被烙铁烙坏，连眼睛都睁不开。

他的学生被惊呆了，于是跪了下来，抱住老师，失声痛哭。

左光斗听到了哭声，醒了过来，没有惊喜，没有哀叹，只有愤怒，出奇的愤怒。

“蠢人！这是什么地方，你竟然敢来（此何地也，而汝前来）！国家已经到了这个地步，我死就死了，你却如此轻率，万一出了事，将来国家的事情谁来管？！”

学生呆住了，呆若木鸡。

左光斗的愤怒似乎越发激烈。他摸索着地上的镣铐，作出投掷的动作，并说出了最后的话：

“你还不走？！再不走，无需奸人动手，我自己杀了你（扑杀汝）！”

面对着世界上最温暖的威胁，学生眼含着热泪，快步退了出去。

临死前，左光斗用自己的行动，给这名学生上了最后一课：

一个人应该坚持信念，至死也不动摇。

参考消息 **早就知道你有出息**

左光斗在北京周边担任学政时，在一个风雪天里，带着几名随从外出私访。来到一座古庙后，看见敞开的厢房内，有一名书生趴在桌子上睡着了，身旁还放着一篇刚打好草稿的文章。左光斗拿起文章读完后，见书生衣着单薄，当即脱下貂皮外衣盖在了书生身上，又替他关好了门。离开前，他找来庙里的和尚询问，得知此人叫史可法。后来考试的时候，吏官叫到史可法的名字时，左光斗万分惊喜地注视着他，一接过试卷，就当面签署他为第一名，之后还把他请到家中，让他拜见自己的夫人，说：“我几个儿子都很平庸，将来能继承我的志向和事业的，只有这位学生了。”

天启五年七月二十六日，左光斗在牢中遇害，年五十一。

二十年后，扬州。

南京兵部尚书，内阁大学士，南明政权的头号重臣史可法，站在城头眺望城外的清军，时为南明弘光元年（1645）二月。

雪很大，史可法却一直站在外面安排部署，他的部下几次劝他进屋避雪，他的回复总是同一句话：

“我不能对不起我的老师，我不能对不起我的老师（愧于吾师）！”

史可法最终做到了，他的行为，足以让他的老师为之自豪。

左光斗死后，同批入狱的东林党人魏大中、袁化中、周朝瑞先后被害。

活着的人，只剩下顾大章。

左光斗的一生

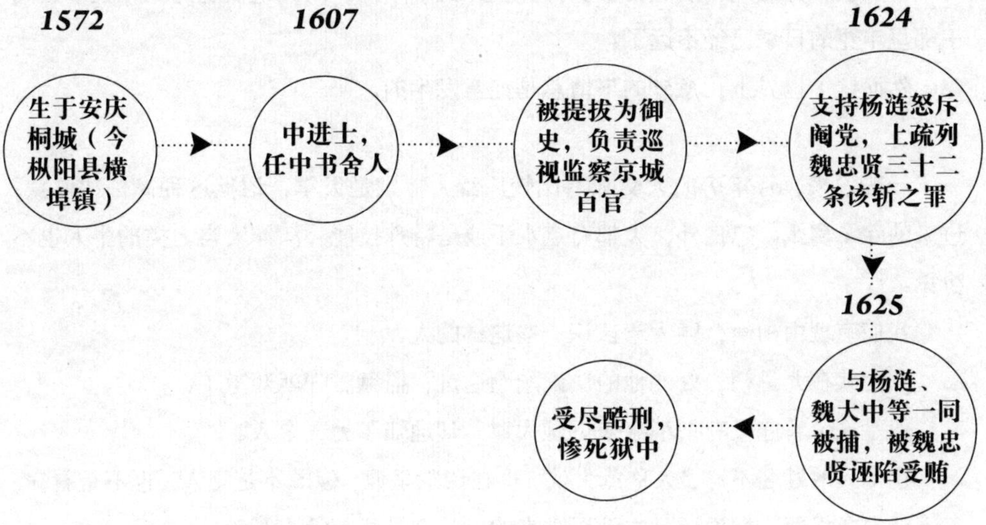

顾大章，时任礼部郎中，算是正厅级干部，在这六人里就官职而言并不算大。但他还是有来头的，他的老师就是叶向高，加上平时活动比较积极，所以这次也被当做要犯抓了进来。

抓进来六个，其他五个都死了，他还活着，不是他地位高，只是因为他曾经担任过一个特殊的官职——刑部主事。

刑部主事，相当于司法部的一个处长，但凑巧的是，他这个部门恰好就是管监狱的。所谓刑部天牢、锦衣诏狱的看守，原先都是他的部下。

现在老上级进去了，遇到了老下级。这就好比是路上遇到劫道的，一看，原来你是我小学时候的同学，还一起罚过站，这就不好下手了，咬咬牙，哥们儿你过去吧，这单生意我不做了，下次注意点，别再到我的营业区域里转悠。

外加顾主事平时为人厚道，对牢头看守们都很照顾，所以他刚进去的时候，看守都向他行礼，对他非常客气，点头哈腰，除了人渣许显纯例行拷打外，基本没吃什么亏。

待其他人被杀后，他的处境就危险了。毕竟一共六个，五个都死了，留你一个似乎不太像话。更重要的是，这些惨无人道的严刑拷打，是不能让人知道的，要是让他出狱，笔杆子一挥，天下人都知道了，舆论压力比较大。

事实上，许显纯和魏忠贤确实打算把顾大章干掉，而且越快越好。顾大章去阎王那里申冤的日子已经不远了。

然而这个世界上，意外的事情总是经常发生的。

一般说来，管牢房的人交际都比较广泛。特别是天牢、诏狱这种高档次监狱，进来的除了窦娥、忠良外，大都有点水平或是特殊技能，江洋大盗之类的牛人也不少见。

我们有理由相信，顾大章认识一些这样的人。

因为就在九月初，处死他的决议刚刚通过，监狱看守就知道了。

但是这位看守没有把消息告诉顾大章，却通知了另一个人。

这个人的姓名不详，人称燕大侠，也在诏狱里混，但既不是犯人，也不是看守，每天就混在里面，据说还是主动混进来的，几个月了都没人管。

他怎么进来的，不得而知，为什么没人管，不太清楚，但他之所以进来，只是为了救顾大章。为什么要救顾大章，也不太清楚，反正他是进来了。

得知处决消息，他并不慌张，只是找到报信的看守，问了一个问题：

“我给你钱，能缓几天吗？”

看守问：

“几天？”

燕大侠答：

“五天。”

参考消息 **狱锁黄芝**

顾大章刚入狱时，诏狱中一棵大树枝杈上突然长出黄芝，颜色十分抢眼。等到“六君子”全部入狱后，黄芝居然分成了六瓣！同情他的狱卒们认为这是个好兆头，于是纷纷向他贺喜，说顾大人怕是有出头之日了。对此，顾大章却一声长叹道：“黄芝，本是祥瑞之物，如今却困在这暗无天日的诏狱之中，这是在暗示我们六人不得善终啊！”一语成谶，此后的事态果然越来越糟。

看守答:

“可以。”

五天之后，看守跑来找燕大侠:

“我已尽力，五日已满，今晚无法再保证顾大章的安全，怎么办？”

燕大侠并不紧张:

“今晚定有转机。”

看守认为，燕大侠在做梦，于是笑着走了。

几个时辰之后，他接到了命令，将顾大章押往刑部。

还没等他缓过神来，许显纯又来了。

许显纯急匆匆跑来，把顾大章从牢里提出来，声色俱厉地说了句话:

“你几天以后，还是要回来的！”

然后，他又急匆匆地走了。

顾大章很高兴。

作为官场老手，他很理解许显纯这句话的隐含意义——自己即将脱离诏狱，而许显纯无能为力。

因为所谓锦衣卫、东厂，都是特务机关，并非司法机构，而且这件案子被转交刑部，公开审判，就意味着许显纯他们搞不定了。

很明显，他们受到了压力。

但为什么搞不定，又是什么压力，他不知道。

这是个相当诡异的问题：魏公公权倾天下，连最能搞关系的汪文言都被他整死了，然而燕大侠横空出世，又把事情解决了，实在让人难以理解。

顾大章不知道答案，看守不知道答案，许显纯也未必知道。

燕大侠知道，可是他没告诉我，所以我也不知道。

之前我曾介绍过许多此类幕后密谋，对于这种鬼才知道的玩意儿，我的态度是，不知道就说不知道，绝不猜。

我倒是想猜，因为这种暗箱操作，还是能猜的。如当年太史公司马迁先生，就很能猜的，秦始皇死后，李斯和赵高密谋干掉太子，他老人家并不在场，上百年前的事，天知地知你知我知，对话都能猜出来，过了几千年，也没人说他猜得不对，毕竟后朝历代这类事情就是如此发生的。

可这件事实在太过复杂，许显纯没招，魏公公不管（或是管不了），他们商量的时候也没叫我去，实在是不敢乱猜。

无论事实真相如何，反正顾大章是出来了。在经历了几十天痛苦的折磨后，他终于走出了地狱。

按说到了刑部，就是顾大人的天下了，可事情并非如此。

因为刑部尚书李养正也投了阉党，部长大人尚且如此，顾大人就没辙了。

天启五年九月十二日，刑部会审。

李养正果然不负其阉党之名，一上来就呵斥顾大章，让他老实交代。更为搞笑的是，李养正手里拿的罪状，就是许显纯交给他的，一字都没改，底下的顾大章都能背出来，李尚书读错了，顾大人时不时还提醒他两句。

审讯的过程也很简单，李尚书要顾大章承认，顾大章不承认，并说出了不承认的理由：

“我不能代死去的人，承受你们的诬陷。”

李尚书沉默了，他知道这位曾经的下属是冤枉的，但他依然作出了判决：

杨涟、左光斗、顾大章等六人，因收受贿赂，结交疆臣，处以斩刑。

这是一份相当无聊的判决，因为判决书里的六个人，有五个已经挂了，实际上就是把顾大章先生拉出来单练，先在诏狱里一顿猛打，打完再到刑部，说明打你的合法理由。

形势急转直下，燕大侠也慌了手脚。一天夜里，他找到顾大章，告诉他情况不妙。

然而出乎意料的是，顾大章并不惊慌，恰恰相反，他用平静的口吻，向燕大侠揭示了一个秘密——出狱的秘密。

第二天，在刑部大堂上，顾大章公开了这个秘密。

顾大章招供了，他供述的内容，包括如下几点：杨涟的死因，左光斗的死因，许显纯的刑罚操作方法，绝笔，无人性的折磨、无耻的谋杀。

刑部知道了，朝廷知道了，全天下人都知道了。

魏忠贤不明白，许显纯不明白，甚至燕大侠也不明白，顾大章之所以忍辱负重，活到今天，不是心存侥幸，不是投机取巧。

他早就想死了，和其他五位舍生取义的同志一起，光荣地死去，但他不能死。

当杨涟把绝笔交给他的那一刻，他的生命就不再属于他自己，他知道自己有义务活下去，有义务把这里发生的一切，把邪恶的丑陋、正义的光辉，告诉世上所有的人。

所以他隐忍、等待，直至出狱，不为偷生，只为永存。

正如那天夜里，他对燕大侠所说的话：

“我要把凶手的姓名传播于天下（播之天下），等到来日世道清明，他们一个都跑不掉（断无遗种）！

“吾目瞑矣。”

这才是他最终的目的。

他做到了，是以今日之我们，可得知当年之一切。

一天之后，他用残废的手（三个指头已被打掉）写下了自己的遗书，并于当晚自缢而死。

杨涟，当日你交付于我之重任，我已完成。

“吾目瞑矣。”

至此，杨涟、左光斗、魏大中、袁化中、周朝瑞、顾大章六人全部遇害，史称“六君子之狱”。

从来不缺“六君子”

南宋宁宗时期	人物：杨宏中、林仲麟、徐范、张行、蒋傅、周端朝 事件：六人为受到诬陷的右相赵汝忠上疏，结果被发配，时称“六君子”
南宋理宗时期	人物：刘黼、陈宜中、黄镛、林则祖、曾唯、陈宗 事件：六人上疏揭发专横跋扈的丁大金的罪行
明熹宗朝（前期）	前六君子：杨涟、左光斗、魏大中、周朝瑞、袁化中、顾大章 事件：揭发魏忠贤，死于狱中
明熹宗朝（后期）	后六君子：周起元、黄尊素、缪昌期、周顺昌、周宗建、李应升 事件：同样死于与魏忠贤的斗争中
清德宗时期	戊戌六君子：谭嗣同、康广仁、林旭、杨深秀、杨锐、刘光第 事件：戊戌变法失败后，被慈禧太后捕杀
民国四年（1915）	筹安六“君子”：杨度、孙毓筠、严复、刘师培、李燮如、胡瑛 事件：组建筹安会，为袁世凯的复辟行为进行鼓吹

◆ 七君子

就算是最恶心的电视剧，演到这里，坏人也该休息了。

但魏忠贤实在是个超一流的反派，他还列出了另一张杀人名单。

在这份名单上，有七个人的名字，分别是高攀龙、李应升、黄尊素、周宗建、缪昌期、周起元、周顺昌。

这七位仁兄地位说高不高，就是平时骂魏公公时狠了点，但魏公公一口咬死，要把他们组团送到阎王那里去。

六君子都搞定了，搞个七君子不成问题。

春风得意、无往不胜的魏公公认为，他已经天下无敌了，可以把事情做绝做尽。

然而，魏忠贤错了。

在一部相当胡扯的香港电影中，某大师曾反复说过一句不太胡扯的话：凡事太尽，缘分必定早尽。

刚开始的时候，事情是很顺利的，东林党的人势力没有，气节还是有的，不走也不逃，坐在家里等人来抓。李应升、周宗建、缪昌期、周起元等四人相继被捕，上路的时候还特高兴。

因为在他们看来，坚持信念，被魏忠贤抓走，是光辉的荣誉。

高攀龙更厉害，抓他的东厂特务还没来，他就上路了——自尽。

在被捕前的那个夜晚，他整理衣冠，向北叩首，然后投水自杀。

死前留有遗书一封，有言如下：可死，不可辱。

在这七个人中，高攀龙是都察院左都御史，李应升、周宗建、黄尊素都是御史，缪昌期是翰林院谕德，周起元是应天巡抚，不太起眼的，就数周顺昌了。

这位周先生曾是吏部员外郎，论资历、权势，都是小字辈，但事态变化，正是由他而起。

周顺昌，字景文，万历四十一年进士，疾恶如仇。

说起周兄，还有个哭笑不得的故事。当初他在外地当官，有一次人家请他看戏，开始挺高兴，结果看到一半，突然怒发冲冠，众目睽睽之下跳上舞台，抓住演员一

参考消息 **无妄之灾**

"七君子"被捕的导火索，说起来实在无厘头。有个叫李实的太监，曾是明光宗身边的红人，时任苏杭织造。黄尊素被罢免后，常到湖上去玩，他便慕名拜访，结果被拒。此后不久，民间盛传黄尊素要效仿杨一清联络太监张永除掉刘瑾的先例，欲借李实之力扳倒魏忠贤。魏忠贤听闻后心惊肉跳，火速派人追查。此时李实有个司房正在京城办事，闻后大惊，立刻找阉党李永贞求助。李永贞建议由李实出面，参东林党人一本，以此证明清白。司房救主心切，言听计从。于是李永贞便拟了黄尊素等七个人的名单，司房拿着盖有李实大印的空白奏本誊写后便呈了上去，遂酿成冤案。

顿暴打，打完就走。

这位演员之所以被打，只是因为那天，他演的是秦桧。

听说当年演《白毛女》的时候，通常是演着演着，下面突来一枪，把黄世仁同志干掉。看来是有历史传统的。

连几百年前的秦桧都不放过，现成的魏忠贤当然没问题。

其实最初名单上只有六个人，压根儿就没有周顺昌。他之所以成为候补，是因为当初魏大中过境时，他把魏先生请到家里，好吃好喝，还结了亲家，东厂特务想赶他走，结果他说:

“你不知道世上有不怕死的人吗？！回去告诉魏忠贤,我叫周顺昌,只管找我！”

后来东厂抓周起元的时候，他又站出来大骂魏忠贤，于是魏公公不高兴了，就派人去抓他。

周顺昌是南直隶吴县人，也就是今天的江苏苏州。周顺昌为人清廉，家里很穷，还很讲义气，经常给人帮忙，在当地名声很好。

东厂特务估计不太了解这个情况，又觉得苏州人文绉绉的，好欺负，所以一到地方就搞潜规则，要周顺昌家给钱，还公开扬言，如果不给，就在半道把周顺昌给黑了。

可惜周顺昌是真没钱，他本人也看得开，同样扬言：一文钱不给，能咋样？

但是人民群众不干了，他们开始凑钱，有些贫困家庭把衣服都当了，只求东厂高抬贵手。

这次带队抓人的东厂特务，名叫文之炳，可谓王八蛋中的王八蛋，得寸进尺，竟然加价，要了还要。

这就过于混账了，但为了周顺昌的安全，大家忍了。

第二天，为抗议逮捕周顺昌，苏州举行罢市活动。

要换个明白人，看到这个苗头，就该跑路，可这帮特务实在太过嚣张（或是太傻），一点不消停，还招摇过市欺负老百姓。为不连累周顺昌，大家又忍了。

一天后，苏州市民涌上街头，为周顺昌送行，整整十几万人，差点把县衙挤垮。

巡抚毛一鹭吓得不行，表示有话好好说，有人随即劝他，众怒难犯，不要抓周顺昌，上奏疏说句公道话。

毛一鹭胆子比较小，得罪群众是不敢的，得罪魏忠贤自然也不敢，想来想去，一声都不敢出。

所谓干柴烈火，大致就是这个样子，十几万人气势汹汹，就等一把火。

于是文之炳先生挺身而出了，他大喊一声：

“东厂逮人，鼠辈敢尔？”

火点燃了。

勒索、收钱不办事、欺负老百姓，十几万人站在眼前，还敢威胁人民群众，人蠢到这个份儿上，就无须再忍了。

短暂的平静后，一个人走到了人群的前列，面对文之炳，问出了一个问题：

“东厂逮人，是魏忠贤（魏监）的命令吗？”

问话的人，是一个当时籍籍无名，后来名垂青史的人，他叫颜佩韦。

颜佩韦是一个平民，一个无权无势的平民，所以当文特务确定他的身份后，顿时勃然大怒：

“割了你的舌头！是东厂的命令又怎么样？”

他穿着官服，手持武器，他认为，手无寸铁的老百姓颜佩韦会害怕、会退缩。

然而，这是个错误的想法。

颜佩韦振臂而起：

“我还以为是天子下令，原来是东厂的走狗！”

然后他抓住眼前这个卑劣无耻、飞扬跋扈的特务，拳打脚踢，发泄心中的怒火。

文之炳被打蒙了，但其他特务反应很快，纷纷拔刀，准备上来砍死这个胆大包天的人。

然而接下来，他们看见了让他们恐惧一生的景象，十几万个胆大包天的人，已向他们冲来。

这些之前沉默不语、任人宰割的羔羊，已经变成了恶狼，纷纷一拥而上，逮住

东厂的人就是一顿暴打，由于人太多，只有离得近的能踩上几脚，距离远的就脱鞋，看准了就往里砸（提示：古人穿的是木屐）。

东厂的人傻了，平时当大爷当惯了，高官看到他们都打哆嗦，这帮平民竟敢反抗。由于反差太大，许多人思想没转过弯来，半天还在发愣。

但他们不愧训练有素，在现实面前，迅速地完成了思想斗争，并认清了自己的逃跑路线，四散奔逃，有的跑进民宅，有的跳进厕所，有位身手好的还跳到了房梁上。

说实话，我认为跳到房梁上的人，脑筋有点问题，人民群众又不是野生动物，你以为他们不会爬树？

对这种缺心眼儿的人，群众使用了更为简捷的方法，一顿猛踹，连房梁都踹动了，直接把那人摇了下来，一顿群殴，当场毙命。

相对而言，另一位东厂特务就惨得多了，他是被人踹倒的，还没反应过来，又是一顿猛踩，被踩死了，连肇事者都找不着。

值得夸奖的是，苏州的市民们除了有血性外，也很讲策略，所有特务都被抓住暴打，但除个别人外，都没打死——半死。这样既出了气，又不至于连累周顺昌。

打完了特务，群众还不满意，又跑去找巡抚毛一鹭算账。

其实毛大人比较冤枉，他不过是执行命令，胆子又小，吓得魂不附体，只能躲进粪坑里。等到地方官出来说情，稳定秩序，才把浑身臭气的毛巡抚捞出来。

这次事件中，东厂特务被打得晕头转向，许多人被打残，还留下了极深的心理创伤。据说有些人回京后，一辈子都只敢躲在小黑屋里，怕光怕声，活像得了狂犬病。

气是出够了，事也闹大了。

东厂抓人，人没抓到还被打死几个，魏公公如此窝囊，实在耸人听闻，几百年来都没出过这种事。

按说接下来就该是腥风血雨。可十几天过去了，别说反攻倒算，连句话都没有。

因为魏公公也吓坏了。

事发后，魏忠贤得知事态严重，当时就慌了，马上把首辅顾秉谦抓来一顿痛骂，说自己本不想抓人，听了你的馊主意，才去干的，闹到这个地步，怎么办？

魏忠贤的意思很明白，他不喜欢这个黑锅，希望顾秉谦替他背。但顾大人岂是等闲之辈，只磕头不说话，回去就养病，索性不来了。

魏公公无计可施，想来想去，只好下令，把周顺昌押到京城，参与群众一概不问。

说是这么说，过了几天，顾秉谦看风声过了，又跳了出来，说要追究此事。

还没等他动手，就有人自首了。

自首的，是当天带头的五个人。他们主动找到巡抚毛一鹭，告诉他，事情就是自己干的，与旁人无关，不要株连无辜。

这五个人的名字是：颜佩韦、杨念如、沈扬、周文元、马杰。

参考消息 **王恭厂大爆炸**

周顺昌就义前，北京王恭厂发生离奇大爆炸。这年五月初六上午九时，天气晴朗，只听从东北方向传来一阵闷雷般的轰鸣，突然一声巨响，大地剧烈震动，从王恭厂涌起漫天尘土，地上迸裂出两个大坑，周边数万间房屋瞬间倒塌。一时间天黑如夜，砖瓦和人体残肢如雨点般飞落，石驸马街的大石狮，居然被掷出宣武门外。更奇怪的是，爆炸所及，不论男女全部赤身裸体，衣服都飘到了西山的树上。据统计，此次事故死伤两万余人，皇帝都差点被砸死。事后，很多人以上天示警为由上疏，抨击阉党，反对诛杀大臣。但魏忠贤就是不信邪，力排众议地杀掉了周顺昌。

五人中，周文元是周顺昌的轿夫，其余四人并未见过周顺昌，与他也无任何关系。

几天后，周顺昌被押解到京，被许显纯严刑拷打，不屈而死。

几月后，周顺昌的灵柩送回苏州安葬。群情激愤。为平息事端，毛一鹭决定处决五人。

处斩之日，五人神态自若。

沈扬说:“无憾！”

马杰大笑:

“吾等为魏奸阉党所害，未必不千载留名，去，去！”

颜佩韦大笑:

“列位请便，学生去了！”

遂英勇就义。

五人死后，明代著名文人张溥感其忠义，挥笔写就一文，是为《五人墓碑记》，三百余年后，被编入中学语文课本。

> 嗟夫！大阉之乱，以缙绅之身而不改其志者，四海之大，有几人欤？
>
> 而五人生于编伍之间，素不闻诗书之训，激昂大义，蹈死不顾。
>
> ——《五人墓碑记》

颜佩韦和马杰是商人，沈扬是贸易行中间人，周文元是轿夫，杨念如是卖布的。

不要以为渺小的，就没有力量，不要以为卑微的，就没有尊严。

弱者和强者之间唯一的差别，只在信念是否坚定。

第八章

袁崇焕

○ 熊廷弼跳了起来 他兴奋异常 因为他知道 眼前的这个人已经找到了制胜的道路

○ 所谓主守后战 就是先守再攻 说白了就是先让人打 再打人

◆ 犹豫的人

这五位平民英雄的壮举直接导致了两个后果。一是魏忠贤害怕了，他以及他的阉党，受到了极大的震动，用历史书上的话说，是为粉碎阉党集团奠定了群众基础。

相比而言，第二个结果有点歪打正着。“七君子”里最后的幸存者黄尊素，逃过了一劫。

东林党两大智囊之一的黄尊素之所以能幸免，倒不是他足智多谋，把事情都搞定了，也不是魏忠贤怕事，不敢抓他，只是因为连颜佩韦等人都不知道，那天被他们打的人里，有几位兄弟是无辜的。

其实民变发生当天，抓周顺昌的特务和群众对峙时，有一批人恰好正经过苏州，这批人恰好也是特务——抓黄尊素的特务。

黄尊素是浙江余姚人，要去余姚，自然要经过苏州，于是就赶上了。

这帮人实在有点冤枉，既没捞钱，也没勒索，无非是过个路，可由于群众过于激动，过于能打，见到东厂装束的人就干，就把他们顺便也干了。

要说还得是特务，那反应真是快，看见一群人朝

自己冲过来，虽说不知怎么回事，还是立马就闪人了，被逼急了就往河里跳，总算是逃过了一劫。

可从河里出来后一摸，坏了，驾帖丢了。

所谓驾帖，相当于身份证加逮捕证，照眼下这情景，要是没有驾帖就跑去，能活着回来是不太正常的。想来想去，索性就不去了。

于是黄尊素纳闷了，他早就得到消息，在家等人来抓，结果等了十几天，人影都没有。

但黄尊素是个聪明人，聪明人明白一个道理——覆巢之下，焉有完卵。

躲是躲不过去的，大家都死了，一个人怎能独活呢？

于是他自己穿上了囚服，到衙门去报到，几个月后，他被许显纯拷打至死。

黄尊素走前，叫来了自己的家人，向他们告别。

大家都很悲痛，只有一个人例外。

他的儿子黄宗羲镇定地说道：

“父亲若一去不归，儿子来日自当报仇！”

一年之后，他用比较残忍的方式，实现了自己的诺言。

黄尊素死了，东林党覆灭，“六君子”“七君子”全部殉难，无一幸免，天下再无人与魏忠贤争锋。

纵观东林党的失败过程，其斗争策略，就是毫无策略，除了愤怒，还是愤怒。输得那真叫彻底，局势基本是一边倒，朝廷是魏公公的，皇帝听魏公公的，似乎毫无胜利的机会。

事实上，机会还是有的，一个。

在东林党里，有一个特殊的人，此人既有皇帝的信任，又有足以扳倒魏忠贤的实力——孙承宗。

在得知杨涟被抓后，孙承宗非常愤怒，当即决定弹劾魏忠贤。

但他想了一下，便改变了主意。

孙承宗很狡猾，他明白上疏是毫无作用的，他不会再犯杨涟的错误，决定使用另一个方法。

参考消息 **我先走一步！**

黄尊素入狱后，受尽酷刑，自知必死。周宗建惨死后，因周起元尚在押解途中，狱中只有他跟李应升二人。囚室仅有一墙之隔，他见李应升受刑很重，便把家里倾家荡产凑的银子全部转到了李应升名下，希望能减轻一下老友的痛苦。最后的时刻终于来临了，黄尊素先是叩首遥谢皇帝和父亲，接着又写下了绝命诗，然后他敲了敲墙壁与李应升诀别：“仲达（李应升的字），我先走了！”李应升大声应道：“足下先行，我随脚就到！”黄尊素遇害的第二天，李应升即在狱中遇害，年仅三十四岁。

天启四年十一月,孙承宗开始向京城进发,他此行的目的,是去找皇帝上访告状。

对一般人而言，这是不可能的，因为朱木匠天天干木匠活，不大见人，还有魏管家帮他闭门谢客，想见他老人家一面，实在难如登天。

但孙承宗不存在这个问题。打朱木匠小时候孙承宗就教他读书,虽说没啥效果,但两人感情很好,魏公公几次想挑事,想干掉孙承宗,朱木匠都笑而不答,从不理会,因为他很清楚魏公公的目的。

他并不傻，像这种借刀杀人的小把戏，他是不会上当的。

于是魏忠贤惊慌了，他很清楚，孙承宗极不简单，不但狡猾大大的，和皇帝关系铁，还手握兵权，如果让这个人进京打小报告，那就真没戏了。就算没告倒，只要带兵进京来个武斗，凭自己手下这帮废物，也是没啥指望的。

魏忠贤正心慌，魏广微又来凑热闹了，这位仁兄不知从哪儿得到的小道消息，说孙承宗带了几万人，打算进京修理魏公公。

为说明事态的严重性，他还打了个生动的比方：一旦让孙大人进了京，魏公公立马就成粉了（公立齑粉矣）。

魏公公疯了，二话不说，马上跑到皇帝那里，苦苦哀求，不要让孙承宗进京。当然他的理由很正当：孙承宗带兵进京是要干掉皇帝，身为忠臣，必须阻止此种不道德的行为。

但出乎他意料的是，皇帝大人毫不慌张，还安慰魏公公说，孙老师靠得住，就算带兵，也不会拿自己开刀的。

这个判断充分说明，皇帝大人非但不傻，还相当之幽默，魏公公被涮得一点脾气都没有。

话说完，皇帝还要干木匠活，就让魏公公走人，可是魏公公不走。

他知道，今天要不讨个说法，等孙老师进京，没准儿自己就真成粉末了。所以他开始哭，还哭出了花样——“绕床痛哭”。

也就是说，魏公公赖在皇帝的床边，不停地哭。皇帝在床头，他就哭到床头，皇帝到床尾，他就哭到床尾，孜孜不倦，锲而不舍。

皇帝也是人，也要睡觉，被人哭来哭去，真没法了，只好发话：

“那就让他回去吧。”

有了这句话，魏忠贤胆壮了，他随即命人去关外传令，让孙承宗回去。

然而不久之后，有人告诉了他一个消息，于是他又下达了第二道命令：

“孙承宗若入九门，即刻逮捕！”

那个消息的内容是，孙承宗没有带兵。

孙承宗确实没有带兵，他只想上访，不想造反。

所以魏忠贤改变了主意，他希望孙承宗违抗命令，大胆反抗来到京城，并最终落入他的圈套。

事实上，这是很有可能的。鉴于全人类都知道，魏公公一向惯于假传圣旨，所以愤怒的孙承宗必定会拒绝这个无理的命令，进入九门，光荣被捕。

然而，他整整等了一夜，也没有看到这一幕。

孙承宗十分愤怒，他急匆匆地赶到了通州，却接到让他返回的命令。他的愤怒达到了顶点，可是他没有丝毫犹豫——返回了。

孙承宗实在聪明绝顶，虽然他知道魏忠贤有假传圣旨的习惯，但这道让他返回的谕令，却不可能是假的。

因为魏忠贤知道他和皇帝的关系，他见皇帝，就跟到邻居家串门一样，说来就来了，胡说八道是没用的。

然而，现在他收到了谕令，这就代表着皇帝听从了魏忠贤的忽悠，如果继续前进，后果不堪设想，所以跑路是最好的选择。

摆在他面前的，有两个选择：一、回去睡觉，老老实实待着；二、索性带兵进京，干他娘的一票，解决问题。

孙承宗是一个几乎毫无缺陷的人。政治上很会来事，谁也动不了，军事上稳扎稳打，眼光独到，且一贯小心谨慎，老谋深算。所以多年来，他都是魏忠贤和努尔哈赤最为害怕的敌人。

但在这一刻，他暴露出了自己人生中的最大弱点——犹豫。

孙承宗是典型的谋略型统帅，他的处事习惯是如无把握，决不应战，所以他到辽东几年，收复无数失地，却很少打仗。

而眼前的这一仗，他没有必胜的把握，所以他放弃。

无论这个决定正确与否，东林党已再无希望。

三十年前，面对黑暗污浊的现实，意志坚定的吏部员外郎顾宪成相信，对的终究是对的，错的终究是错的。于是他决心建立一个合理的秩序，维护世上的公义，使那些身居高位者，不能随意践踏他人，让那些平凡的人，有生存的权利。

为了这个理想，他励精图治，忍辱负重，从那个小小的书院开始，经历几十年起起落落，坚持道统，至死不渝。在他的身后，有无数的追随者杀身成仁。

然而杀身固然成仁，却不能成事。

以天下为己任的东林党，终究再无回天之力。

其实我并不喜欢东林党，因为这些人都是书呆子，自命清高，还高谈阔论，缺乏实干能力。

小时候，历史老师讲到东林党时，曾说道：东林党人并不是进步的象征，因为他们都是封建士大夫。

我曾问：何谓封建士大夫？

老师答：封建士大夫，就是封建社会里，局限、落后、腐朽的势力，而他们的精神，绝不代表历史的发展方向。

多年以后，我亲手翻开历史，看到了另一个真相。

所谓封建士大夫，如王安石，如张居正，如杨涟，如林则徐。

所谓封建士大夫精神，就是没落、守旧、不懂变通、不识时务、给脸不要脸，瞧不起劳动人民，自命清高，即使一穷二白，被误解、污蔑，依然坚持原则，坚持信念，坚持以天下为己任。

他们坚信自己的一生与众不同，高高在上，无论对方反不反感。

坚信自己生来就有责任和义务，去关怀与自己毫不相干的人，无论对方接不接受。

坚信国家危亡之际，必须挺身而出，去捍卫那些自己不认识，或许永远也不会

东林党的兴衰之路

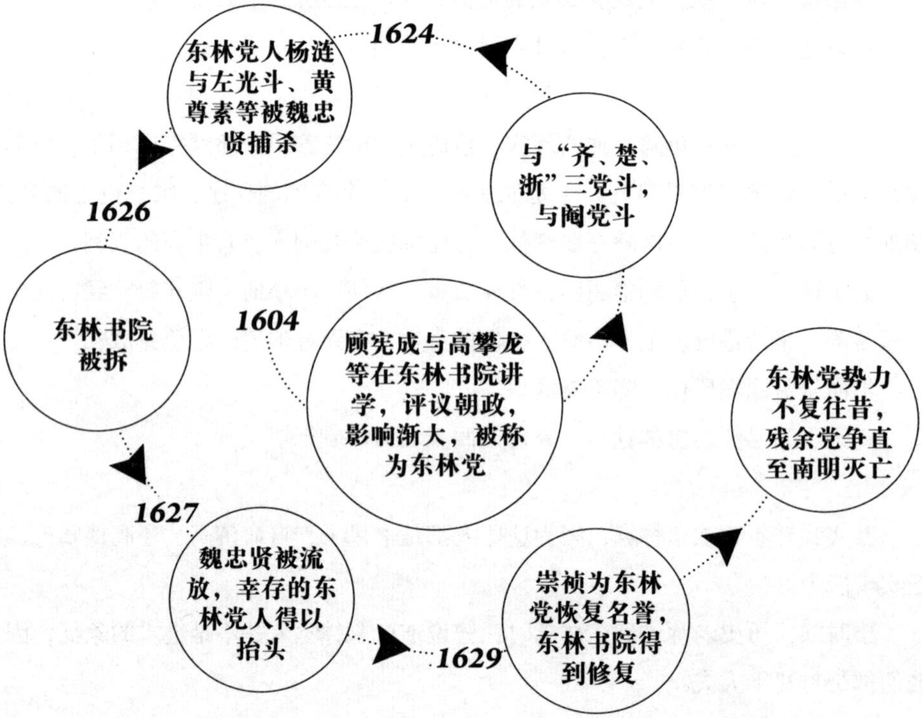

认识的普通百姓，并为之奋斗一生，无论对方是否知道、是否理解。

坚信无论经过多少黑暗与苦难，那传说了无数次，忽悠了无数回，却始终未见的太平盛世，终会到来。

◆ 遗弃

孙承宗失望而归，他没有能够拯救东林党，只能拯救辽东。

魏忠贤曾经想把孙老师一同干掉，可他反复游说，皇帝就是不松口，还曾经表示，如果孙老师出了事，就唯你是问。

魏公公只好放弃了。但让孙老师待在辽东，手里握着十几万人，实在有点睡不安稳，就开始拿辽东战局说事，还找了几十个言官，日夜不停告黑状。

孙承宗撑不下去了。

天启五年十月，他提出了辞呈。

可是他提了N次，一次也没得到批准。

倒不是魏忠贤不想他走，是他实在走不了，因为没人愿意接班。

按魏忠贤的意思，接替辽东经略的人，应该是高第。

高第，万历十七年进士，是个相当厉害的人。

明代的官员，如果没有经济问题，进士出身，十几年下来，至少也能混个四品。而高先生的厉害之处在于，他混了整整三十三年，熬死两个皇帝，连作风问题都没有，到天启三年，也才当了个兵部侍郎，非常人所能及。

更厉害的是，高先生只当了一年副部长，第二年就退休了。

魏忠贤本不想用这人，但算来算去，在兵部混过的，阉党里也只有他了，于是二话不说，把他找来，说：我要提你的官，去当辽东经略。

高先生一贯胆小，但这次也胆大了，当即回复：不干，死都不干。

为说明他死都不干的决心，他当众给魏忠贤下跪，往死里磕头（叩头乞免）：我都这把老骨头了，就让我在家养老吧。

魏忠贤觉得很空虚。

费了那么多精神，给钱给官，就拉来这么个废物。所以他气愤了：必须去！

混吃等死不可能了，高第擦干眼泪，打起精神，到辽东赴任了。

参考消息 **柳河之败**

天启五年九月，辽东总兵马士龙接到刚从后金逃出来的秀才刘伯镪的举报，声称皇太极正驻扎在耀州，兵不满三百，只要大军渡过柳河，辽民就会立刻暴动响应，必可一举成功。马士龙贪功，不顾孙承宗“不得轻举妄动”的警示，命部下鲁之甲、李承先领兵火速渡河，金冠率大船随后支援。谁知鲁之甲等赶到河边后，却迟迟不见大船的影子，只得用小渔船以蜗牛般的速度渡河，一直闹腾了四个昼夜。这么大动静，自然惊动了后金军，于是趁夜发动突袭，明军几被全歼。消息传到北京，朝臣纷纷上疏痛斥马士龙，进而攻击孙承宗领导无方。孙承宗身心俱疲，遂递交了辞呈。

在辽东，高第用实际行动证实，他虽胆小，但也很无耻。

到地方后，高先生立即上了第一封奏疏：弹劾孙承宗，罪名，吃空额。

经过孙承宗的整顿，当时辽东部队，已达十余万人，对此高第是有数的。但这位兄弟睁眼说瞎话，说他数下来，只有五万人，其余那几万人的工资，都是孙承宗领了。

对此严重指控，孙承宗欣然表示，他没有任何异议。

他同时提议，今后的军饷，就按五万人发放。

这就意味着，每到发工资时，除五万人外，辽东的其余几万苦大兵就要拿着刀，奔高经略要钱。

高第终于明白，为什么东林党都倒了，孙承宗还没倒，要论狡猾，自己才刚起步。

但高先生的劣根性根深蒂固，整人不成，又开始整地方。

他一直认为，把防线延伸到锦州、宁远，是不明智的行为，害得经略大人暴露在辽东如此危险的地方，有家都回不去，于心何忍？

还不如放弃整个辽东，退守到山海关，就算失去纵深阵地，就算敌人攻破关卡，至少自己还是有时间跑路的。

他不但这么想，也这么干。

天启五年十一月，高第下令，撤退。

撤退的地方包括锦州、松山、杏山、宁远、右屯、塔山、大小凌河，总之关外的一切据点，全部撤走。

撤退的包括：军队、平民、枪械、粮食，以及所有能搬走的物件。

他想回家，且不想再来。

但老百姓不想走，他们的家就在这里，他们已经失去很多，这是他们仅存的希望。

但他们没有选择，因为高先生说了，必须要走，“家毁田弃，号哭震天”，也得走。

高第逃走的时候，并没有追兵，但他逃走的动作实在太过逼真，跑得飞快。看到司令跑路，小兵自然也跑，孙承宗积累了几年的军事物资、军粮随即丢弃一空。

数年辛苦努力，收复四百余里江山，十余万军队，几百个据点，就这样毁于一旦。

希望已经断绝，东林党垮了，孙承宗走了，所谓关宁防线，已名存实亡，时局已无希望。很快，努尔哈赤的铁蹄，就会毫不费力地踩到这片土地上。

没有人想抵抗，也没有人能抵抗，跑路，是唯一的选择。

有一个人没有跑。

他看着四散奔逃的人群，无法控制的混乱，说出了这样的话：

"我是宁前道，必与宁前共存亡！我决不入关，就算只我一人，也要守在此处（独卧孤城），迎战敌人！"

宁前道者，文官袁崇焕。

◆ 袁崇焕

若夫以一身之言动、进退、生死，关系国家之安危、民族之隆替者，于古未始有之。有之，则袁督师其人也。

——梁启超

关于袁崇焕的籍贯，是有纠纷的。他的祖父是广东东莞人，后来去了广西藤县。这就有点麻烦了，名人就是资源，就要猛抢，东莞说他是东莞人，藤县说他是藤县人，争到今天都没消停。

但无论是东莞，还是藤县，当年都不是啥好地方。

明代的进士不少，但广东和广西的很少。据统计，百分之七十以上都是江西、福建、浙江人。特别是广西，明代二百多年，一个状元都没出过。

袁崇焕就在广西读书，且自幼读书。因为他家是做生意的，那年头做生意的没地位，要想出人头地，只有读书。

就智商而言，袁崇焕是不低的，他二十三岁参加广西省统一考试，中了举人。

当时他很得意，写了好几首诗庆祝，以才子自居。

一年后他才知道，自己还差得很远。

袁崇焕去北京考进士了，不久之后，他就回来了。

三年后，他又去了，不久之后，又回来了。

三年后，他又去了，不久之后，又回来了。

以上句式重复四遍，就是袁崇焕同学的考试成绩。

从二十三岁，一直考到三十五岁，考了四次，四次落榜。

万历四十七年，袁崇焕终于考上了进士，他的运气很好。

他的运气确实很好，因为他的名次，是三甲第四十名。

明代的进士录取名额，是一百多人，是按成绩高低录取的，排到三甲第四十名，说明他差点没考上。

关于这一点，我曾去国子监的进士题名碑上看过，在袁崇焕的那科碑上，我找了很久，才在相当靠下的位置（按名次，由上往下排），找到他的名字。

在当时，考成这样，前途就算是交待了，因为在他之前，但凡建功立业、匡扶社稷，如徐阶、张居正、孙承宗等人，不是一甲榜眼，就是探花，最次也是个二甲庶吉士。

所谓出将入相，名留史册，对于位于三甲中下层的袁崇焕同志而言，是一个梦想。

当然，如同许多成功人士（参见朱重八、张居正）一样，袁崇焕小的时候也有许多征兆，预示他将来必定有大出息。比如他放学回家，路过土地庙，当即精神抖擞，开始教育土地公：土地公，为何不去守辽东？！

虽然我很少跟野史较真儿，但这个野史的胡说八道程度，是相当可以的。

袁崇焕是万历十二年（1584）生人，据称此事发生于他少年时期，往海了算，二十八岁时说了这话，也才万历四十年（1612），努尔哈赤先生是万历四十六年才跟明朝干仗的，按此推算，袁崇焕不但深谋远虑，还可能会预知未来。

话虽如此，但这种事总有人信，总有人讲，忽悠个上千年都不成问题。

比如那位著名的预言家诺查丹玛斯，几百年前说20世纪末全体人类都要完蛋，传了几百年，相关书籍、预言一大堆，无数人信，搞得政府还公开辟谣。

我曾研习欧洲史，对这位老骗子，倒还算比较了解。当年他曾给法兰西国王算命，说：国王您身体真是好，能活到九十岁。

国王很高兴，后来挂了，时年二十四岁。

但就当时而言，袁崇焕肯定是个人才（全国能考前一百名，自然是个人才），但相比而言，不算特别显眼的人才。

接下来的事充分说明了这点。由于太不起眼，吏部分配工作的时候，竟然把这位仁兄给漏了，说是没有空闲职位，让他再等一年。

于是袁崇焕在家待业一年，万历四十八年，他终于得到了人生中的第一个职务：福建邵武知县。

邵武，今天还叫邵武，位于福建西北，在武夷山旁边，这就是说，是山区。

在这个山区县城，袁崇焕干得很起劲儿，很积极。丰功伟绩倒说不上，但他曾经爬上房梁，帮老百姓救火，作为一个县太爷，无论如何，这都是不容易的。

至于其他光辉业绩，就不得而知了，毕竟只是个县城，要干出什么惊天动地的好事，很难。

天启二年，袁崇焕接到命令，三年任职期满，要去北京述职。

改变命运的时刻到了。

明代的官员考核制度，是十分严格的。京城的就不说了，京察六年一次，每次都掉层皮。即使是外面天高皇帝远的县太爷，无论是偏远山区，还是茫茫沙漠，只要你还活着，轮到你了，就得到本省布政使那里报到，然后由布政使组团，大家一起上路，去北京接受考核。

考核结果分五档，好的晋升，一般的留任，差点的调走，没用的退休，乱来的滚蛋。

袁崇焕的成绩大致是前两档，按常理，他最好的结局应该是回福建，升一级，到地级市接着干慢慢熬。

但袁崇焕的运气实在是好得没了边，他不但升了官，还是京官。

因为一个人看中了他。

这个人的名字叫侯恂，时任都察院御史，东林党人。

侯恂是个不出名的人，级别也低，但很擅长看人，是骡子是马，都不用拉出来，看一眼就明白。

当他第一次看到袁崇焕的时候，就认定此人非同寻常，必可大用。这一点，袁崇焕自己都未必知道。

更重要的是，他的职务虽不高，却是御史，可以直接向皇帝上疏。所以他随即写了封奏疏，说我发现了个人才，叫袁崇焕，希望把他留用。

当时正值东林党当政，皇帝大人还管管事，看到奏疏，顺手就给批了。

几天后，袁崇焕接到通知说，他不用再回福建当知县了，从今天起，他的职务是，兵部职方司主事，六品。

顺便说句，提拔了袁崇焕的这位不出名的侯恂，有个著名的儿子，叫做侯方域，如果不知道此人，可以去翻翻《桃花扇》。

接下来的事情十分有名，各种史料上都有记载：兵部职方司主事袁崇焕突然失踪，大家都很着急，四处寻找，后来才知道，刚上任的袁主事去山海关考察了。

这件事有部分是真的，袁崇焕确实去了山海关，但猫腻在于，袁大人失踪绝不是什么大事，也没那么多人找他。当时广宁刚刚失陷，皇帝拉着叶向高的衣服，急得直哭，乱得不行，袁主事无非是个处级干部，鬼才管他去哪儿。

袁崇焕回来了，并用一句话概括了他之后十余年的命运：

“予我兵马钱粮，我一人足守此！”

在当时说这句话，胆必须很壮。因为当时大家认定，辽东必然丢掉，山海关迟早失守，而万恶的朝廷正四处寻找背黑锅的替死鬼往那里送，守辽东相当于判死刑，闯辽东相当于闯刑场。这时候放话，是典型的没事找死。

事情确实如此，袁崇焕刚刚放话，就升官了，因为朝廷听说了袁崇焕的话，大为高兴，把他提为正五品山东按察司佥事、山海关监军，以表彰他勇于背黑锅的勇敢精神。

大家听到这个消息，不管认识的，还是不认识的，都纷纷来为袁崇焕送行，有的还带上了自己的子女，以达到深刻的教育意义：看到了吧，这人就要上刑场了，看你还敢胡乱说话！

在一片哀叹声中，袁崇焕高高兴兴地走了。几个月后，他遇到了上司王在晋，告了黑状，又几个月后，他见到了孙承宗。

且慢，且慢，在见到这两个人之前，他还遇见了另一个人，而这次会面是绝不能忽略的。

因为在会面中，袁崇焕确定了一个秘诀，四年后，努尔哈赤就败在了这个秘诀之上。

离开京城之前，袁崇焕去拜见了熊廷弼。

熊廷弼当时刚回来，还没进号子，袁崇焕上门的时候，他并未在意，在他看来，这位袁处长，不过是前往辽东挨踹的另一只菜鸟。

所以他问:

“你去辽东，有什么办法吗（操何策以往）？”

袁崇焕思考片刻，回答:

“主守，后战。”

熊廷弼跳了起来，他兴奋异常，因为他知道，眼前的这个人已经找到了制胜的道路。

所谓主守后战，就是先守再攻，说白了就是先让人打，再打人。

这是句十分简单的话。

真理往往都很简单。

正如毛泽东同志那句著名的军事格言: 打得赢就打，打不赢就走。很简单，很管用。

长期以来，明朝的将领们绞尽脑汁，挖坑、造枪、练兵、修碉堡，只求能挡住后金军前进的步伐。

其实要战胜天下无双的努尔哈赤和他那可怕的骑兵，只要这四个字。

这四个字他们并非不知道，只是不想知道。

作为大明天朝的将领，对付辽东地区的小小后金，即使丢了铁岭，丢了沈阳、辽阳，哪怕整个辽东都丢干净，也要打。

所以就算萨尔浒死十万人，沈阳死六万人，也要攻。

这不是智力问题，而是态度问题。

后金军队不过是抢东西的强盗，努尔哈赤是强盗头，对付这类货色，怎么能当缩头乌龟呢？

然而，袁崇焕明白，按努尔哈赤的实力和级别，就算是强盗，也是巨盗。

他还明白，缩头的，并非一定是乌龟，毒蛇在攻击之前，也要收脖子。

后金骑兵很强大，强大到明朝骑兵已经无法与之对阵，努尔哈赤很聪明，聪明到这个世上已无几人可与之抗衡。

袁崇焕守宁远城之前遇见的关键人物

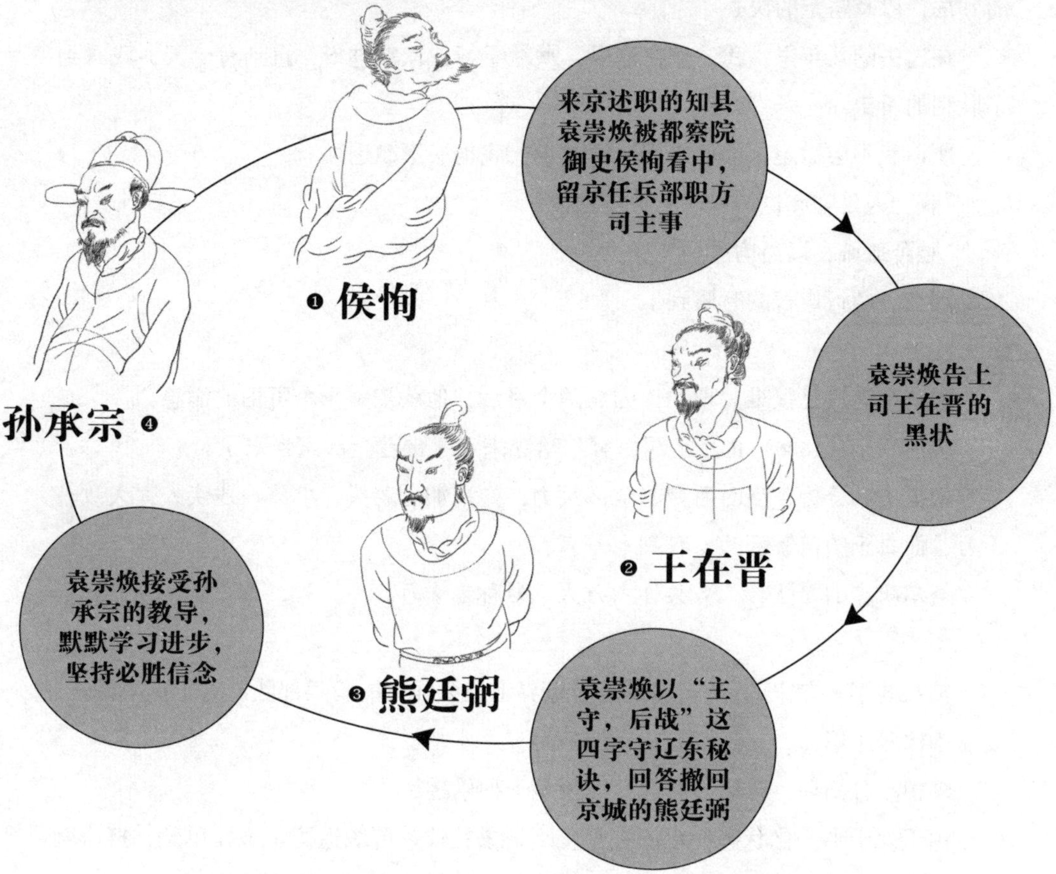

抱持着此种理念，袁崇焕来到辽东，接受了孙承宗的教导。在那里，他掌握胜利的手段，寻找胜利的帮手，坚定胜利的信念。而与此同时，局势也在一步步好转，袁崇焕相信，在孙承宗的指挥下，他终将看到辽东的光复。

然而，这一切注定都是幻想。

天启五年十月，他所信赖和依靠的孙承宗走了。

走时，袁崇焕前去送行，失声痛哭。然而孙承宗只能说：事已至此，我无能为力。

然后，高第来了。很快，他就看见高大人丢弃了几年来他为之奋斗的一切，土地、防线、军队、平民，毫不吝惜，只为保住自己的性命。

袁崇焕不撤退，虽然他只是个无名小卒，无足轻重，但他有报国的志向、制胜的方法，以及坚定的决心。

在过去的几年里，我一直在这里，默默学习，默默进步，直到有一天，我看到了胜利的希望。

所以我不会撤退，即使你们全都逃走，我也决不撤退。

“我一人足守此！

“独卧孤城，以当虏耳！”

现在，履行诺言的时候到了。

但这个诺言是很难兑现的，因为两个月后，他获知了一个可怕的消息。

天启六年（1626）正月十四，努尔哈赤来了，带着全部家当来了。

根据史料分析，当时后金的全部兵力，如果加上老头、小孩、残疾人，大致有十万，而真正的精锐部队，有六七万人。

努尔哈赤的军队，人数共计六万人，号称二十万。

按某些军事专家的说法,这是当时世界上最为强大的骑兵部队。对于这个说法，我认为比较正确。

理由十分简单：对他们而言，战争是一种乐趣。

由于处于半开化状态，也不在乎什么诗书礼仪、传统道德、工作单位，打小就骑马，骁勇无畏，说打就打，决不含糊。更绝的是，家属也大力支持。

据史料记载，后金骑兵出去拼命前，家里人从不痛哭流涕、悲哀送行，也不抱怨政府，老老少少都高兴得不行，跟过节似的，就一句话，多抢点儿东西回来！

坦白地讲，我很能理解这种心情，啥产业结构都没有，又不大会种地，做生意也不在行，不抢怎么办？

所以他们来了，带着抢掠的意图、锋锐的马刀和胜利的信心。

努尔哈赤是很有把握的，此前，他已等待了四年，自孙承宗到任时起。

一个卓越的战略家，从不会轻易冒险，努尔哈赤符合这个条件，他知道孙承宗的可怕，所以从不敢惹这人，但是现在孙承宗走了。

当年秦桧把岳飞坑死了，多少还议了和，签了合同。现在魏忠贤把孙承宗整走，却是毫无附加值，还附送了许多礼物，礼单包括锦州、松山、杏山、右屯、塔山、大小凌河以及关外的所有据点。

这一年，努尔哈赤六十七岁。就目前史料看，当时他没有老年痴呆的迹象，他还有梦想，梦想抢掠更多的人口、牲畜、土地，壮大自己的子民。

站在他的立场上，这一切似乎都无可厚非。

孙承宗走了，明军撤退了，眼前已是无人之地，很明显，他们已经失去了抵抗的勇气。

进军吧，进军到前所未至的地方，取得前所未有的胜利，无人可挡！

一切都很顺利，后金军毫不费力地占领了大大小小的据点，没有付出任何代价，直到正月二十三日那一天。

天启六年正月二十三日，努尔哈赤抵达了宁远城郊，惊奇地发现，这座城市竟然有士兵驻守，于是他派出了使者。

他毫不掩饰自己的得意，写出了如下的话：

“我带二十万人前来攻城，必破此城！如果你们投降，我给你们官做。”

在这封信中，他没有提及守将袁崇焕的姓名，要么是他不知道这个人，要么是他知道，却觉得此人不值一提。

总之，在他看来，袁崇焕还是方崇焕都不重要，这座城市很快就会投降，并成为努尔哈赤旅游团路经的又一个观光景点。

三天之后，他会永远记住袁崇焕这个名字。

他原以为要等一天，然而到了下午，城内的无名小卒袁崇焕就递来了回信：

“这里原本就是你不要的地方，我既然收复，就应当死守，怎么能够投降呢？”

然后是幽默感：

“你说有二十万人，我知道是假的，只有十三万而已，不过我也不嫌少！”

第九章

决心

○○○

我有一个坚定的信念

我不会后退　我会坚守在这里　战斗到最后一个人　即使同归于尽　也决不后退

这就是我的决心

努尔哈赤决定，要把眼前这座不听话的城市，以及那个敢调侃他的无名小卒彻底灭掉。

他相信自己能够做到这一点。因为他已确知，这是一座孤城，在它的前方和后方，没有任何援军，也不会有援军，而在城中抵挡的，只是一名不听招呼的将领和一万多孤立无援的明军。

六年前，在萨尔浒，他用四万多人，击溃了明朝最为精锐的十二万军队，连在朝鲜打得日本人屁滚尿流的名将刘綎，也死在了他的手上。

现在，他率六万精锐军队，一路所向披靡，来到了这座小城，面对着仅一万多人的守军和一个叫袁崇焕的无名小卒。

胜负毫无悬念。

对于这一点，无论是努尔哈赤以及他手下的四大贝勒，还是明朝的高第，甚至孙承宗，都持相同的观点。

我们的同志在困难的时候，要看到成绩，要看到光明，要提高我们的勇气。

——毛泽东

袁崇焕是相信光明的，因为在他的手中，有四种制胜的武器。

第一种武器叫死守，简单说来就是死不出城，任你怎么打，就不出去，死也死在城里。

虽然这个战略比较屎，但很有效。你有六万人，我只有一万人，凭什么出去让你打？有种你打进来，我就认输。

他的第二种武器，叫红夷大炮。

大炮，是明朝的看家本领。当年打日本的时候，就全靠这玩意儿，把上万鬼子送上天，杀人还兼带毁尸功能，实在是驱赶害虫的不二利器。

但这招在努尔哈赤身上，就不大中用了，因为日军的主力是步兵，而后金都是骑兵，速度极快，以明代大炮的射速和质量，没打几炮马刀就招呼过来了。

袁崇焕很清楚这一点，但他依然用上了大炮——进口大炮。

红夷大炮，也叫红衣大炮，纯进口产品，国外生产，国外组装。

我并非瞧不起国货，但就大炮而言，还是外国的好。其实明代的大炮也还凑合，在小型手炮（小佛郎机）上面，还有一定技术优势，但像大将军炮这种大型火炮，就出问题了。

这是一个无法攻克的技术难题——炸膛。

大家要知道，当时的火炮，想把炮弹打出去，就要装火药，炮弹越重，火药越多，如果火药装少了，没准儿炮弹刚出炮膛就掉地上了，最大杀伤力也就是砸人脚。可要是装多了，由于炮管是一个比较封闭的空间，就会发生内部爆炸，即炸膛。

用哲学观点讲，这是一个把炸药填入炮膛，却只允许其冲击力向一个方向（前方）前进的二律背反悖论。

这个问题到底怎么解决，我不知道，袁崇焕应该也不知道。但外国人知道，他们造出了不炸膛的大炮，并几经辗转，落在了葡萄牙人的手里。

至于这炮到底是哪儿产的，史料有不同说法，有的说是荷兰，有的说是英国，罗尔斯、罗伊斯还是飞利浦，都无所谓，好用就行。

据说这批火炮共有三十门，经葡萄牙倒爷的手，卖给了明朝，拿回来试验，当场就炸膛了一门（绝不能迷信外国货），剩下的倒还能用。经袁崇焕请求，十门炮调到宁远，剩下的留在京城装样子。

这十门大炮里，有一门终将和努尔哈赤结下不解之缘。

为保证大炮好用，袁崇焕还专门找来了一个叫孙元化的人。按照惯例，买进口货，都要配发中文说明书，何况是大炮。葡萄牙人很够意思，虽说是二道贩子，没有说明书，但可以搞培训，就专门找了几个中国人，集中教学，而孙元化就是葡萄牙教导班的优秀学员。

袁崇焕的第三种武器，叫做坚壁清野。

为了保证不让敌人抢走一粒粮，喝到一滴水，袁崇焕命令，烧毁城外的一切房屋、草料，将所有居民转入城内。此外，他还干了一件此前努尔哈赤的所有敌人都没有干过的事——清除内奸。

努尔哈赤是个比较喜欢耍阴招的人，对派奸细里应外合很有兴趣，此前的抚顺、铁岭、辽阳、沈阳、广宁都是这么拿下的。

努尔哈赤不了解袁崇焕，袁崇焕却很了解努尔哈赤。他早摸透了这招，便组织了锄奸队，挨家挨户查找外来人口，遇到奸细立马干掉，并且派民兵在城内站岗，预防奸细破坏。

死守、大炮、坚壁清野，但这些还不够，远远不够。努尔哈赤手下的六万精兵，已经把宁远团团围住，突围是没有希望的，死守是没有援兵的，即使击溃敌人，他们还会再来，又能支撑多久呢？

所以最终将他带上胜利之路的，是最后一种武器。

这件武器，从一道命令开始。

参考消息 **科学家的远见**

主张引进红夷大炮并用于实战的，首推明末著名科学家徐光启。万历年间，明朝海军在与荷兰殖民者的交战中，彻底领教了西洋火器的威力。作为一个积极寻求富国强兵之策的士大夫，徐光启虚心地向传教士利玛窦学习了西洋大炮和炮台的造法，并传授给了门人孙元化等人。萨尔浒之战后，辽东局势危急，徐光启便写信给李之藻、杨廷筠两位开明士大夫，委托他们到澳门购买红夷大炮。二人接到信后，便自掏腰包辗转买来红夷大炮四门，后来又添置了二十六门。天启元年，辽东状况继续恶化，李之藻上疏请求使用西洋大炮，这些炮随即投入战场，红夷大炮的传奇就此开始。

袁崇焕对付努尔哈赤的四种武器

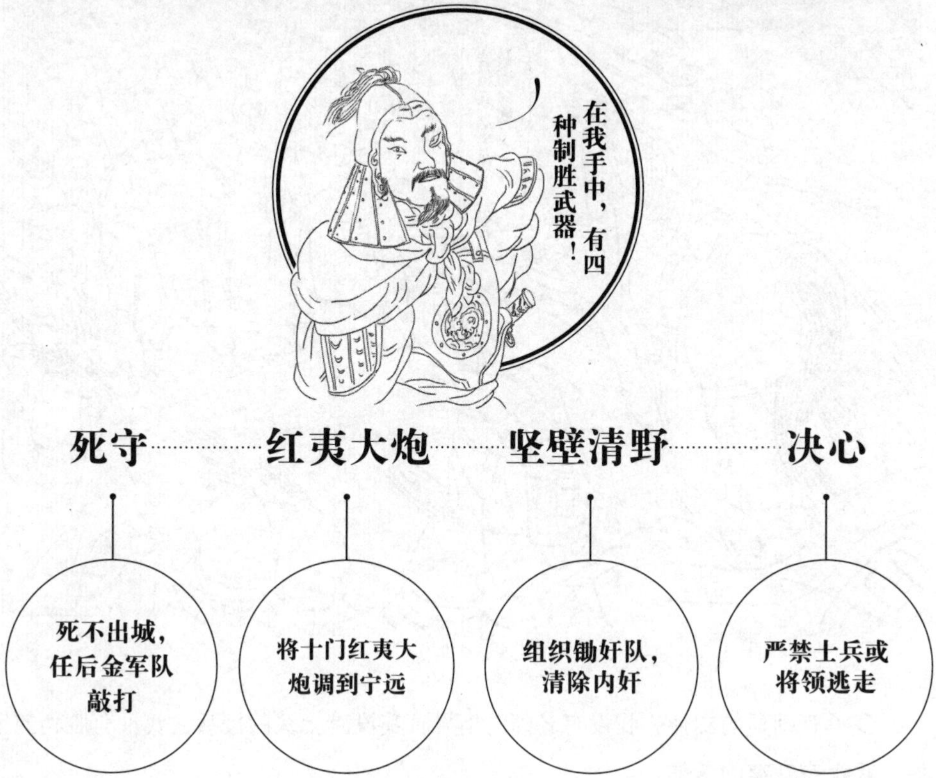

布置完防务后，袁崇焕叫来下属，让他立即到山海关，找到高第，向高大人请求一件事。

这位部下清楚，这是去讨援兵，但他也很迷茫，高先生跑得比兔子都快，才把兵撤回去，怎么可能派兵呢？

“此行必定无果，援兵是不会来的。”

袁崇焕镇定地回答:

“我要你去，不是去讨援兵的。

“请你转告高大人，我不要他的援兵，只希望他做一件事。

“如发现任何自宁远逃回的士兵或将领，格杀勿论！”

这件武器的名字，叫做决心。

我没有朝廷的支持，我没有老师的指导，我没有上级的援兵，我没有胜利的把握，我没有幸存的希望。

但是，我有一个坚定的信念。

我不会后退，我会坚守在这里，战斗到最后一个人，即使同归于尽，也决不后退。

这就是我的决心。

所以在正月二十四日的那一天，战争即将开始之前，袁崇焕召集了他的所有部下，在一片惊愕声中，向他们跪拜。

他坦白地告诉所有人，不会有援兵，不会有帮手，宁远已经被彻底抛弃。

但是我不想放弃，我将坚守在这里，直到最后一刻。

然后他咬破中指写下血书，郑重地立下了这个誓言。

我不知道士兵们的反应，但我知道，在那场战斗中，所有坚守城池的人身上，只有勇气、坚定和无畏，没有懦弱。

天启六年正月二十四日晨，努尔哈赤带着轻蔑的神情，发出了进攻的命令，声势浩大的精锐后金军随即涌向孤独的宁远城。

必须说明，后金军攻城，不是光膀子去的，他们也很清楚，骑着马是冲不上城墙的。事实上，他们有一套相当完整的战术系统，大致有三拨人。

每逢攻击时，后金军的前锋，都由一种特别的兵种——楯兵担任。所有的楯兵都推着楯车。所谓楯车，是一种木车，在厚木板的前面裹上几层厚牛皮，泼上水，由于木板和牛皮都相当皮实，明军的火器和弓箭无法射破。这是第一拨人。

第二拨是弓箭手，躲在楯车后面，以斜四十五度角向天上射箭（射程很远），甭管射不射得中，射完就走人。

最后一拨就是骑兵，等前面都忙活完了，距离也就近了，冲出去砍人效果相当好。

无数明军就是这样被击败的，火器不管用，骑兵砍不过人家，只好覆灭。

这次的流程大致相同，无数的楯兵推着木车，向着城下挺进，他们相信，城中的明军和以往没有区别，火器和弓箭将在牛皮面前屈服。

然而，牛皮破了。

架着云梯的后金军躲在木板和牛皮的后面，等待靠近城墙的时刻，但他们等到的，只是晴天的霹雳声，以及从天而降的不明物体。

值得庆祝的是，他们中的许多人还是俯瞰到了宁远城的全貌——在半空中。

宁远城头的红夷大炮，以可怕的巨响，喷射着灿烂的火焰，把无数的后金军、他们破碎的车，以及无数张牛皮，都送上了天空——然后是地府。

关于红夷大炮的效果，史书中的形容相当贴切且耸人听闻：“至处遍地开花，尽皆糜烂。”

当第一声炮响的时候，袁崇焕不在城头，他正在接见外国朋友——朝鲜翻译韩瑗。

巨响吓坏了朝鲜同志，他惊恐地看着袁崇焕，却只见到一张笑脸，以及轻松的三个字:

“贼至矣！”

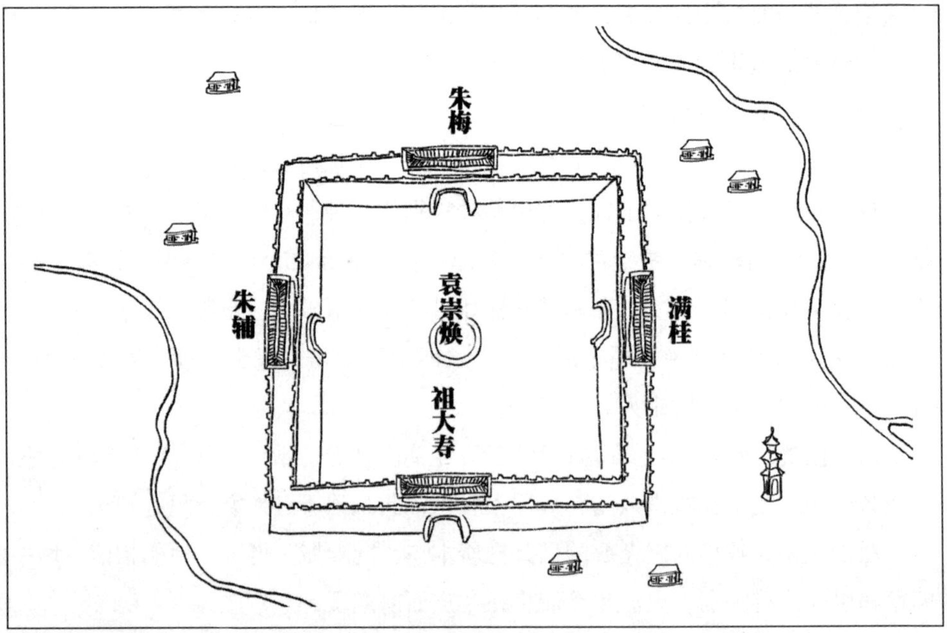

↑ 宁远城防图

几个月前，当袁崇焕决心抵抗之时，就已安排了防守体系，总兵满桂守东城，参将祖大寿守南城，副将朱辅守西城，副总兵朱梅守北城，袁崇焕坐镇中楼，居高指挥。

四人之中，以满桂和祖大寿的能力最强，他们守护的东城和南城，也最为坚固。

后金军是很顽强的，在经历了重大打击后，他们毫不放弃，踩着前辈的尸体，继续向城池挺进。

他们选择的主攻方向，是西南面。

这个选择不是太好，因为西边的守将是朱辅，南边的守将是祖大寿，所以守护西南面的，是朱辅和祖大寿。

更麻烦的是，后金军刚踏着同志们的尸体冲到了城墙边，就陷入了一个奇怪的境地。

攻城的方法，大抵是一方架云梯，拼命往上爬，一方扔石头，拼命不让人往上爬。只要皮厚头皮硬，冲上去就赢了。

可是这次不同，城下的后金军惊奇地发现，除顶头挨炮外，他们的左侧、右侧，甚至后方都有连绵不断的炮火攻击，可谓全方位、全立体，无处躲闪，痛不欲生。

这个痛不欲生的问题，曾让我百思不得其解。后来我去了一趟兴城（今宁远），又查了几张地图，了解了。

简单地讲，这是一个建筑学问题。

要说清这个问题，应该画几个图，可惜我画得太差，不好拿出来丢人，只好用汉字代替了，看懂就行。

大家知道，一般的城池，是“口”字形，四四方方，一方爬，一方不让爬，比较厚道。

更猛一点的设计，是“凹”字形，敌军进攻此类城池时，如进入凹口，就会受到左中右三个方向的攻击，相当难受。

这种设计常见于大城的内城，比如北京的午门，西安古城墙的瓮城，就是这个造型。

或者是城内有点兵，没法拉出去打，又不甘心挨打的，也这么修城，杀点敌人好过把瘾。

但我查过资料兼实地观察之后，才知道，创意是没有止境的。

宁远的城墙，大致是个“山”字。

也就是说，在城墙的外面，伸出去一道城楼，在这座城楼上派兵驻守，会有很多好处。比如敌人刚进入山字的两个入口时，就打他们的侧翼。敌人完全进入后，就打他们的屁股。如果敌人还没有进来，在城头上架门炮，可以提前把他们送上天。

此外，这个设计还有个好处，敌人冲过来的时候，有这个玩意儿，可以把敌人分流成两截，分开打。

当然疑问也是有的，比如把城楼修得如此靠前，几面受敌，如果敌人集中攻打城楼，该怎么办呢？

答案是随便打，无所谓。

因为这座城楼伸出去，就是让人打的。而且我查了一下，这座城楼可能是实心的，下面没有通道，士兵调遣都在城头上进行。也就是说，即使你把城楼拆了，还得接着啃城墙，压根儿就进不了城。

我不知道这城楼是谁设计的，只觉得这人比较狠。

除地面外，后金军承受了来自前、后、左、右、上（天上）五个方向的打击，他们能够得到的唯一遮挡，就是同伴的尸体。所以片刻之间，已经尸横遍野，血流成河。

然而，进攻者没有退缩。若无功而返，努尔哈赤的面子且不管，啥都没弄到，回去怎么跟老婆孩子交代？

在残酷的现实面前，后金军终于爆发了。

虽然不断有战友飞上天空，但他们在尸体的掩护下，终究还是来到了城下，开始架云梯。

然而，炮火实在太猛，天上还不断掉石头，弓箭火枪不停地打，刚架上去，就被推下来。几次三番，他们爬墙的积极性受到了沉重的打击，于是决定改变策略——钻洞。

具体施工方法是，在头上盖牛皮木板，用大斧、刀剑对着城墙猛劈，最终的工程目的，是把城墙凿穿。

这是一个难度很大的工程，头顶上经常高空抛物不说，还缺乏重型施工机械，就凭人刨，那真是相当困难。

但后金军用施工成绩证明，他们之前的一切胜利，都不是侥幸取得的。

在寒冷的正月，后金挖墙队顶着炮火，凭借刀劈手刨，竟然把坚固的城墙挖出了几个大洞。按照史料的说法，是“凿墙缺二丈者三四处”，也就是说，两丈左右的缺口，挖出了三四个。

明军毫无反应。

不是没反应，而是没办法反应。因为城头的大炮是有射程的，敌人若贴近城墙，就会进入射击死角，炮火是打不着的，而火枪、弓箭都无法穿透后金军的牛皮，只能眼睁睁地看着对方紧张施工，毫无办法。

就古代城墙而言，凿开两丈大的洞，就算是致命伤了，一般都能塌掉。但奇怪的是，洞凿开了，城墙却始终不垮。

原因在于天冷，很冷。

按史料分析，当时的温度大致在零下几十摄氏度，城墙的地基被冰冻住，所以不管怎么凿，就是垮不下来。

但袁崇焕很着急。因为指望老天爷，毕竟是不靠谱的，按照这个工程进度，没过多久，城墙就会被彻底凿塌，六万人涌进来，说啥都没用了。

目前当务之急，就是干掉城下的那帮牛皮护身的工兵，然而大炮打不着，火枪没有用，于之奈何？

关键时刻，群众的智慧发挥了最为重要的作用。

城墙即将被攻破之际，城头上的明军突然想出了一个反击的方法。

这个方法有如下步骤：先找来一张棉被，铺上稻草，并在里面裹上火药，拿火点燃，扔到城下。

棉被、稻草加上火药，无论是材料，还是操作方法，都是平淡无奇的，但是效果，是非常恐怖的。

几年前，我曾找来少量材料，亲手试验过一次，这次实验的直接结果是，我再没有试过第二次，因为其燃烧的速度和猛烈程度，只能用“可怕”两个字形容（特别提示，该实验相当危险，切勿轻易尝试，切勿模仿，特此声明）。

明军把棉被卷起来，点上火，扔下去，转瞬间，壮观的一幕出现了。

沾满了火药的棉被开始剧烈燃烧，开始四处飘散，飘到哪里，就烧到哪里，只要沾上，就会陷入火海，即使就地翻滚，也毫无作用。

在冰天雪地的严寒中，伴随着恐怖的大炮轰鸣声，一道火海包围了宁远城，把无数的后金军送入了地狱，英勇的后金工程队全军覆没。

这种临时发明的武器，就是鼎鼎大名的“万人敌”。从此，它被载入史册，并成为世界上最早的燃烧瓶的雏形。

◆ 战斗，直至最后一人

眼前的一切，都超出了努尔哈赤的想象，以及心理承受程度。

万历十二年，他二十五岁，以十三副盔甲起兵，最终杀掉了仇人尼堪外兰，而那一年，袁崇焕才刚刚出生。

他跟随过李成梁，打败过杨镐，杀掉了刘綎、杜松，吓走了王化贞，当他完成这些丰功伟业、声名大振的时候，袁崇焕只是个四品文官，无名小卒。

之前几乎每一次战役，他都以少打多，以弱胜强。然而，现在他带着前所未有的强大兵力，以势不可当之气魄，进攻兵力只有自己六分之一的小人物袁崇焕，却输了。

战无不胜，攻无不克，小本起家的天命大汗是不会输的，也是不能输的，即使伤亡惨重，即使血流成河，用尸体堆，也要堆上城头！

所以，观察片刻之后，他决定改变攻击的方向——转向南城。

这个决定充分证明，努尔哈赤同志是一位相当合格的指挥官。

他认为，南城就快顶不住了。

南城守将祖大寿同意这个观点。

就实力而言，如果后金军全力攻击城池一面，明军即使有大炮，也盖不住对方人多，失守只是个时间问题。

好在此前后金军缺心眼儿，好好的城墙不去，偏要往夹角里跑，西边打，南边也打，被打了个乱七八糟，现在，他们终于觉醒了。

知错就改的后金军转换方向，向南城涌去。

我到宁远时，曾围着宁远城墙走了一圈，没掐表，但至少得半小时。宁远城里就一万多人，分摊到四个城头，也就两千多人。以每面城墙一公里长计算，每米守兵大致是两人。

这是最乐观的估算。

所以根据数学测算，面对六万人的拼死攻击，明军是抵挡不住的。

事情的发展与数学模型差不多，初期惊喜之后，后金军终于呈现出了可怕的战斗力。鉴于上面经常扔万人敌，墙就不去凿了，改爬云梯。

冲过来的路上，被大炮轰死一批；冲到城脚，被烧死一批；爬墙，被弓箭、火枪射死一批。

没被轰死、烧死、射死的，接着爬。

与此同时，后金军开始组织弓箭队，对城头射箭，提供火力支援。

在这种拼死的猛攻下，明军开始大量伤亡，南城守军损失达三分之一以上，许多后金军爬上城墙，与明军肉搏，形势十分危急。

在祖大寿战败前，袁崇焕赶到了。

袁崇焕并不在城头，他所处的位置，在宁远城正中心的高楼。这个地方，我曾经去过，登上这座高楼，可以清晰地看到四城的战况。

袁崇焕率军赶到南城，在那里，他投入了最后的预备队。

长久以来的训练终于显现了效果，在强敌面前，明军毫无畏惧，与后金军死战，把爬上城头的人赶了回去。

与此同时，为遏制后金军的攻势，明军采用了新战略——火攻。

明军开始大量使用火具，除大炮、万人敌、火枪外，还有火球甚至火把，但凡能点燃的，就往城下扔。

这个战略是有道理的，你要知道，这是冬天，而冬天时，后金士兵是有几件棉衣的。

战争是智慧的源泉。很快，更缺德的武器出现了，不知是谁提议，拉出了几条长铁索，用火烧红，甩到城下用来攻击爬墙的后金士兵。

于是壮丽的一幕出现了，在北风呼啸中，几条红色的锁链在南城飘扬，它甩向哪里，惨叫就出现在哪里。

在熊熊的烈火之中，后金的攻势被遏制住了。尸体堆满宁远城下，却始终未能前进一步，直至黄昏。

至此，宁远战役已进行一天，后金军伤亡惨重，死伤一千余人，却只换来了几块城砖。

然而，战斗并没有结束。

愤怒至极的努尔哈赤下达了一个出人意料的命令：夜战。

夜战并不是后金的优势，但仗打到这个份儿上，缩头就跑，是一个严肃的面子问题。努尔哈赤认定，敌人城池受损，兵力已经达到极限，只要再攻一次，宁远城就会彻底崩塌。

在领导的召唤下，后金士兵举着火把，开始了夜间的进攻。

正如努尔哈赤所料，他很快就等到了崩溃的消息，后金军的崩溃。

几次拼死进攻后，后金的士兵们终于发现，他们确实在逐渐逼近胜利——用一种最为残酷的方法：

攻击无果，伤亡很大，尸体越来越多，越来越厚，如果他们全都死光，是可以踩着尸体爬上去的。

沉默久了，就会爆发，爆发久了，就会崩溃。在又一轮的火烧、炮轰、箭射后，后金军终于违背了命令，全部后撤。

正月二十四日深夜，无奈的努尔哈赤接受了这个事实，他压抑住心中的怒火，准备明天再来。

但他不知道的是，如果他不放弃进攻，第二天，历史将会彻底改变。

袁崇焕也已顶不住了，他已经投入了所有的预备队，连他自己也亲自上阵，左手还负了伤，如果努尔哈赤豁出去再干一次，后果将不堪设想。

努尔哈赤放弃了，袁崇焕坚持了，所以袁崇焕守住了宁远。

而下一个问题是，能否击溃后金，守住宁远。

从当天后金军的表现看，这个问题的答案是肯定的——不能。

没有帮助，没有援军，修了几年的坚城，只用一天，就被打成半成品，敌人的战斗力太过强悍。很明显，如果后金军豁出去，在这里待上几个月，就是用手刨也把城刨下来了。

对于这个答案，袁崇焕的心里是有数的。

于是，他想到了最后一个问题：既然必定失守，还守不守？

他决定坚守下去，即使全军覆没，毫无希望，也要坚持到底，坚持到最后一个人。

军队应该具有一往无前的精神，它要压倒一切敌人，而决不被敌人所屈服。不论在任何艰难困苦的场合，只要还有一个人，这个人就要继续战斗下去。

——毛泽东

袁崇焕很清楚，明天城池或许失守，或许不失守，但终究是要失守的。以努尔哈赤的操行成绩，接踵而来的，必定是杀戮和死亡。

然而，袁崇焕不打算放弃，因为他是一个没有援军，没有粮食，没有理想，没有希望，依然能够坚持下去的人。

四十二年前，袁崇焕出生于穷乡僻壤，长期以来，他都很平凡。平凡地中了秀才，平凡地中了举人，平凡地落榜，平凡地再次赶考，平凡地再次落榜，平凡地最终上榜。

然后是平凡的知县，平凡的处级干部，平凡的四品文官，平凡的学生，直至他违抗命令，孤身一人，面对那个不可一世、强大无比的对手。

四十年平凡的生活，不断地磨砺，沉默地进步，坚定的信念，无比的决心。

只为一天的不朽。

第十章 胜利结局

〇 马刀下的冤魂和马鞍上的得意 没有丝毫区别 所有的生命都是平等的 任何人都没有无故剥夺他人生命的权力

◆ 正月二十五日

以前有个人对我说过这样一句话：

只要你不放弃自己，上天就不会放弃你。

绝境中的袁崇焕，在沉思中等来了正月二十五日的清晨，他终究没有放弃。

于是，他等来了奇迹。

天启六年正月二十五日，改变历史的一天。

努尔哈赤怀着满腔的愤怒，发动了新的进攻。他认为，经过前一天的攻击，宁远已近崩溃，只要最后一击，胜利唾手可得。

然而，他想不到的是，战斗是以一种不可思议的形式开始的。

第一轮进攻被火炮打退后，他看不见勇猛的后金士兵们了。

无论将领们再怎么怒吼，或是威胁，以往工作积极性极高的后金军竟然不买账了，任你怎么说，就是不冲。

这是可以理解的，大家出来打仗，说到底是想抢点东西，发点小财。现在人家炮架上了，打死上千人，尸体都堆在那儿，还要往上冲，你当我们白内障看不见啊？

勇敢，也是要有点智商的。

努尔哈赤是很厚道的，为了消除士兵们的恐惧心理，他毅然决定，停止进攻，先把尸体抢回来。

为一了百了，他还特事特办，在城外开办了简易火葬场，什么遗体告别、追悼会都省了，但凡抢回来的尸体，往里一丢了事。

烧完，接着打。

努尔哈赤已近乎疯狂了，现在他所要的，并不是宁远，也不是辽东，而是脸面。起兵三十年，纵横天下无人可敌，竟然攻不下一座孤城，太丢人了，实在太丢人了。

所以他发誓，无论如何，一定要争回这个面子。

不想丢人，就只能丢命。

面对蜂拥而上的后金军，袁崇焕的策略还是老一套——大炮。

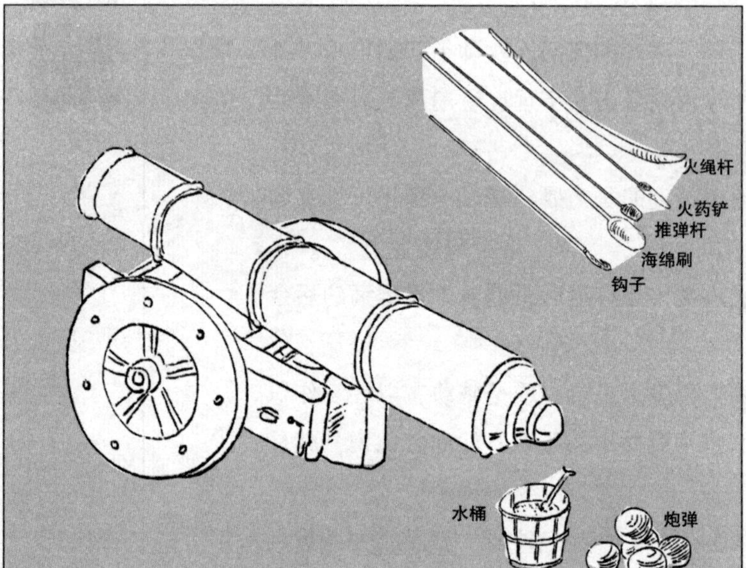

让努尔哈赤憋屈死的明军红夷大炮

要说这外国货还真是靠谱，在城头上轰了一天，非但没有炸膛，还越打越有劲儿。东一炮“尽皆糜烂”，西一炮“尽皆糜烂”，相当皮实。

但是意外还是有的，具体说来是一起安全事故。

很多古装电视剧里，大炮发射大致是这么个过程：一人站在大炮后，拿一个火把点引线，引线点燃后轰一声，炮口一圈白烟，远处一片黑烟，这炮就算打出去了。

可以肯定的是，如按此方式发射红夷大炮，必死无疑。

我认为，葡萄牙人之所以卖了大炮还要教打炮，绝不仅是服务意识强，说到底，是怕出事。

由于红夷大炮的威力太大，在大炮轰击时，炮尾炸药爆炸，会产生巨大的后坐力，巨大到震死人都不成问题。所以每次发射时，都要从炮筒牵出一条引线，人躲得远远的，拿火点燃再打出去。

经过孙元化的培训，城头的明军大都熟悉规程，严格按安全规定办事。然而在二十五日这一天，由于城头忙不过来，一位通判也上去凑热闹，一手拿线，一手举火，就站在炮尾处点火，结果被当场震死。

但除去这起安全事故外，整体情况还算正常，大炮不停地轰，后金军不停地死，然后是抢尸体，抢完再烧，烧完再打，打完再死，死完再抢、再烧，死死烧烧无穷尽也。

直至那历史性的一炮。

到底是哪一炮，谁都说不清。但可以肯定的是，在那寒冷的一天，漫天的炮火轰鸣声中，有一炮射向了城下，伴随着一片惊叫和哀号，命中了一个目标。

这个目标到底是谁，至今不得要领，但可以肯定的是这人是相当重要的，因为一个不重要的人，不会坐在黄帐子里（并及黄龙幕），也不会让大家如此悲痛（号哭奔去）。

对于此人的身份，有多种说法。明朝这边，说是努尔哈赤，后金那边，是压根儿不提。

这也不奇怪，如果战无不胜的努尔哈赤，在一座孤城面前，对阵一个无名小卒，被一颗无名炮弹重伤，实在太不体面。换我，我也不说。

于是接下来，袁崇焕看到了让他百思不得其解的景象，冲了两天的后金军退却了，退到了五里之外。

很明显，坐在黄帐子里的那人，是个大人物。虽按照后金的道德标准，死个把领导也不是什么大事，但这实在是件相当奇怪的事情。

第二天，当袁崇焕站在城头的时候，他终于确信，自己已经创造了奇迹。

后金军仍然在攻城，攻势比前两天更为猛烈，但长期的军事经验告诉袁崇焕，这是撤退的前兆。

几个时辰之后，后金军开始总撤退。

当然努尔哈赤是不会甘心的，所以在临走之前，他把所有的怒火发泄到了宁远城边的觉华岛上。那里还驻扎着几千明军，以及上万名无辜的百姓。

那一年的冬天很冷，原本相隔几十里的大海，结上了厚厚的冰。失落的后金军踏着冰层，向岛上发动猛攻，毫无遮挡的明军全军覆没。此外，士兵屠杀了岛上所有的百姓（逢人立碎），以显示努尔哈赤的雄才大略，并向世间证明，努尔哈赤先生并不是无能的，他至少还能杀害手无寸铁的平民。

宁远之战就此结束，率领全部主力，拼死攻击的名将努尔哈赤，最终败给了仅有一万多人，驻守孤城的袁崇焕，铩羽而归。

此战后金损失极为惨重，虽然按照后金的统计，仅伤亡将领两人，士兵五百人，但很明显，这是个相当谦虚的数字。

参考消息 **不合作的海冰**

觉华岛作为明军的屯粮之处，袁崇焕自然明白它的重要性。战前他除了部署水师四大营、战船两千余艘进行守卫外，还特命士兵凿冰十五里，以防止后金兵踩着海冰进岛。如此安排，看似周密，却犯了一个跟拿破仑、希特勒进攻俄国时一样的错误——没考虑气象因素……努尔哈赤派兵来袭那天，出奇的寒冷。觉华岛无险可守，守军又多是水手，不善阵战，为了活命，只好在酷寒中凿冰不止，有些人连手指都被冻掉了。谁知海水的结冰速度极快，而且冰层越来越厚，最终无力回天。后金兵很快攻入岛内，一场大屠杀上演了！

宁远之战后金军伤亡人数推算

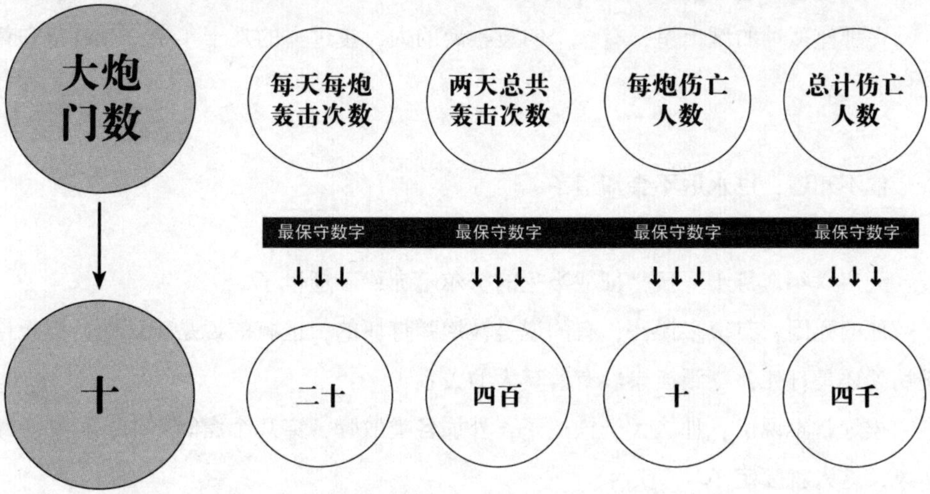

数学应用题一：十门大炮轰六万人，轰了两天半，每炮每天只轰二十炮（最保守的数字）。问：总共轰多少炮？

答：以两天计算，至少四百炮。

数学应用题二：后金军总共伤亡五百人，以明军攻击数计算，平均每炮轰死多少人？

答：以五百除以四百，平均每炮轰死 1.25 人。

参考史料："红夷大炮者，周而不停，每炮所中，糜烂数十尺，断无生理。"

综合应用题一、应用题二，以及参考史料，得出结论如下：每一个后金士兵，都有高厚度的装甲保护，是不折不扣的钢铁战士。

胡扯到此结束，根据保守统计，在宁远战役中，后金军伤亡的人数，在四千人以上，并损失大量攻城车辆、兵器。

这是自万历四十六年以来，后金军的第一次总撤退。战无不胜的努尔哈赤终于迎来了他人生的第一次战败。

或许直到最后，他也没弄明白，到底是谁击败了他。是那座孤独的宁远城，那几门外国进口的大炮，还是那一万多陷入绝境的明军？

他不知道，他真正的对手，是一种信念。

即使绝望，毫无生机，也永不放弃。

在那座孤独的城市里，有一个叫袁崇焕的人，在过去的几十年中，一直坚守着这样的信念。

他不知道，也永远不会知道了。

因为七个月后，他就翘辫子了。

天启六年八月十一日，征战半生的努尔哈赤终于逝世了。

他的死因，有很多说法，有的说是被炮弹打坏的，也有的说是病死的，但无论是病死还是打死，都跟袁崇焕有着莫大的关系。

挨炮就不说了，那么大一铁坨子，外加各类散弹，穿几个窟窿不说，再加上破伤风，这人就废定了。

就算他没挨炮，精神上也受到了严重的损害，有点心理障碍十分正常。外加努先生自打出道以来，从没吃过亏，败在无名小卒的手上，实在太丢面子，就这么憋屈死，也是很有可能的。

在这一点上，袁崇焕也作出了很大贡献。在击退努尔哈赤后，他立即派出了使者，给努老先生送去了一封信，内容如下：

"你横行天下这么久，今天竟然败在我的手里，应该是天命吧！"

努尔哈赤很有礼貌，还派人回了礼，表示下次再跟你小子算账（约期再战）。

至于努先生的内心活动，用他自己的话说，是这样的：

"我自二十五岁起兵以来，攻无不克，战无不胜，小小的宁远，竟然攻不下来，这是命啊！"

说完不久就死了。

一代枭雄努尔哈赤死了，对这个人的评价，众说纷纭，有些人说他代表了先进的、进步的势力，冲击了腐败的明朝，为历史的发展作出了贡献云云。

我才疏学浅，不敢说通晓古今，但基本道理还是懂的。遍览他的一生，我没有看到进步、发展，只看到了抢掠、杀戮和破坏。

我不清楚什么伟大的历史意义，我只明白，他的马队所到之处，没有先进生产力，没有国民生产指数，没有经济贸易，只有尸横遍野、残屋破瓦，农田变成荒地，平民成为奴隶。

我不知道什么必定取代的新兴霸业，我只知道，说这种话的人，应该自己到后金军的马刀下面亲身体验一回。

马刀下的冤魂和马鞍上的得意，没有丝毫区别，所有的生命都是平等的，任何人都没有无故剥夺他人生命的权力。

第十一章

皇太极

○经过审慎的思考　皇太极正确地认识到　自己面对的　是一条严密的防线　锦州不过是这条防线上的一点

○所有的防线　都有核心　要彻底攻破它　必须找到这个核心——宁远

失败的努尔哈赤悲愤了几个月后，终于笑了——含笑九泉。

老头笑着走了，有些人就笑不出来了——比如他的几个儿子。

当时，具备继承资格的人，有八个。

这八个人分别是四大贝勒：代善、阿敏、莽古尔泰、皇太极；

四小贝勒：阿济格、多尔衮、济尔哈朗、多铎。

位置只有一个。

拜许多“秘史”类电视剧所赐，这个连史学研究者都未必重视的问题，竟然妇孺皆知，且说法众多。什么努尔哈赤讨厌皇太极，喜欢多尔衮，皇太极使坏，干掉了多尔衮他妈，抢了多尔衮的汗位，等等。

以上讲法，在菜市场等地遇熟人时随便说说，是可以的，在正式场合，就别扯了。

事实上，打努尔哈赤含笑那天起，汗位就已注定，它只属于一个人——皇太极。

因为除这位仁兄外，别人都有问题。

努尔哈赤确实很喜欢多尔衮，可是问题在于，多尔衮同志当时还是小屁孩。女真人比较实在，谁更能打，更能抢，谁就是老大，要搞任人唯亲，广大后金

谁是努尔哈赤的继承者

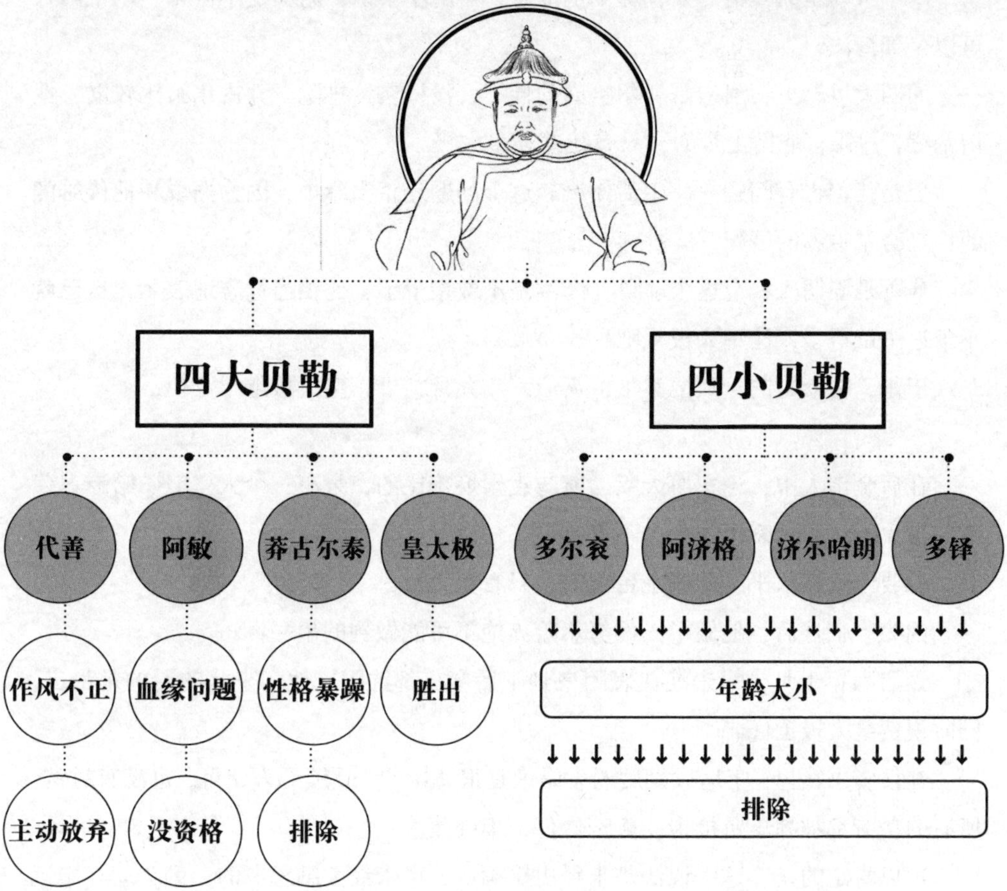

参考消息 **兄弟间要团结**

努尔哈赤一共有十六个儿子，最初他有意培养长子褚英继承大统。不料褚英虽然战功卓著，却心胸狭窄，控制欲极强，缺乏必要的政治手腕。结果遭到四贝勒和五大臣的联合举报，努尔哈赤遂冷落了他，并最终痛下杀手。这件事，给努尔哈赤的心里留下了阴影。为了教育后代团结，天启元年正月十二日，他召集自己的子侄和长孙，让他们对天地神灵焚香设誓，如果有谁胆敢图谋不轨，不用天谴，人人得而诛之。做完了这一切，努尔哈赤得到了些心理安慰，但各贝勒间的钩心斗角，却一刻也没停过。

人民是不答应的。

四小贝勒里的其他三人，那更别提了，年龄小不说，老头还不待见，以上四人可以全部淘汰。

而四大贝勒里，阿敏是努尔哈赤的侄子，没资格，排除；莽古尔泰比较蠢，性情暴躁，排除；能排上号的，只有代善和皇太极。

但是代善也有问题——生活作风。这个问题还相当麻烦，因为据说和他传绯闻的，是努尔哈赤的后妃。

代善是聪明人，有这个前科，汗位是不敢指望了，他相当宽容地表示，自己就不争这个位置了，让皇太极干吧。

于是，在众人的一致推举下，天启六年九月初一，皇太极继承汗位。

在后金诸人中，论军事天赋，能与袁崇焕相比的，只有三个人：努尔哈赤、代善、皇太极（多尔衮比较小，不算）。

但要论政治水平，能摆上台面的，只有皇太极。

因为一个月后，他做了一件努尔哈赤绝不可能做到的事。

天启六年十月，袁崇焕代表团来到了后金首都沈阳，他们来此的目的是吊丧，同时祝贺皇太极上任。

在很多书籍里，宁远战役后的袁崇焕是很悲惨的，战绩无人认可，也没有封赏，所有的功劳都被魏忠贤抢走，孤苦伶仃，不胜凄凉。

可以肯定的是，这些说法是未经史籍确认，也未经大脑思考的。因为就在宁远战役胜利后的几天，袁崇焕就得到了皇帝的表扬。兵部尚书王永光虽然跟袁崇焕不

参考消息 **高级别的大炮**

宁远大捷让朝廷喜出望外，遍赏有功之臣。对于在战斗中立下赫赫战功的红夷大炮，朝廷也没忘记褒奖。天启六年三月，立首功的红夷大炮被封了个霸气的称号：安国全军平辽靖虏将军。同时，明熹宗还下令表彰管炮的将领和炮手：彭簪古因指挥作战有功，加都督职衔，并授游击将军，赏银十两；已阵亡的金启宗，赠三级，袭升三级，给优恤银八两；操作该炮的士兵罗立授把总一职，赏银二十两。不仅如此，四月，皇帝下旨，命礼部派人祭拜在宁远退敌的大炮，鼓励它继续发威，再创佳绩。

皇太极

1592 — 1643
生于赫图阿拉城

外貌
—
生来面色赤红，眉清目秀，行动稳健，举止端庄

特点
—
聪明伶俐
耳目所经
一听不忘
一见即识

文化程度
—
很爱看书学习，努尔哈赤诸将中唯有他识字

大对付，却也大发感慨：

“八年来贼始一挫，乃知中国有人矣！”

总之，捷报传来，全国欢腾，唯一不欢腾的人，就是高第。

这位兄弟实在太不争气，所以连阉党都不保他，被干净利落地革职赶回了家。

除口头表扬外，明朝也相当实在，正月底打胜，二月初就提拔了袁崇焕，先是都察院右佥都御史，一个月后又加辽东巡抚，然后是兵部右侍郎，两个月内就到了副部级。

部下们也没有白干，满桂、赵率教、朱辅、朱梅、祖大寿都升了官，连孙承宗老师也论功行赏了。

当然，领导的功劳是少不了的，比如魏忠贤公公、顾秉谦大人等，虽说没去打仗，但整日忙着阴人，也是很辛苦的。

无论如何，袁崇焕出头了。虽说他是孙承宗的学生、东林党的成员，但边界得有人守吧，所以阉党也不难为他。反正好人坏人都不管他，任他在那儿闹腾。

几个月后，得知努尔哈赤的死讯，他派出了代表团。

这就闹腾大了。

在明朝看来，后金就是以努尔哈赤为首的强盗团伙，压根儿不是政权，堂堂天朝怎么能和强盗团伙谈判呢？

所以多年以来，都是只打不谈。

但问题是，打来打去都没个结果，正好这次把团伙头目憋屈死了，趁机去谈谈，也没坏处。

当然，作为一名文官出身的将领，袁崇焕还有点政治头脑的，谈判之前，先请示了皇帝，才敢开路。

憋屈死（打伤致死）了人家老爹，还派人来吊丧，是很不地道的，如此行径，是让人难以忍受的。

然而，皇太极忍了。

他不但忍了，还作出了出人意料的回应。

他用最高标准接待了袁崇焕的使者，好吃好喝招待，还搞了个阅兵式，让明使玩了一个多月，走的时候还送了几匹马、几十只羊，并热情地向自己杀父仇人的使者微笑挥手告别。

这意味着，一个比努尔哈赤更为可怕的敌人出现了。

懂得暴力的人，是强壮的；懂得克制暴力的人，才是强大的。

在下次战争到来之前，必须和平，这就是皇太极的真实想法。

袁崇焕也并非善类，对于这次谈判，他在给皇帝的报告中，作出了充分的解释：

“奴死之耗，与奴子情形，我已备得，尚复何求？”

这句话的意思是，努尔哈赤的死讯，他儿子的情况，我都知道了，还有什么要求呢？

谈来谈去，就谈出了这么个玩意儿。

谈判还在继续，到第二年（天启七年，1627）正月，皇太极又派人来了。

可这人明显不上道，谈判书上还附了一篇文章——当年他爹写的七大恨。

但你要说皇太极有多恨，似乎也说不上，因为，就在七大恨后面，他还列上了谈判的条件，比如金银财宝、土地等。

也就是想多要点东西嘛。

袁崇焕是很幽默的，他在回信中，很有耐心地逐条批驳了努尔哈赤的著作，同时表示，拒绝你的一切要求。这意思是，虽然你爸憋屈死了，我表示同情，但谈归谈，死人我也不买账。

过了一个月，皇太极又来信了，这哥们儿明显是玩上瘾了，他竟把袁崇焕批驳七大恨的理由，又逐条批驳了一次。当然正事他也没忘了谈，这次他的胃口小了点，要的东西也减了半。

文字游戏玩玩是可以的，但具体工作还要干。在这一点上，皇太极同志的表现相当不错，就在给袁崇焕送信的同时，他发动了新的进攻，目标是朝鲜。

天启七年正月初八，阿敏出兵朝鲜。朝鲜军的表现相当稳定，依然是一如既往地不经打，一个月后平壤就失陷了。再过一个月，朝鲜国王就签了结盟书，表示愿意服从后金。

天启七年后金军出兵朝鲜的四大“理由”

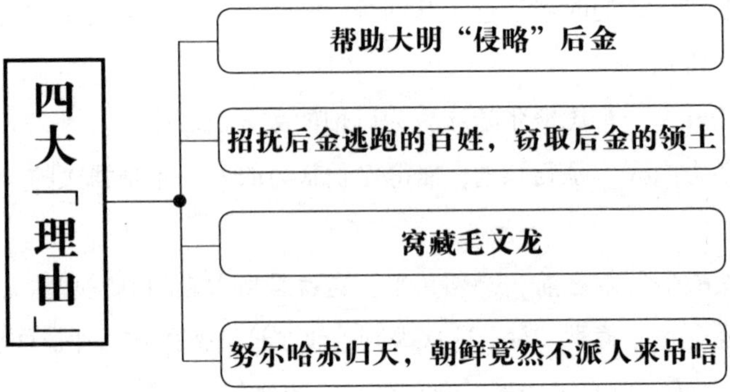

朝鲜失陷，明朝是不高兴的，但不高兴也没办法，今天不同往日了，家里比较困难，实在没法拉兄弟一把。失陷，就失陷了吧。

一边谈判，一边干这种事，实在太过分了。所以在来往的文书中，袁崇焕愤怒地谴责了对方的行径，痛斥皇太极没有谈判的诚意。

话虽这么说，但袁崇焕也没闲着，他也很忙，忙着砌砖头。

自打宁远之战结束后，他就开始修墙了。打坏的重砌，没坏的加固，他还把几万民工直接拉到锦州，抢工期抓进度，短短几个月，锦州再度成为坚城。

此外，他还重新占领了之前放弃的大凌河、前屯、中后所、中右所，修筑堡垒，全面恢复关宁防线。

光修墙是不够的，为把皇太极彻底恶心死，他大量召集农民，只要来人就分地，一文钱都不要，白送，开始大规模屯田，积累军粮。

一边谈判，一边干这种事，实在太过分了。所以在来往的文书中，皇太极愤怒地谴责了对方的行径，痛斥袁崇焕没有谈判的诚意。

到了天启七年五月，老头子的身后事办完了，朝鲜打下来了，锦州修起来了，防线都恢复了，屯田差不多了，双方都满意了。

打吧。

天启七年五月六日，皇太极率六万大军，自沈阳出发，进攻锦州，“宁锦大战”

就此揭开序幕。

此时出战，并非皇太极的本意。老头子才挂了几个月，遗产刚刚分割完，追悼会刚刚搞完，和朝鲜又刚刚打了仗，实在不是进攻的好时候，但没办法，不打不行——家里闹灾荒了。

天启七年，辽东受了天灾，袁崇焕和皇太极都遭了灾，粮食紧缺。

为解决粮食问题，袁崇焕决定，去关内调粮，补充军需。

为解决粮食问题，皇太极决定，去关内抢粮，补充军需。

没办法，吃不上饭啊，又没处调粮食，眼看着要闹事，与其闹腾我不如闹腾你们，索性就带他们去抢吧。

对于皇太极的这个打算，袁崇焕是有思想准备的，所以他擦亮了大炮，备齐了炮弹，静静等待着后金抢粮队到来。

宁远之战后，袁崇焕顺风顺水，官也升了，权也大了，声势如日中天，威信很高，属下十分服气。

但不服气的人也是有的，比如满桂。

其实满桂和袁崇焕的关系是不错的，他之所以不服气，是因为另一个人——赵率教。

在宁远之战时，赵率教驻守前屯。打得最激烈的时候，满桂感觉要撑不住了，就派人给赵率教传令，让他赶紧派人增援。

可赵率教不去。

因为你吃不消，我也吃不消，一共就这么多人，你的兵比我还多，谁增援谁？

所以不去。

当时情况危急，满桂倒也没有计较，仗打完了，想起这茬了，回头要跟赵率教算账。

于是袁崇焕出场了，现在他是辽东巡抚，遇到这种事情，自然是要和稀泥的。

可他没有想到，这把稀泥非但没有和成，还把自己给和进去了。

因为满桂根本不买账，非但不肯了事，还把袁崇焕拉下了水，说他拉偏架。

原因在于，宁远之战前，满桂是宁远总兵，袁崇焕是宁前道，满桂的级别比袁崇焕高，但根据以文制武的惯例，袁崇焕的地位要略高于满桂。

战后，满桂升到了右都督，袁崇焕升到兵部侍郎兼辽东巡抚，按级别，袁崇焕依然不如满桂，但论地位，他依然比满桂高。

这就相当麻烦了。要知道，满桂光打仗就打了二三十年，他砍人头攒钱（一个五十两）的时候，袁举人还在考进士，且他级别一直比袁崇焕高，现在又是一品武官，你个三品文官，我服从管理就不错了，你还瞎搅和什么？

外加他又是蒙古人，为人比较直爽，毫不虚伪，说打，操家伙就上。至于袁崇焕，他本人曾自我介绍过："你道本部院是个书生，本部院却是个将首！"

于是来来往往，火花四射，袁崇焕随即表示，满桂才堪大用，希望朝廷加以重用（随你怎么用，不要在这儿用）。

满桂气得不行，又干不过袁崇焕（巡抚有实权），就告到了袁崇焕的上司、新任辽东督师王之臣那里。

王之臣也是文官，所以也和稀泥，表示满桂也是个人才，大家都在关外为国效力，你们都消停吧。

按说和稀泥也就行了，但王督师似乎不甘寂寞，顺便还训了袁崇焕几句，于是袁大人也火了，当即上疏表示自己很累，要退休（乞休）。

王督师顿时火冒三丈，也上了奏疏，说自己要引退（引避）。

问题闹大了，朝廷亲自出马，使出了撒手锏——还是和稀泥。

但朝廷毕竟是朝廷，这把稀泥的质量十分之高。

先是下了封文书，给两人上了堂历史课，说此前经抚不和（指熊廷弼和王化贞），丢掉很多地方，你们要吸取教训，不要再闹了。

然后表示，你们两个都是人才，都不要走，但为防你们两个在一起会互相死磕，特划定范围，王之臣管关内，袁崇焕管关外，有功一起赏，有黑锅也一起背，舒坦了吧！

命令下来后，袁崇焕和王之臣都相当识趣，当即作出反应，表示愿意留任，并且同意满桂留任，继续共同工作。

不久之后，袁崇焕任命满桂镇守山海关，风波就此平息——至少他自己这样认为。

然而这件小事，最终也影响了他的命运。

满桂与袁崇焕如何结下梁子

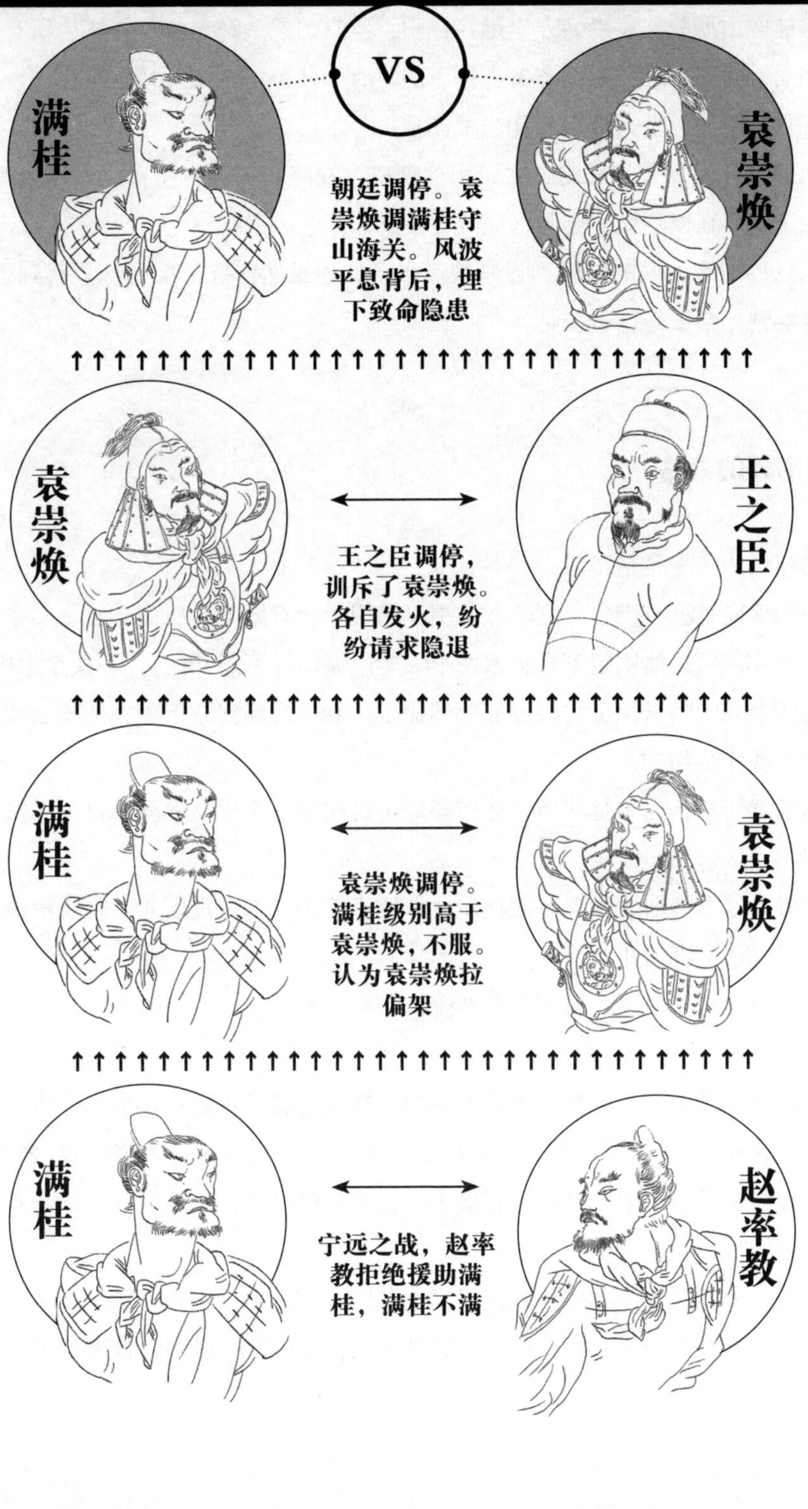

但不管有什么后遗症，至少在当时，形势是很好的，一片大好。

满桂守山海关，袁崇焕守宁远、锦州，所有的堡垒都已修复完毕，所有的城墙都已加固，弹药充足，粮草齐备，剩下的只有一件事——张开怀抱等你。

五月十一日，皇太极一头扎进了怀抱。

他的六万大军分为三路，中路由他亲率，左路指挥莽古尔泰，右路指挥代善、阿敏，于同日在锦州城下会师，完成合围。

消息传到宁远城的时候，袁崇焕慌张了。他虽然作好了准备，预料到了进攻，却没有料到，会来得这么快。

◆ 赵率教的策略

锦州城的守将是赵率教。

袁崇焕尚且没有准备，赵率教就更不用说了，看城下黑压压一片，实在有点心虚。思考片刻后，他镇定下来，派两个人爬出城墙（不能开门），去找皇太极谈判。

这两个人的到来把皇太极彻底搞迷糊了：老子兵都到城下了，你要么就打，要么投降，谈什么判？

但愿意谈判，也不是坏事。他随即写了封回信，希望赵率教早日出城投降，奔向光明。

使者拿着书信回去了，皇太极就此开始了等待，下午没信儿，晚上没信儿，到了第二天，还是没信儿。

于是他向城头瞭望，看到明军在抢修防御工事。

在这场战役中，赵率教是比较无辜的，其实他压根儿就不是锦州守将，只不过是恰好待在那里，等守将到任，就该走人了，没想到皇太极来得太突然，没来得及走，就被围在锦州了。四下一打量，官最大的也就是自己了，无可奈何，锦州守将赵率教就此出场。

但细一分析，问题来了：辽东兵力总共有十多万，山海关有五万人，宁远有四万人，锦州只有一两万人，兵力不足且不说，连出门求援的人都还没到宁远，怎么能开打呢？

所以他决定，派人出城谈判，跟皇太极玩太极。

皇太极果然名不副实，对太极一窍不通，白等了一天，到五月十三日，想明白了，攻城。

六万后金军集结完毕，锣鼓喧天，鞭炮齐鸣，军旗招展，人山人海，等待着皇太极的指令。

皇太极沉默片刻，终于下达了指令：停止进攻。

皇太极是一个不折不扣的好汉，好汉是不吃眼前亏的。

面对着城头黑洞洞的大炮，他决定，暂不进攻——谈判。

他主动派出使者，要求城内守军投降。第一次没人理他，第二次也没人理他，到第三批使者的时候，赵率教估计是烦得不行了，就站到城头，对准下面一声大吼："要打就打，光说不顶用（可攻不可说也）！"

皇太极知道，忽悠是不行了，只能硬拼，后金军随即蜂拥而上，攻击城池。

但宁远战役的后遗症实在太过严重，后金军看见大炮就眼晕，不敢玩命，冲了几次就退了，任上级骂遍三代亲属，就是不动。

皇太极急了，于是他坐了下来，写了一封劝降信，派人送到城门口——被射死了，又写一封，再让人去送，没人送了。

无奈之下，他派人把这封劝降信射进了城里，毫无回音。

傻子都明白，你压根儿就攻不下来，你攻不下来，我干吗投降？

但皇太极似乎不明白这个道理。第二天，他又派了几批使者到锦州城谈判，皇天不负有心人，终于有了回应。守军说，你要谈判，使者是不算数的，必须派使臣来，才算正规。

皇太极欣喜若狂，连忙选了两个人，准备进城谈判。

可是这两位仁兄走到门口，原本说好开门的，偏偏不开，向上喊话，又没人答应。总而言之无人理会，只好打转回家。

皇太极很愤怒，因为他被人涮了，但问题是，就算涮了他，他也没办法。

皇太极度过了失望的一天，而即将到来的第二天，却让他绝望。

清晨，正当皇太极准备动员军队攻城的时候，城内的使者来了，不但来了，还解释了昨天没开门的原因：不是我们不热情，实在天色太晚，不方便开门，您多见谅，今天白天再派人来，我们一定接待。

皇太极很高兴，又派出了使臣，可是到了城下，明军依然不给开门。

这批使臣还比较负责，赖在城下就不走了，于是过了一会儿，赵率教又出来喊了一嗓子：

“你们退兵吧，我大明给赏钱（自有赏赉）！”

就在皇太极被弄得几乎精神失常、气急败坏的时候，城内突然又派出了使者，表示谈可以，但不能到城里，愿意到皇太极的大营去谈判。

差点被整疯的皇太极接待了使者，并且写下了一封十分有趣的书信。

这封书信并不是劝降信，而是挑战信，他在信中表示，你们龟缩在城里，不是好汉，有种就出来打，你们出一千人，我这里只出十个人，谁打赢了，谁就算胜。你要是敢，咱们就打，要是不敢，献出城内的所有财物，我就退兵。

所谓一千人打不过十个人，比如一千个手无寸铁的傻子打不过十个拿机枪的特种兵，一千个平民打不过十个超人，都是很可能的。

在这点上，皇太极体现出女真人的狡猾。联系到他爹喜欢玩阴的，这个提议的真正目的，不过是引明军出战。

但书信送入城后，却迟迟没有反应，连平时出来吼一嗓子的赵率教也没了踪影，无人管理。

究其原因，还是招数太低级，这种摆明从《三国演义》上抄来的所谓“激将法”(《三国演义》是后金将领的标准兵书，人手一本)，只有在《三国演义》上才能用。

皇太极崩溃了，要么就打，要么就谈，要谈又不给开门，送信你又不回，你他娘的到底想怎么样？

其实赵率教是有苦衷的，他本不想耍皇太极玩。可是无奈，谁让你来这么早，搞得老子走也走不掉，投降又说不过去，只好等援兵了，可是空等实在不太像话，闲来无事谈谈判，当做消遣，仅此而已。

五月十六日，消遣结束，因为就在这一天，援兵到达锦州。

得到锦州被围的消息后，袁崇焕十分焦急，他随即调派兵力，由满桂率领，前往锦州会战。援军的数量很少，只有一万人。

六年前，在辽阳战役中，守将袁应泰以五万明军，列队城外，与数量少于自己的后金军决战，结果一塌糊涂，连自己都搭了进去。

六年后，满桂带一万人，去锦州打六万后金军。

他毫无畏惧，因为他所率领的，是辽东最为精锐的部队——关宁铁骑。

经过几年不懈的努力，这支由辽人为主的骑兵训练有素，并配备精良的多管火器，作战极为勇猛，具有极强的冲击力，成为明末最强悍的武装力量。

在满桂的带领下，关宁铁骑日夜兼程，于十六日抵达塔山附近的笊篱山。

按照战前的部署，援军应赶到锦州附近，判明形势发动突袭，击破包围。

然而，这个构想被无情地打破了，因为就在那天，一位后金将领正在笊篱山巡视，这家伙正是莽古尔泰。

这次偶遇完全打乱了双方的计划，片刻惊讶后，满桂率先发动冲锋。

后金军毫无提防，前锋被击溃。莽古尔泰虽说很憨厚，但打仗还算凑合，很快反应过来，倚仗人多，发动了反击。你来我往几个回合，不打了。

因为大家都很忙，莽古尔泰来巡视，差不多也该回去了，满桂来解围，但按目前形势，自己没被围进去就算不错，所以在短暂接触后，双方撤退，各回各家。

几乎就在满桂受挫的同一时刻，袁崇焕使出了新的招数。

他写好了一封信，并派人秘密送往锦州城，交给赵率教。

然而不幸的是，这封信被后金军半路截获，并送到了皇太极的手中。

信的内容，让皇太极极为震惊：

"锦州被围，但我已调集水师援军，以及山海关、宣府等地军队，全部至宁远集结，蒙古援军也即将到来，合计七万余人，耐心等待，必可里应外合，击破包围。"

至此，皇太极终于知道了袁崇焕的战略，确切地说，是诡计。

锦州被围，援军就这么多，所以只能忽悠。但辽东总共就这么多人，大家心知肚明，所以忽悠必须从外地着手，什么宣府兵、蒙古兵等，你说多少就多少。在这点上，袁崇焕干得相当好，因为皇太极信了。

五月十七日，他更改了部署。

三分之一的后金军撤除包围，在外城驻防，因为据"可靠情报"，来自全国四面八方（蒙古、宣府等）的援军，过几天就到。

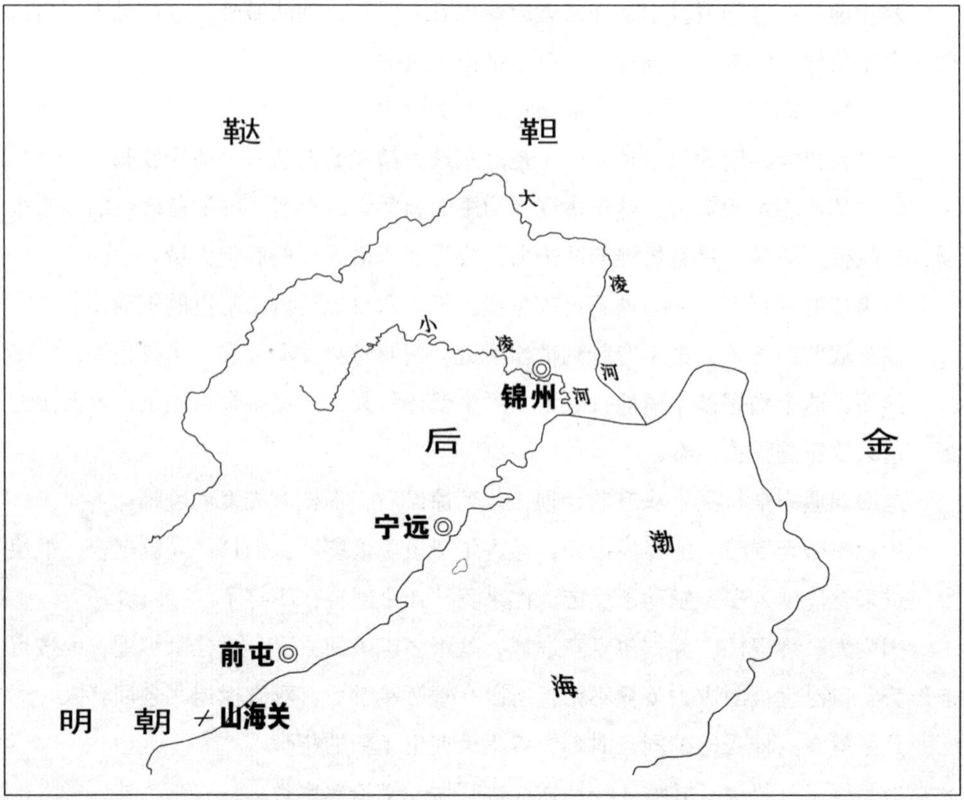

↑ 锦州、宁远、山海关的相对位置

六万人都没戏，剩下这四万就可以休息了。在明军的大炮面前，后金军除了尸体，没有任何收获。

第二天，皇太极再次停止了进攻。

他又写了封信，用箭射入锦州，再次劝降。

对于他的这一举动，我也无语，明知不可能的事，还要几次三番去做，且乐此不疲，到底什么心态，实在难以理解。

估计城内的赵率教也被他搞烦了，原本还出来骂几嗓子，现在也不动弹了，连忽悠都懒得忽悠他。

五月十九日，皇太极确信，自己上当了。

很明显，除了三天前和莽古尔泰交战的那拨人外，再也没有任何援兵。

但问题是，锦州还是攻不下来，即使皇太极写信写到手软，射箭射到眼花，还是攻不下来。

这样的失败是不能接受的，所以皇太极决定，改变计划，攻击第二目标。

但在此之前，他打算再试一次。

五月二十日，后金军发动了最后的猛攻。

在这几天里，日程是大致相同的：进攻，大炮，点火，轰隆，死人，撤走，抬尸体，火化，再进攻，再大炮，再点火，再轰隆，再死人，以此类推。

五月二十七日，皇太极再也无法忍受，使出最后的撒手锏——撤退。

但他的撤退相当有特点，因为他撤退的方向，不是向后，而是向前。

他决定越过锦州，前往宁远，因为宁远就是他的第二攻击目标。

经过审慎的思考，皇太极正确地认识到，自己面对的，是一条严密的防线，锦州不过是这条防线上的一点。

所有的防线，都有核心，要彻底攻破它，必须找到这个核心——宁远。

只要攻破宁远，就能彻底切断锦州与关内的联系，明军将永远地失去辽东。

皇太极决定孤注一掷，派遣少量兵力监视锦州，率大队人马直扑宁远，他坚信，自己将在那里迎来辉煌的胜利。

第十二章

宁远，决战

○在这场战役中 后金军伤亡极大 据保守估计 应该在一万人左右 多名牛录战死 部队退回沈阳

○该结果充分说明 明朝只要自己不折腾自己 后金是没戏的

五月二十八日，皇太极抵达宁远。

一年前，他的父亲在这里倒下，现在，他将在这里再次站立起来——反正他自己是这么想的。

当他靠近宁远城的时候,却看见了一幕奇特的场景。

按照惯例，进攻是这样开始的：明军守在城头，架设大炮，后金军架好营帐，准备云梯、弓箭，然后开始攻城。

但这一次,他看到的,是整齐的明军——站在城外。

总兵孙祖寿率军驻守西门，满桂、祖大寿率军驻守东门，其余兵力驻守南、北方向。宁远守军共三万五千余人，位列城外，准备迎战。

现在的袁崇焕，是一个很有自信的人，袁大人相信，凭借自己的实力，可以击败纵横天下的后金骑兵，不用龟缩城内，不用固守城池，击败他们，就在他们的面前，用他们自己的方式！

皇太极的神经被彻底搞乱了，这个阵势已经超越了他的理解能力，于是他下达命令，暂停进攻，等等看先。

看了半天，他明白了——这是挑衅，随即发出了怒吼：

“当年皇考太祖（努尔哈赤）攻击宁远,没有攻克,今天我打锦州，又没攻克，现在敌人在外布阵，如果还不能胜，我国威何存？！”

皇太极认为，不打太没面子，必须且一定要打。但有人认为，不能打。

所谓有人，是指大贝勒代善、二贝勒阿敏、三贝勒莽古尔泰。换句话说，四大贝勒里，三个都不同意。

虽说皇太极是拍板的，但毕竟是少数派，双方陷入僵持。

于是皇太极说，你们都回去吧，我再考虑考虑。

三个人撤了。然而没过多久，他们就听见了进攻的号角。

对这三位大哥级人物，皇太极还是给面子的：至少把他们忽悠走了再动手。

一向只敢躲在城里打炮的明军，竟然站出来单干，实在太嚣张了，他再也无法遏制自己的愤怒，率全军发动了总攻。

很多时候，愤怒者往往是弱者。

三位贝勒毫无提防，事已至此，只能跟着冲了。

但当他们冲到城边时，才终于发现，明军敢来单干，是有原因的。

皇太极发动进攻，是打过算盘的。骑兵作战，明军不是后金军的对手，放弃拿手的大炮，偏要打马战，不占这个便宜实在不好意思。

袁崇焕之所以摆这个阵势，是因为他认定，关宁铁骑的战斗力，足以与后金骑兵抗衡，但更重要的是，他也没说不用大炮。

皇太极认为，当双方骑兵交战时，城头的大炮是无法发射的，因为那样可能误伤自己的军队。

袁崇焕也知道这一点，但他认为，大炮是可以发射的，具体使用方法是：双方骑兵展开厮杀时，用大炮轰后金的后续部队。

换句话说，就是引诱皇太极的骑兵进攻，等上钩的人差不多了，就用大炮攻击他们的后队，截断增援，始终保持人多打人少。

在大炮的轰鸣声中，满桂率领骑兵，向蜂拥前来的后金军发动了冲锋。

长期以来，在后金军的眼里，明军骑兵很好欺负，一打就散，一散就跑，一跑就死，很明显，眼前的这帮对手也是如此。

但自第一次交锋开始时起，自信就变成了绝望。

首先，这帮人使用的不是马刀，而是铁制大棒，抡起来呼呼作响，撞上就皮开

肉绽，更可怕的是，这种大棒还能发射火器，打着打着冷不丁就开枪，实在太过缺德。

而且这帮人的精神状态明显不正常，跟打了鸡血似的，一点不害怕，且战斗力极强，见人就往死里打，身中数箭数刀，依然死战不退。

在这群恐怖的对手面前，战无不胜的后金军终于体验到了一种前所未有的感觉——崩溃。

当后金军如潮水般涌来的时候，满桂知道，胜利的时刻到了。

关宁铁骑是一群不太正常的人，他们和以往的明军骑兵不同，不仅是因为他们经过长期训练，且装备先进武器三眼火铳（既当枪打，又当棒使），更为重要的原因在于，他们是既得利益者。

根据袁崇焕的原则“以辽人守辽土”，关宁铁骑的主要成员都是辽东人。因为根据以往长期实践，外地人到辽东打仗，一般都没什么积极性，爱打不打，反正丢了就丢了，正好回老家。

而对于关宁铁骑来说，他们已经无家可归，这里就是他们唯一的家。

但最终决定他们拼命精神的，是袁崇焕的第二条原则："以辽土养辽人。"

和当年的李成梁一样，袁崇焕很明白，要人卖命，就要给人好处。在这一点上，他毫不含糊，只要打仗就给军饷，此外还分地，打回来的地都能分，反正是抢来的，也没谁去管，爱怎么分怎么分。更有甚者，据说每次打仗抢回来的战利品，他都敢分，没给朝廷报账。

这么一算就明白了。拼死打仗，往光明了说，是保卫家园，保卫大明江山，往黑了说，打仗有工资拿，有土地分，还能分战利品。

国仇家恨外加工资外快，要不拼命，实在没有天理。

因此每次打仗的时候，关宁铁骑都格外激动。所谓保家卫国，对他们而言，绝不是一个空洞的口号，因为踩在脚底下的那块土，没准儿就是他自己的家和地（地契为证）。

所以这场战斗的结局也就不难预料了。关宁铁骑如同疯子一般冲入后金骑兵队，大砍大杀，时不时还射两枪，威慑力极大，后金军损失惨重，只能收缩等待后续部队。

而与此同时，城头的大炮开始怒吼，伴随着后金军后队的惨叫声，宣告着一个残酷的事实：他们的攻击已经失败。

皇太极并没有气馁，死人嘛，很正常的事情，死光拉倒，把城攻下来就行。

在他的指挥下，后金军略加整顿，向宁远城发起更猛烈的进攻。

战斗持续到中午，在关宁铁骑的强大冲击力下，后金军损失极大，却依然没有退却。

然而就在此时，皇太极得知了一个让他震惊的消息。

◆ 锦州出事了

自五月十三日进攻开始，就一直待在城里不露头的赵率教终于出现了。他没有出来喊话，而是带着一群人，冲进了锦州城边的后金大营，一阵乱砍乱杀之后，又冲了出来，回到了城中。

宁远古城

这招实在太狠，城下的后金军做梦都想不到，城里这帮人竟然还敢冲出来。以至于人家砍完、杀完、跑完了，看着眼前的尸体，还以为是在做梦。

当赵率教看见城下的后金军绕开锦州，前往宁远那一刻起，他就知道，战役的结局已经注定。

宁远的骑兵和大炮，将彻底打碎皇太极的梦想，这是毫无疑问的。而对城下的这些留守人员，是可以趁机打几下的，当然，要等他们的主力走远点。

这次进攻导致后金军伤亡近五百人，更重要的是，它让皇太极认识到，锦州不是安全的后方，那个死不出头的赵率教可能随时出头，将自己置于死地。

他打算放弃了，但按照以往的习惯，临走前，他还要再试一把。

后金军对宁远发动了最猛烈、也是最后一次进攻，凭借着坚强的意志，尽管未能攻破关宁铁骑，部分后金军依然冲到了宁远城边。

然后，他们看到了一道沟，很深的沟。

挖这条沟的，是袁崇焕手下的一支特殊部队——车营。

车营，是为应对后金的骑兵冲击组建的战斗团体，由步兵和战车组成，作战时推出战车，挖掘战壕，阻挡骑兵冲击，并使用火枪和弓箭反击。攻击说不上，防守是没问题的。

没戏了，毕竟马不是坦克，开不过去，在被赶过来的关宁铁骑一顿猛打后，后金军彻底放弃，退出了战斗。

五月二十九日，皇太极离开宁远，向锦州撤退。

宁远之战，明军方面，出城迎战的满桂身中数箭（没死），他和将领尤世威的坐骑被射死。

但在后金方面，死的就不只是马了，其伤亡极为惨重：贝勒济尔哈朗重伤，大贝勒代善的两个儿子萨哈廉和瓦克达重伤，将领觉罗拜山、备御巴希战死，仅仅一天，后金损失高达四千余人。

皇太极走了，他原本以为能超越他的父亲，攻克这座不起眼的城市，然而事实是，上一次，他爹还在墙上刨了几个洞，这一次，他连城墙都没摸着。

回去吧，皇太极同志，宁远是无法攻克的，回家消停几年再来。

◆ 偏不消停

皇太极并不较真儿，但这次例外，因为他刚刚上任，面子实在是丢大了，没点业绩，将来如何服众呢？

所以在回家的路上，他又有了一个想法，攻击锦州。

这是一个将大败变成惨败的想法。

五月三十日，皇太极到达锦州，再次合围。

他整肃队伍，派出骑兵，击鼓、鸣号、呐喊示威，可就是不打。

非但不打，他还把大营设在离城五里外的地方。五里，是明军大炮的最远射程。

就这样，白天派人去城边吼，晚上躲在营帐发抖，一连五天，天天如此。

六月四日，皇太极决定，发动进攻。

进攻的重点是锦州南城，后金军动用大量云梯，冒死攻城。

接下来的事情我不大想讲了，因为皇太极是个很烦人的家伙，啥新意儿都没有。攻城的程序，从他爹开始，一直到他，这么多年，都没什么长进，后金军一批批上，一批批死，又一批批火化，毫无进展。

赵率教这边也差不多，他虽然进攻不大行，打防守还是不成问题的。守着城池，用大炮，看准人多的地方就轰，按照程序操作，十分轻松。

而且趁着后金军撤走的这几天，赵率教还在城边修了几条壕沟，以保证后金军在进攻时，能在这里停上一会儿，为大炮提供固定的打击地点。

战斗继续着。确切地说，不是战斗，而是屠杀。

后金军根本没法靠近城墙，每到沟边，就有定点爆破，不是被轰上天，就是被打下沟，尸横遍野。不过客观地讲，赵率教挖这几条沟也方便了后金军，人打死就直接进了沟，管杀，也管埋。

就这样，高效率的定点爆破进行了半日，后金军伤亡极大，按赵率教的报告，打死不下三千，打伤不计其数。

明军的伤亡人数不明，但很有可能是零。因为在整个战斗中，后金军最远才到壕沟（包括沟里），以弓箭的射程，要打死城头明军，似乎可能性不大。

打仗也是要计算成本的，这次战役，皇太极带上了全部家当，而他的全部家当，也就七万多人，按一天损失三千人的打法，他还能打二十多天。

这生意不能再做了。

六月五日，皇太极撤军，算是彻底撤了。

第二天，他率军路过大凌河城，此处空无一人，于是皇太极下令——拆了。

泄愤需要，可以理解。

战役至此结束，五月十一日至六月五日，在长达二十余天的时间中，后金与大明在锦州、宁远一线展开大战，最终以后金惨败告终，史称“宁锦大捷”。

在这场战役中，后金军伤亡极大，据保守估计，应该在一万人左右，多名牛录战死，部队退回沈阳。

该结果充分说明，明朝只要自己不折腾自己，后金是没戏的。

六月六日，就在皇太极撤退的第二天，袁崇焕向朝廷报捷：

“十年来尽天下之兵，未尝敢与奴战，合马交锋，今始一刀一枪拼命，不知有夷之凶狠剽悍……诸军愤恨此贼，一战挫之。”

天启皇帝回应：

“十年之积弱，今日一旦挫其狂锋！”

皇帝很高兴，大臣很高兴，整个朝廷，包括魏忠贤在内，都很高兴。

现在是天启七年六月，很明显，形势还是一片大好。

天启七年七月初一，兵部侍郎、辽东巡抚袁崇焕提出，身体有病，辞职。

一般说来，辞职的原因只有一个：如果不辞职，会遇到比辞职更倒霉的事。

袁崇焕的情况更复杂一点，首先是有人告他，且告得比较狠。

宁锦大捷后几天，御史李应荐上疏，弹劾袁崇焕，说他在战役中，不援助锦州，是作战不积极的表现，还用了个专用名词——暮气。

“暮气”大致就是晚上的气，跟没气也差不了多少。用这个词损人，足见中华文化之博大精深。

如果你觉得这个弹劾太扯淡，那说明你还没见过世面。明代的言官，从没有想不到的，也没有做不到的，只有想不想做的，啥理由都能找，啥人物都敢碰，相比以往的张居正、李如松等，袁崇焕只是小儿科。

此外，不服气应该也是他辞职的原因之一。

宁锦大战后，论功行赏，最大的功劳自然是魏忠贤的，头功，其次是监军太监，再其次是太监（什么都没干的），再再其次是阉党大臣，如顾秉谦、崔呈秀，等等。再再再其次，是魏忠贤的从孙（时年四岁，学龄前儿童），封侯爵。

袁崇焕的奖励是：升一级，赏银三十两。

如果是个老实人，也就罢了，但以袁崇焕的性格，要让他服气，那是个梦想。

而最重要、也最关键的原因在于，再干下去，就没意思了。

说到底，要想干出点成绩，自己努力是不够的，还得有人罩着，按此标准，袁崇焕只能算个体户。

许多书上说，袁崇焕之所以离职，是因为他是东林党，所以阉党容不下他，把他赶走了。

这个说法有部分不是胡扯，也就是说，有部分是胡扯。袁崇焕虽然职务不低，但在东林党里，实在是个不起眼的角色，也没什么影响力，既不是首犯，也不算从犯。你要明白，阉党也是人，事情也多，也没工夫见人就灭，像袁崇焕这类人物，睁只眼闭只眼就过了。

但干不下去也是实情，袁崇焕的档案实在太黑。比如，他中进士时，录取他的

参考消息 **魏公公的好人好事**

辽东战事吃紧，急需马匹支持。作为一名“忧国忧民”的杰出太监，魏忠贤感觉责无旁贷。按照宫中旧例，太监中有点资历的，皇帝可以加恩，赏赐他们在宫中骑马的特权。不过作为代价，逢年过节就得向皇帝进献好马一匹。于是魏公公一不小心就露出了自己的无赖本色：他代表皇帝，一次赏了几百名太监在宫中骑马的特权，然后，还是他代表皇上，不断地降旨要求献马。这帮“被加恩”的太监恨得牙根痒痒，就用老弱病残的马匹充数。等这些马被送到辽东后，有不少没过几天就见上帝了，将士们为此吃了好一阵子马肉。

人是韩爌（东林党大学士），提拔他的人是侯恂（东林党御史），培养他的人是孙承宗（模范东林党），如此背景，没抓起来就算是奇迹了。虽说他本人比较乖巧，但要魏公公买他的账，也不太现实。

基于以上原因，他提出辞职，基于同样原因，他的辞职被批准。

死了上万人，折腾几十天，连块砖头都没挖到的皇太极永远不会想到，袁崇焕就这么失败了，败在一个连大字都不识的人妖手里。

◆ 妖风

魏忠贤已经是名副其实的人妖了，不是人，而是妖。

解决了东林党，没有敌人了，就开始四处闹腾刮妖风了。

最先刮出来的，是那个妇孺皆知的称号——九千岁。但事实上，这只是个简称，全称是“九千九百岁爷爷”。

阉党的龟孙们尽力了，由于天生缺少部件和职位的稀缺性，魏人妖当不上万岁，所以只能九千九百岁了。从数学的角度讲，应该算无限接近。

除称号外，魏公公丝毫不放松对自己的要求，还有个很牛的官衔，就不列出来了，因为我算了一下，总计两百多字，全部写出来比较累。

光有称号和官衔是不够的，人也得实在点，吃穿住行，还得买房子。

简单点说，除了不穿龙袍，魏公公的待遇和皇帝基本是一样的。至于房子，魏公公也不怎么挑，只是比较执著——看中了就要。

而且他还有个不好的习惯：只要，不怎么买。

比如参政米万钟，在北京郊区有套房子（园林别墅），魏忠贤看中了，象征性地出了个价，要买。米万钟不卖。

魏忠贤同意了，然后，他免了米万钟的官职，直接占了他的房子，一分钱都没花。

在强买强卖这个问题上，魏忠贤是讲究平等的，无论平民百姓还是皇亲国戚，全都一视同仁。如某位权贵有座大院子，魏忠贤想要，人家没给，魏忠贤随即编了个罪名，把他绕了进去，还打了几十棍。

除了自己住的地方外，魏忠贤也没忘了家乡。他的老家河北肃宁，一向很穷，以出太监闻名，现在终于也露了脸。为了让肃宁人民时刻感受到魏公公的光辉，他专门拨款（朝廷出），重新整修了肃宁城。一个小县城，挖了几条护城河，还修了三十座敌楼，十二栋城楼，大炮就安了上百门，实在够夸张。

问题在于，魏公公不忘家乡，却忘了老乡，肃宁的穷光蛋们还是穷光蛋，除了隔三差五被拉去砌墙，生活质量没啥改善。

肃宁是个县城，且战略地位极其不重要，修得跟碉堡似的。这么穷的地方，请人来抢人家都未必来，搞得南来北往的强盗们哭笑不得。

搞笑的是，十几年后，后金军入侵河北，经过这里，本来没打算抢肃宁，但这城墙修得实在太好，忍不住好奇心，就攻了一下，想打进去看看里面有多少钱。而更搞笑的是，肃宁太过坚固，任他们死攻活攻，竟然没能够攻进去（进了也白进）。

这件事告诉我们，一个人，即使是魏公公这样的人，如果下定决心要做点事，也是可以做成的。

吃喝不愁了，有房子了，光宗耀祖了，官位称号都有了，还缺吗？

还缺。

自古以来，人类追求的东西不外乎以下几种：金钱、权力、地位，这些魏忠贤全都有了。

但最重要的那件东西，他并没有得到。

那是无数帝王将相梦寐以求，却终究梦断的奢望——入圣。

参考消息 **祥瑞出没请注意**

魏忠贤想当圣人，这并不丢人，毕竟这是一个很崇高的理想。但奇怪的是，貌似很多禽兽也很欣赏他的追求。于是在他当政期间，很多标志着圣人降临的“祥瑞”跟约好了似地扎堆出现：先是山东有一头牛下了个犊子，遍身麟甲，一看居然是麒麟！接着，有人在河南禹州的大隗山中见到一只大鸟，浑身绿毛，头上还有一撮竖毛，随即便有无数鸟群相随，没错，这就是传说中的百鸟朝凤……随着祥瑞越来越多，魏忠贤头上的光环越来越大，他逐渐超越了圣人，成了一位天仙，因为当时有传说他是天上的蟒蛇精下凡变来的。

魏忠贤的“圣贤”路

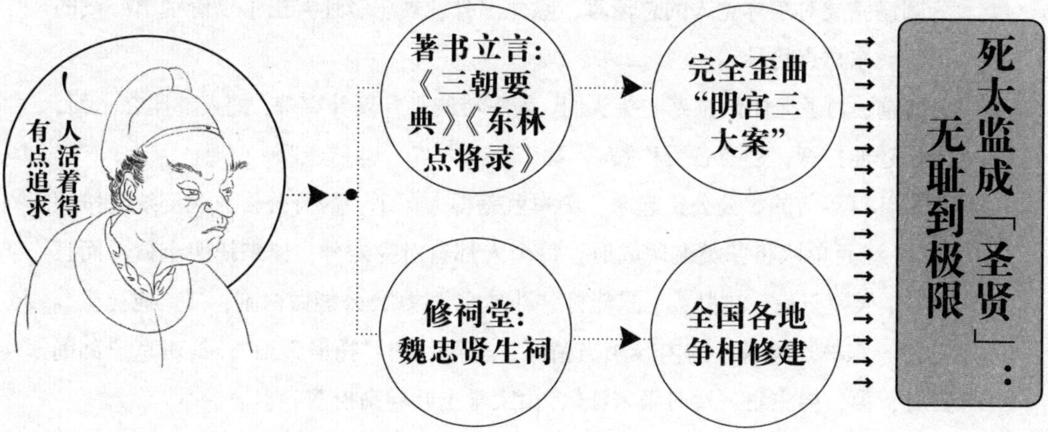

成为圣贤，成为像老子、孔子、孟子一样的人，为万民景仰，为青史称颂！

问题是，魏公公不识字，也写不出《论语》《道德经》之类的玩意儿。现在还镇得住，再过个几十年就没辙了。

为保证长治久安，数百年如一日地当圣人，魏忠贤干了这样几件事：

第一件是修书。虽然他不识字，但他的龟孙还是比较在行的，经过仔细钻研，一本专著随即出版发行，名为《三朝要典》。

这是一本很有趣的书，在这本书里，讲了三个故事。

第一个故事叫“梃击”，讲述疯子张差误闯宫廷，被王之寀诱供，以达到东林党不可告人的目的。

第二个故事叫“红丸”，说的是明光宗体弱多病，服用营养品“红丸”，后因体弱死去，无辜的医生李可灼被诬陷。

第三个故事叫“移宫”，是最让人气愤的。一群以杨涟为首的东林党恶霸，趁皇帝死去，闯入宫中，欺负弱小，赶走了善良的寡妇李选侍。

为弘扬正义，澄清事实，特作本书，由于瞎编时间短，作者水平有限，如有错漏之处，敬请指正。

从这本书里，我看到了愤怒，很多人的愤怒。浙党、楚党、方从哲，以及所有政治斗争的失败者，还有那个拉住轿子，被杨涟呵斥的小人物李进忠。

为圆满完成对东林党人的总清算，除此书外，魏忠贤还弄出了一份别出心裁的名单——《东林点将录》。

几年前，为了抓住伊拉克的头头们，美军特制了一副扑克牌，把人都印在上面，抓人之余还能打牌，创意备受称赞。

但和几百年前的魏公公比起来，美军就差得太远了。魏公公将敌人们统统按照《水浒传》一百单八将归类编印成册，每个人都有对应外号，读来朗朗上口。而且按牌数算，美军只有一副扑克，只能打“斗地主”，魏公公能做两副，打“拖拉机”。

这份《东林点将录》的内容相当精彩，排第一的“托塔天王”，是南京户部尚书李三才；第二男主角“及时雨宋江”，由大学士叶向高扮演。

戏中其余主角，以排名为序，不分姓氏笔画：

玉麒麟卢俊义——吏部尚书赵南星饰演。

入云龙公孙胜——左都御史高攀龙饰演。

智多星吴用——左谕德缪昌期饰演。

鉴于以下一百余人中没有路人甲、宋兵乙之流，全部有名有姓有外号有官职，篇幅太长，故省略。

值得一提的是，在之前斗争中给魏人妖留下深刻印象的杨涟和左光斗，都得到了重要的角色，其中杨涟扮演的是大刀关胜，而左光斗是豹子头林冲。

当然了，创意并不是魏公公首创的，灵感爆发的撰写者是王绍徽，时任吏部尚书。这位王尚书并非等闲之辈，据说他虽然唯命是从、毫无道德、人品低劣，但相当女性化，长相柔美，还特别喜欢给人起外号。所以江湖上的朋友给他也取了个响亮的外号——王媳妇。

王媳妇向来尊重长辈，特别是对魏公公。他知道自己的公公不识字，写得太复杂看不懂，但《水浒传》还是听过的，所以想了这么个招。

魏公公很高兴，因为他终于看到了一本自己能够看懂的书，兴奋之余，他跑去找皇帝，展示这个文化成果。

可是当皇帝拿到这份《东林点将录》的时候，却问出了一个足以让魏公公跳河的问题：

“什么是《水浒传》？”

魏公公热泪盈眶了，他终于遇到了知音：在这世上，要找到一个文化程度比他还低的人，实在是太不容易了。

本着扫除文盲的决心和责任，魏文盲对朱文盲详细解说了《水浒传》的意义和内容。

皇帝满意了，他翻开首页，看到了托塔天王李三才，随即问了第二个让魏公公崩溃的问题：

“谁是托塔天王？”

如此朋友实在难寻，有生以来，魏公公第一次有机会展示自己的学问。他马上将自己听来的托塔天王晁盖的故事和盘托出，从生平、入行当强盗、智取生辰纲、梁山结义等，娓娓道来。

然而，他还没有讲完，皇帝大人就用一声大喝打断了他：

“好！托塔天王，有勇有谋！”

讲坏话竟然讲出这个效果，那一刻，魏忠贤觉得自己的人生非常失败。

他闭上了嘴，收回了这本书，再也没有提过。至于他回去后有没有找王媳妇算账，就不知道了。

除著书立言外，魏公公成为圣贤的另一个标志，是修祠堂。

所谓祠堂，是用来祭奠祖先的，换句话说，供在里面的都是死人，而魏公公是唯一一个供在里面，却还活着的人。

参考消息　作为偶像的魏公公

既然是祠堂，就得摆尊塑像。魏忠贤的塑像，有个专有名词叫“喜容”，十分讲究。雕塑所用的木料，一般都是上好的沉香木；雕塑的头上，常常戴的是皇帝的冕旒，有的甚至还要在发髻上钻上空洞，用来簪四时的鲜花；至于五官，则要求眼、耳、口、鼻能像活人一样活动；为了不让魏公公空着肚子，有些地方还会用金银珠宝做成心肝五脏装进去。塑像两旁，还要挂上楹联碑刻当做注解，一般都是“尧天舜德”“至圣至神”之类的高度评价。天津的生祠落成后，督饷尚书黄运泰、保定巡抚张凤翼等率手下文武官员恭迎于郊外，五拜三叩，真比死了亲爹都隆重。

修祠堂这个事，是浙江巡抚潘汝桢先弄出来的，为表尊重，他把魏公公的祠堂修在西湖边上，住在旁边的也是位名人——岳飞（岳庙）。

这个由头一出来，就不得了了，全国各地只要有点钱的，就修祠堂，据说袁崇焕同志也干过这活。

为显示对魏公公的尊重，祠堂选址还专挑黄金地段，比如凤阳的祠堂，就修在朱元璋祖宗皇陵的旁边，南京的祠堂，竟然修在了朱元璋的坟头，重八兄在天有灵，知道一个死太监竟敢跟自己抢地盘，说不定会把棺材啃穿。

但最猛的还是江西。江西巡抚杨邦宪要修祠堂，唯恐地段不好，竟然把朱圣贤（朱熹）的祠堂给砸了，然后在遗址上重建，以表明不破不立的决心。

书写完了，祠堂修了，魏人妖当圣人的日子不远了，各种妖魔鬼怪就跳出来了。

最能闹腾的，是国子监监生陆万龄，他公然提出，要在国子监里给魏忠贤修祠堂。他还说，当年孔子写了《春秋》，现在魏公公写了《三朝要典》，孔子是圣贤，所以魏公公也应该是圣贤。

无耻的人读过书后，往往会变得更加无耻。

由于这个人的恶心程度超越了人类的极限，搞得跟魏忠贤关系不错的一位国子监司业（副校长）也受不了了，表示无法忍受，辞职走人。

面对如此光辉的荣誉，魏忠贤的内心没有一丝不安，他很高兴，也希望大家都高兴。

但这实在有点难，因为他并不是圣贤，而是死太监，是无恶不作、无耻至极的死太监。要想普天同庆，万民敬仰，只能到梦里忽悠自己了。

捧他的人越多，骂他的人也就越多，朝廷不给骂，就在民间骂，传到魏公公耳朵里，魏公公很不高兴。

可是国家这么大，人这么多，背后骂你两句，你又能如何？

魏公公说，我能。

他自信的来源，就是特务。

作为东厂提督太监，魏忠贤对阴人一向很有心得，在他的领导下，东厂特务遍布全国，四下刺探。

比如在江西，有一个人到书店买书，看到《三朝要典》，拿起来看，觉得不爽，就说了两句。

结果旁边一人突然爆起，跑过来揪住他，说自己是特务，要把他抓走。好在那人地头熟，找朋友说了几句话，又送了点钱，总算没出事。

这个故事虽然以悲剧开头，好歹以喜剧结尾。下一个故事既不是悲剧，也不是喜剧，而是恐怖电影。

这个故事是我十多年前读古书时看到的，一直到今天，都没能忘记。

故事发生在一个深夜，四周无人，四个人在密室（或是地下室）交谈，大家兴致很高，边喝边谈，慢慢地，有一个人喝多了。

借酒壮胆，这位胆大的仁兄就开始骂魏忠贤，越骂越起劲儿，然而奇怪的是，旁边的三个人竟然沉默了，一言不发，在密室里，静静地听着他开骂。

突然，门被人踢破了，几个人在夜色中冲了进来，把那位骂人的兄弟抓走，却没有为难那三个旁听者（请注意这句话）。

这意味着，在那天夜里，这几人的门外，有人在耐心地倾听着里面的声音。

他们不但听清了屋内的谈话，还分清了每个发言的人，以及每个人说话的内容。

这倒没什么，当年朱重八也干过这种事。

但最为可怕的是，这几个人，只是小人物，不是大臣，不是权贵，只是小人物。

深夜里，趴在不知名的小人物家门口，认真仔细地听着每一句话，随时准备破门而入。

周厉王的时候，但凡说他坏话的，都要被干掉，所以人们在路上遇到，只能使个眼色，不敢说话，时人称为暴政。

然而，魏公公说，在家说我坏话，就以为我不知道吗？幼稚。

周厉王实行政策后没几年，百姓渐渐不满，没过几年，他就被赶到山里去了。

魏公公搞了几年，什么事都没有。

严嵩在的时候，严党不可一世，也拿徐阶没办法。张居正在的时候，内有冯保，外有爪牙，依然有言官跟他捣乱。魏公公当政时期，这个世界很清净。

因为他搞定了所有人，包括皇帝在内。

除了皇帝，他可以干掉任何人。

包括皇帝的儿子和老婆。

事实上，他也搞到了皇帝的头上。

对于天启皇帝，魏忠贤是很有好感的，这人文化程度比他还低，干活比他还懒，业务比他还差，如此难得的废柴，到哪里去找？

所以魏忠贤认定，在自己的这块自留地上，只能有这根废柴，任何敢于长出来的野草，都必须被连根铲除。

所谓野草，就是皇帝的儿子。

天启皇帝虽然素质差点，但生儿子还是有两把刷子的，到天启六年，他已经先后生了三个儿子。

一个都没有活下来。

天启三年十月，皇后生下一子，早产，夭折。

十余天后，慧妃生下第二子，母子平安，皇帝大喜，大赦天下，九个月后，夭折。

天启五年十月，容妃生子，八个月后，夭折。

我相信，明代皇宫坐月子的水平就算比不上今天，也差不到哪儿去。搞出这么个百分之百死亡率，要归功于魏忠贤同志的艰苦努力。

比如第一个皇子，由于是皇后生的，大肚子时直接下手似乎有点麻烦，但要等她生下来，估计更麻烦。经过反复思考后，魏忠贤使用了一个独特的方法，除掉这个孩子。

我确信，该方法的专利不属于魏忠贤（多半是客氏），因为只有女人，才能想出如此专业、如此匪夷所思的解决方案。

按某些史料的说法，事情是这样的：皇后腰痛，要找人治，魏公公随即体贴地推荐了一个人帮她按摩。这个人在按摩时使用了一种奇特的手法，伤了胎儿，并直接导致皇后早产，是名副其实的无痛“人”流。

如此杀人不见血之神功，实在让人叹为观止，如果这一招数流传下来，无数药厂、医院估计就要关门大吉了。

这件事情虽然“流”得相当利索，但传得相当快。没过多久，宫廷内外都知道了，以至于杨涟在写那封魏忠贤二十四大罪时，把这条也列了进去。

但皇帝不知道，估计就算知道，也不信。

此后，皇帝大人的两个儿子，虽然平安出生，但几个月后就都去见列祖列宗了。

木匠皇帝的子女们

排序	称号	生母	存活情况
长子朱慈燃	怀冲太子	皇后	早夭
次子朱慈焴	悼怀太子	慧妃	早夭
三子朱慈炅	献怀太子	容妃	早夭
长女朱淑娥	永宁公主	慧妃	早夭
次女朱淑嫫	怀宁公主	成妃	早夭

可惜，关于这两起死亡事件，没有证据显示跟魏公公有关，充其量他只是嫌疑犯。问题在于，他是唯一的嫌疑犯，所以只能委屈他。反正他身上的烂账多了去了，也不在乎这一件。

除了皇帝的儿子外，皇帝的老婆也没能保住。

比如裕妃，原本很受皇帝宠信，但由于怀了孕，魏忠贤就决定整整她，联合客氏，把她发配到冷宫。

更恶劣的是，他还调走了裕妃身边的宫女，让她单独在宫里进行生存训练，连水都没给，最后终于死于饥渴。

此外，慧妃、容妃，甚至皇后，只要是得皇帝宠幸的、能生儿子的，全部都挨过整。

魏忠贤的努力，最终换来了胜利的成果：登基六年的天启皇帝，虽然竭尽全力，身心健康，依然毫无收获。

魏忠贤的动机很简单：他并不想当皇帝，只是害怕生出了太子，长大后比当爹的聪明，不受自己控制，就不好混了。

这个算盘没有打错，毕竟皇帝大人才二十二岁，还有很多时间，先享个十几年的福，再让他生儿子也不迟。

更何况从大臣到太监，一切都在他的控制之中，即使新皇帝即位，也是自己说了算，世间已没有敌人了。

天启六年，情况大抵如此。

但事实上，这两个假设都是错误的。首先，皇帝大人今年确实只有二十二岁，不过历史记载，他临终时，也只有二十三岁。

其次，魏公公是有敌人的，和以往不同的是，这个敌人虽不起眼，却将置他于死地。

我知道，所有的场景，荒唐的、奇异的、不可理解的，都在上天的眼里。六年前，它送来了一个女人，把魏忠贤送上了至高无上的宝座，创造了传奇。

现在，它决定终结这个传奇，把那个当年的无赖打回原形。而承担这个任务的，也是一个女人。

这个女人叫张嫣。

就在六年前，当客氏和魏忠贤打得火热，太监事业蒸蒸日上的时候，十五岁的张嫣进入了皇宫。

作为河南选送的后妃人选，她受到了皇帝的召见。

面试结果十分之好，张嫣年纪很小，却很漂亮，皇帝很喜欢，并记下了她的名字。

而当客氏见到她时，却感受到了一种极致的惊恐。她的直觉告诉她，她所苦心经营的一切，都将毁在这个女孩的手上。

于是她向皇帝哭诉，执意反对，要把这个小女孩送回去。

一贯对她言听计从的皇帝，第一次违背了奶妈的意愿，无论客氏怎样哭天抢地，都置若罔闻。

非但如此，十几天后，他竟然把这个女孩封了皇后，史称懿安皇后。

客氏是个相当精明的人，她认为，这个女孩太过漂亮，会影响她在皇帝心中的地位。但是她错了。

这个女孩不但漂亮，而且精明，她不但抢走了皇帝的宠幸，还将夺走客氏的一切。

虽然张皇后才十五岁，但她的心智年龄应该是五十多岁。自打入宫起，就开始跟客氏干仗，且丝毫无惧，时常还把魏公公拉进宫来骂几句，完全不把魏大人当外人，九千岁恨得咬牙切齿，却也没办法。

到天启三年，张皇后怀孕了，客氏无计可施，让人按摩时做了人工流产。

这件事情让客氏高兴了很久，然而，她想不到的是，短暂的得意换来的，将是永远的毁灭。

在失去孩子的那一天，张皇后就发誓，客氏和魏忠贤将为此付出惨重的代价。

双方矛盾开始激化，仅由一本书开始。

此后不久的一天，皇帝来到了张皇后的寝宫，发现她正在看书，于是发问:

“你在看什么书？”

“《赵高传》。”

皇后这样回答。

皇帝没有说话，他虽然不知道托塔天王，却知道赵高。

很快，魏忠贤就知道了这件事，他十分愤怒，决定反击。

第二天，皇帝在宫里闲逛的时候，意外发现了几个素未谋面的生人，大惊失色，立刻召集侍卫，经过搜查，这些人的身上都带有武器。

此事非同小可，相关嫌疑人立即被送往东厂，进行严密审查。

这是魏忠贤的诡计。他在宫中埋伏士兵，伪装成刺客，故意被皇帝发现，而这些刺客必定会被送到东厂审问。在东厂里，刺客们一定会坦白从宽，说出指使人，想坑谁，就坑谁。

魏忠贤想坑的人，叫做张国纪——张皇后的父亲。

这是一条相当毒辣的计策，泰山也好，岳父也罢，扯上这个罪名，上火星也跑不掉。

然而，就在他准备实施这个计划时，一个人出面阻止了他。

这个人表示，即使死，他也绝不同意这种诬陷行为。

不过这位仁兄并不是什么善人，他就是魏忠贤的忠实走狗，司礼监掌印太监王体乾。

他只用一句话，就说服了魏忠贤:

“皇上凡事都不怎么管，但对兄弟、老婆是很好的，你要是告状，有个三长两短，

张皇后

？—1644
祥符（今河南开封）人

原名
|
张嫣

身份
|
明熹宗天启帝朱由校的皇后

特点
|
聪慧、明理、严正，有皇后风范

遭遇
|
怀孕以后被魏忠贤和客氏陷害致流产，一生再未生育

成就
|
揭穿魏忠贤阴谋，促成崇祯登基

称号
|
懿安皇后，一代国母，中国古代五大艳后之一

我们就没命了！”

魏忠贤到底是老江湖，立刻打消主意，为了信息安全，他干掉了那几个被安排扮演刺客的兄弟。

皇后是干不倒了，那就一心一意跟着皇帝混吧。

可是皇帝已经混不下去了。

天启七年八月，天启皇帝病危。

病危，自然不是勤于政务，估计是做木匠太过操劳，也算是倒在了工作岗位上。

魏忠贤很伤心，真的很伤心，他很明白，如果皇帝大人就此挂掉，以后就难办了。

拜自己所赐，皇帝的几个儿子都被干掉了，所以垂帘听政、欺负小孩之类的把戏没法玩了，而唯一的皇位继承者，将是天启皇帝的弟弟。

明光宗虽然只当了一个月皇帝，但生儿子的能力却相当了得，足足有七个。

不过很可惜，七个儿子活到现在的，只剩两个，一个是天启皇帝朱由校。

而另一个，是信王朱由检，当时十七岁，他后来的称呼，叫做崇祯。

对于朱由检，魏忠贤并不了解。但他明白，十七岁的人，如果不是天启这样的极品，要想控制，难度是很大的。

废柴难得，所以当务之急，必须保住皇帝的命。

他随即公告天下，为皇帝寻找名医偏方。兵部尚书霍维华不负众望，仅用了几天，就找到了一个药方。

他说，用此药方，有起死回生之效。

参考消息 **失算的老大爷**

魏忠贤一心想搞掉张国纪，进而动摇皇后的地位，好将自己的侄孙女立为皇后。于是他便想招募枪手上疏攻击张国纪，挑起事端。但众阉党害怕引火烧身，纷纷避让。有个叫刘志选的老头，一生官运不佳，他觉得自己年逾古稀，肯定死在魏忠贤前面，此生应该不会遭报应，于是就想碰碰运气，赌上一把。于是他主动请缨，上疏弹劾张国纪，并污蔑皇后不是其亲生，最终迫使张国纪回家养老。作为回报，刘志选很快被提拔为右佥都御使。不想没过几个月，魏忠贤居然垮台了！刘大爷为自己的政治投机付出了惨痛的代价，被钦定为死罪，自缢而亡。

天启皇帝的兄弟们

出于好奇，我找到了这个药方。

药名：仙方灵露饮。配方如下：

优良小米少许，加入木筒蒸煮，木筒底部镂空，安放银瓶一个，边煮边加水，煮好的米汁流入银瓶，煮到一定时间，换新米再煮，直到银瓶满了为止。

银瓶中的液体，就是灵露，据说有长寿之功效。

事实证明，灵露确实是有效果的，天启皇帝服用后，感觉很好。连吃几天后，却又不吃了——病情加重，吃不下去了。

其实对此药物，我也有所了解，按以上配方及制作方法，该灵露还有个更为通俗的称呼——米汤。

用米汤去抢救一个生命垂危、即将歇菜的人，这充分反映了魏公公大无畏的人道主义精神。

真是蠢到家了。

皇帝大人喝下了米汤，然后依然头都不回地朝黄泉路上一路狂奔，拉都拉不住。

痛定思痛，魏忠贤决定放弃自己的医学事业，转向专业行当——阴谋。

当皇帝将死未死之时，他找到了第一号心腹崔呈秀，问道：大事可行否？

狡猾透顶的崔呈秀自然知道是什么大事，于是他立刻作出了反应——沉默。

魏忠贤再问，崔呈秀再沉默，直到魏大人生气了，他才发了句话：我怕有人闹事。

直到现在，魏忠贤才明白，自己收进来的，都是些胆小怕死的货，都靠不住，只能靠自己了。

他找到客氏，经过仔细商议，决定从宫外找几个孕妇进宫当宫女，等皇帝走人，就搞个狸猫换太子，说是皇帝的遗腹子，反正宫里的事是他说了算，他说是就是，不是也是。

为保万无一失，他还找到了张皇后，托人告诉她：我找好了孕妇，等到那个谁死了，就生下来直接当你的儿子，接着做皇帝，你挂个名就能当太后，不用受累。

这是文明的说法，流氓的讲法自然也有，比如宫里的事我管，你要不听话，皇帝死后怎么样就不好说了。

皇后回答：如听从你的话，必死，不听你的话，也必死，同样是死，还不如不听，死后可以见祖宗在天之灵！

说完，她就跑去找皇帝，报告此事。

按常理，这种事情，只要让皇帝知道了，魏公公是必定完蛋的。

参考消息 **不跟你玩了**

明熹宗病重，霍维华献药无效，病情反而更加严重，魏忠贤就把责任推到了他身上。霍维华感觉明熹宗怕是活不长了，一朝天子一朝臣，新皇帝即位后，很可能就要对魏忠贤进行清算，于是他便打算脱离魏忠贤，为自己留条后路。恰逢袁崇焕取得了宁锦大捷却又被罢了官，霍维华便跳出来主持正义，要将自己的赏赐推让给袁崇焕，大唱魏忠贤的反调。魏忠贤知道后，大发雷霆，下旨把他骂了个狗血淋头——霍维华心中窃喜，要的就是这个效果！不久魏忠贤倒台，霍维华作为第一个倒向阉党的绝对骨干，因为及时转身，只被流放充军了事，让人不得不佩服他的政治嗅觉。

然而，当皇后见到奄奄一息的皇帝，对他说出这件事时，皇帝陛下却只说了三个字：我知道。

魏忠贤并不怕皇后打小报告。在发出威胁之前，他就已经找到了皇帝，本着对社稷人民负责的态度，准备给皇后贡献一个儿子，以保证后继有人。

皇帝非常高兴。

这很正常，皇帝大人智商本来就不够，加上病得稀里糊涂，脑袋也就只剩一团糨糊了。

所以魏忠贤相信，自己的目的一定能够实现。

但他终究还是犯了一个错误，和当年东林党人一样的错误：低估女人。

今天的张皇后，就是当年的客氏，且有过之而无不及。

她不但有心眼儿，而且很有耐心，经过和皇帝长达几个时辰的长谈，她终于让这个人相信，传位给弟弟，才是最好的选择。

很快，住在信王府里的朱由检得到消息：皇帝要召见他。

在当时的朝廷里，朱由检这个名字的意义，就是没有意义。

朱由检，生于万历三十八年（1610），自打出生以来，一直悄无声息，和什么梃击、红丸、移宫、三党、东林党、"六君子"，统统没有关系。

他一直很低调，从不发表意见，当然，也没人征求他的意见。

但他是个明白人，至少他明白，此时此刻召他觐见，是个什么意思。

就快断气的皇帝哥哥没有丝毫客套，一见面就拉住了弟弟的手，说了这样一句话："来，吾弟当为尧舜。"

尧舜是什么人，大家应该知道。

朱由检惊呆了，像这种事，多少要开个会，大家探讨探讨，现在一点思想准备都没有，突然收这么大一份礼，怎么好意思呢？

而且他一贯知道，自己的这位哥哥比较迟钝，没准儿是魏忠贤设的圈套，所以，他随即作出了答复：

"臣死罪！"

意思是：我不敢答应。

这一天，是天启七年八月十一日。

皇帝已经撑不了多久，他决心把自己的皇位传给眼前的这个人，但这一切，眼前的人并不知道，只知道，这可能是个圈套，非常危险，绝不能答应。

两个人陷入了沉默。

在这关键时刻，一个人从屏风后面站了出来，打破了僵局，并粉碎了魏忠贤的梦想。

张皇后对跪在地上的朱由检说，事情紧急，不可推辞。

朱由检顿时明白，这件事情是靠谱的，他马上答应了。

八月二十二日，足足玩了七年的木匠朱由校驾崩，年二十三。

就在那一天，得知噩耗的魏忠贤没有发丧，他立即封锁了消息。

参考消息　**西苑翻船事故**

天启五年五月十八日，朱由校在魏忠贤和客氏的陪同下祭祀方泽坛，完事后就兴冲冲地到西苑游玩。下午四点左右，魏忠贤跟客氏抛下皇帝，在一条大船上饮酒作乐，好不快活。而朱由校也自得其乐，在两名小太监的陪同下亲自划起一条小船，一路说说笑笑，不知不觉就到了水深处。忽然刮起大风，瞬间掀翻了小船，船上三人转眼间就沉到了水中。两岸的人顿时大惊失色，慌忙营救。魏忠贤一着急，也纵身跃入水中，无奈离得太远，最后还是管事太监谈敬将皇帝捞上了岸，两个小太监全都淹死了。朱由校虽然捡了一条命，但从此落下病根，身体每况愈下，最终一命呜呼。

第十三章

疑惑

○和以往许多皇帝一样 入宫后的第一个夜晚 崇祯没有睡着 他点着蜡烛 坐了整整一夜 不是因为兴奋 而是恐惧 极度的恐惧

魏忠贤的意图很明显，在彻底控制政局前，绝不能出现下一个继任者。

但就在那天，他见到了匆匆闯进宫的英国公张维迎：

“你进宫干什么？”

“皇上驾崩了，你不知道？”

“谁告诉你的？”

“皇后。”

魏忠贤确信，女人是不能得罪的。

皇帝刚刚驾崩，皇后就发布了遗诏，召集英国公张维迎入宫。

在朝廷里，唯一不怕魏忠贤的，也只有张维迎了。这位仁兄是世袭公爵，无数人来了又走了，他还在那里。

张维迎接到的第一个使命，就是迎接信王即位。

事已至此，魏忠贤明白，没法再海选了，十七岁的朱由检，好歹就是他了。

魏公公随即见风使舵，派出亲信太监前去迎接。

朱由检终于进宫了，战战兢兢地进来了。

按照以往的程序，要先读遗诏，然后是劝进三次。

所谓劝进，就是如果继任者不愿意当皇帝，必须劝他当。

之所以劝进三次，是因为继任者必须不愿当皇帝，必须劝三次，才能当。

虽然这种礼仪相当无聊，但上千年流传下来，也就图个乐吧。

和无数先辈一样，朱由检苦苦推辞了三次，才勉为其难地答应做皇帝。

接受了群臣的朝拜后，张皇后走到他的面前，在他的耳边，对他说出了诚挚的话语:

“不要吃宫里的东西（勿食宫中食）！”

这就是新皇帝上任后，听到的第一句祝词。

他会意地点了点头。

事实上，张皇后有点杞人忧天，因为皇帝大人早有准备。照某些史料的说法，他登基的时候，随身带着干粮（大饼），就藏在袖子里。

天启七年八月二十四日，朱由检举行登基大典，正式即位。

在登基前，他收到了一份文书，上面有四个拟好的年号，供他选择。

明代每个皇帝，只有一个年号，就好比开店，得取个好名字，才好往下干，所以选择时，必须谦虚谨慎。

第一个年号是兴福，朱由检说不好。第二个是咸嘉，朱由检也说不好。第三个是乾圣，朱由检还说不好。

最后一个是崇祯。

朱由检说，就这个吧。

自 1368 年第一任老板朱元璋开店以来，明朝这家公司已经开了二百五十九年，

参考消息 **比比谁低调**

登基大典当天，朱由检与魏忠贤——这两个帝国最有权势的男人（姑且认为后者是男人）之间，却相互比起了低调。首先是朱由检。由于当天事务繁多，负责大典筹备的鸿胪寺官员忙得晕头转向，于是出了漏子：各司仪官员还在闹哄哄地列队时，皇帝就已经穿着冠冕到了。但他并没有吱声，心平气和地走完了登基程序。至于魏忠贤，平时他出席重大庆典时，都要身着光鲜朝服，头戴公侯品级的“貂蝉冠”，以显示自己的尊贵身份。但这天他却换上了一身很朴素的衣服，跪在地上一个劲儿地磕头呼喊万岁，现场的气氛，微妙而又诡异。

崇祯

1610 年生人

身份

|

大明末代皇帝，明思宗朱由检

在位时间

|

十七年（1627—1644）

特点

|

自我控制极严，不好声色犬马，二十多岁头发已发白，眼角长出鱼尾纹

主要成就

|

扳倒魏忠贤

评价

|

大明最勤勉的皇帝

换过十几个店名，而崇祯，将是它最后的名字。

和以往许多皇帝一样，入宫后的第一个夜晚，崇祯没有睡着。他点着蜡烛，坐了整整一夜，不是因为兴奋，而是恐惧，极度的恐惧。

因为他很清楚，在这座宫里，所有的人都是魏忠贤的爪牙，他随时都可能被人干掉。

每个经过他身边的人，都可能是谋杀者，他不认识任何人，也不了解任何人，在空旷而阴森的宫殿里，没有任何地方是安全的。

于是那天夜里，他坐在烛火旁，想出了一个办法，度过这惊险的一夜。

他拦住了一个经过的太监，说:

“你等一等。”

太监停住了。崇祯顺手取走了对方腰间的剑，说道:

“好剑，让我看看。”

但他并没有看，而是直接放在了桌上，并当即宣布，奖赏这名太监。

太监很高兴，也很纳闷，然后，他听到了一个让他更纳闷的命令:

“召集所有的侍卫和太监，到这里来！”

当所有人来到宫中的时候，他们看到了丰盛的酒菜，并被告知，为犒劳他们的辛苦，今天晚上就待在这里，皇帝请吃饭。

人多的地方总是安全的。

第一天度过了，然后是第二天、第三天，崇祯静静地等待着，他知道，魏忠贤绝不会放过他。

但事实上，魏忠贤并不想杀掉崇祯，只想控制这个人。

而要控制他，就必须掌握他的弱点。所谓不怕你清正廉洁，就怕你没有爱好，魏忠贤相信，崇祯是人，只要是人，就有弱点。

几天后，他给皇帝送上了一份厚礼。

这份礼物是四个女人，确切地说，是四个漂亮的女人。

男人的弱点，往往是女人，这就是魏忠贤的心得。

这个理论是比较准确的，但对皇帝，就要打折扣了。毕竟皇帝大人君临天下，要什么女人都行，送给他还未必肯要。

对此，魏忠贤相当熟谙，所以他在送进女人的同时，还附送了副产品——迷魂香。

所谓迷魂香，是香料的一种，据说男人接触迷魂香后，会性欲大增，看老母牛都是双眼皮的。就此而言，魏公公是很体贴消费者的，管送还管销。

但他万万想不到，这套近乎完美的营销策略，却毫无市场效果，据内线报告，崇祯压根儿就没动过那几个女人。

因为四名女子入宫的那一天，崇祯对她们进行了仔细的搜查，找到了那颗隐藏在腰带里的药丸。

在许多的史书中，崇祯皇帝应该是这么个形象：很勤奋，很努力，就是人比较傻，死干死干往死里干，干死也白干。

这是一种为达到不可告人的目的，用心险恶的说法。

真正的崇祯，是这样的人：敏感、镇定、冷静、聪明绝顶。

其实魏忠贤对崇祯的印象很好，天启执政时，崇祯对他就很客气，见面就喊“厂公”(东厂)，称兄道弟，相当激动。魏忠贤觉得，这个人相当够意思。

经过长期观察，魏忠贤发现，崇祯是个不拘小节的人，衣冠不整，不见人，不拉帮结派，完全搞不清状况。

这样的一个人，似乎没什么可担心的。

然而，魏忠贤并不这样看。

几十年混社会的经验告诉他，越是低调的敌人，就越危险。

为证实自已的猜想，他决定使用一个方法。

天启七年九月初一，魏忠贤突然上疏，提出自己年老体弱，希望辞去东厂总督太监的职务，回家养老。

皇帝已死，靠山没了，主动辞职，这样的机会，真正的敌人是不会放过的。

就在当天，他得到了回复。

崇祯亲自召见了他，并告诉了他一个秘密。

崇祯对魏忠贤说，天启皇帝在临死前，曾对自己交代遗言：

要想江山稳固，长治久安，必须信任两个人，一个是张皇后，另一个，就是魏忠贤。

崇祯说，这句话，他从来不曾忘记过，所以，魏公公的辞呈，他决不接受。

魏忠贤非常感动，他没有想到，崇祯竟然如此坦诚，如此和善，如此靠谱。

就在那天，魏忠贤打消了图谋不轨的念头，既然这是一个听招呼的人，就没有必要撕破脸。

崇祯没有撒谎，天启确实对他说过那句话，他也确实没有忘记，只是每当他想起这句话时，都禁不住冷笑。

天启认为，崇祯是他的弟弟，一个听话的弟弟；而崇祯认为，天启是他的哥哥，一个白痴的哥哥。

虽然比天启小六岁，但从个性到智商，崇祯都要高出一截。魏忠贤是什么东西，他是很清楚的。

而他对魏公公的情感，也是很明确的——干掉这个死人妖，把他千刀万剐、掘坟刨尸！

每当看到这个不知羞耻的太监耀武扬威、鱼肉天下的时候，他就会产生极度的厌恶感。没有治国的能力，没有艰辛的努力，却占据了权位，以及无上的荣耀。

一切应该恢复正常了。

他不过是皇帝的一条狗，有皇帝罩着，谁也动不了他。

现在皇帝换人了，没人再管这条狗，却依然动不了他。

因为这条狗，已经变成了狼。

崇祯很精明，他知道眼前的这个敌人有多么强大。

崇祯、天启、张皇后、魏忠贤四人的关联

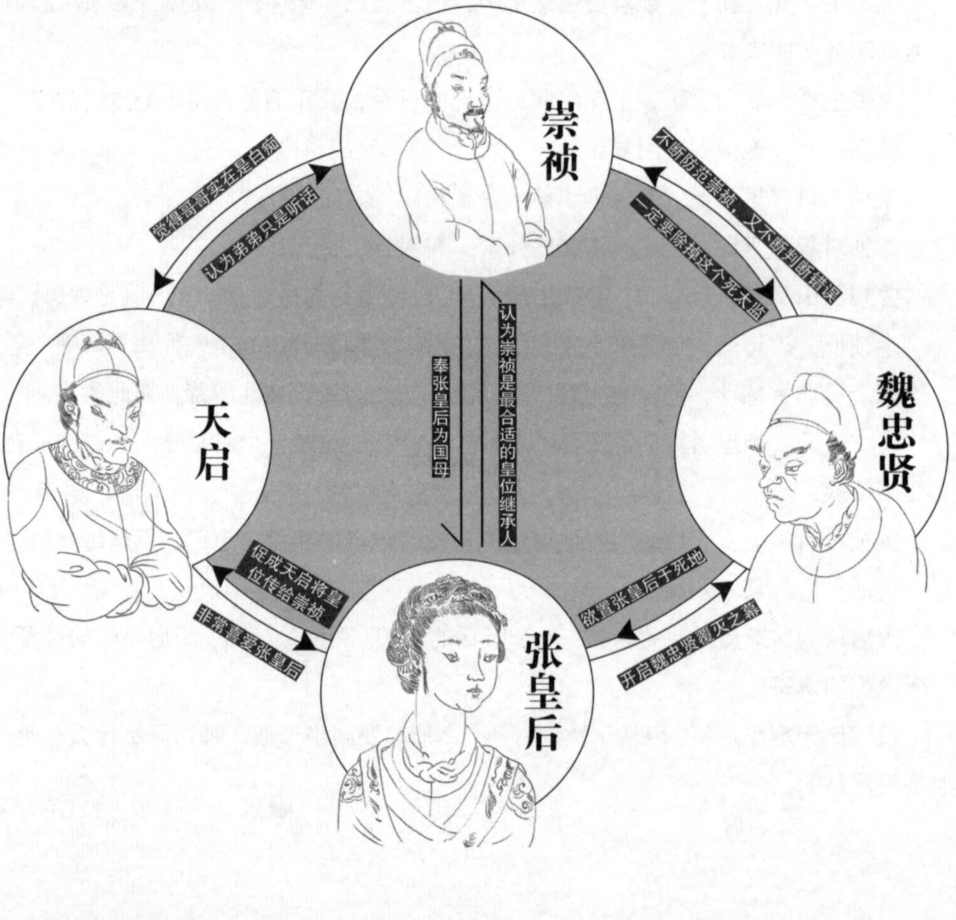

除自己外，他搞定了朝廷里所有的人，从大臣到侍卫，都是他的爪牙。身边没有盟友，没有亲信，没有人可以信任，自己将独自面对狼群。

如果贸然动手，被撕成碎片的，只会是自己。

所以要对付这个人，必须有点耐心，不用着急，游戏才刚刚开始。

◆ 目标，最合适的对象

魏忠贤开始相信，崇祯是他的新朋友。

于是，天启七年九月初三，另一个人提出了辞呈。

这个人是魏忠贤的老搭档客氏。

她不能不辞职，因为她的工作是奶妈。

这份工作相当辛苦，从万历年间开始，历经三朝，从天启出生一直到结婚、生子，她都是奶妈。

现在喂奶的对象死了，想当奶妈也没辙了。

当然，她不想走，但做做样子总是要的，更何况魏姘头已经探过路了，崇祯是不会同意辞职的。

一天后，她得到了答复——同意。

这一招彻底打乱了魏忠贤的神经：既然不同意我辞职，为什么同意客氏呢？

崇祯的理由很无辜，她是先皇的奶妈，现在先皇死了，我也用不着，应该回去了吧。其实我也不好意思，前任刚死就去赶人，但这是她提出来的，我也没办法啊。

参考消息　委鬼当头坐，茄花遍地生

万历末年，魏忠贤还只是个叫做李进忠的小太监，而客氏也只是一个落魄皇子的奶妈，这两个人只能用默默无闻来形容。有天突然冒出个道士，在闹市中大唱：“委鬼当头坐，茄花遍地生。”当时的人估计看他神经有点问题，因此也都没放在心上。直到魏忠贤和客氏得势之后，人们才恍然大悟，这个道士居然是个预言家！“委鬼”正好拼成一个魏字，这不就是指魏忠贤当朝而立吗？至于后一句也不难理解，当时京津一带，“茄”字的读音跟“客”字相近，这自然是在影射客氏得宠。但此时，这个预言家道士却早不见踪影了。

于是在宫里混了二十多年的客大妈终于走到了终点，她穿着丧服离开了皇宫，走的时候还烧掉了一些东西，包括天启皇帝小时候的胎发、手脚指甲等，以示悼念。

魏忠贤身边最得力的助手走了，这引起了他极大的恐慌，他开始怀疑，崇祯是一只披着羊皮的狼，正逐渐将自己推入深渊。

还不晚，现在还有反击的机会。

但皇帝毕竟是皇帝，能不翻脸就不要翻脸，所以动手之前，必须证实这个判断。

第二天（九月初四），司礼监掌印太监王体乾提出辞职。

这是一道精心设计的题目。

客氏被赶走，还可能是误会，毕竟她没有理由留下来，又是自己提出来的。而王体乾是魏忠贤的死党，对于这点，魏忠贤知道，崇祯也知道。换句话说，如果崇祯同意，魏忠贤将彻底了解对方的真实意图。

那时，他将毫不犹豫地采取行动。

一天后，他得到了回复——拒绝。

崇祯当即婉拒了王体乾的辞职申请，表示朝廷重臣，不能够随意退休。

魏忠贤终于再次放心了，很明显，皇帝并不打算动手。

这一天是天启七年九月初七。

两个月后，十一月初七。地点：北直隶河间府阜城县。

那天深夜，在那间阴森的小屋里，魏忠贤独自躺在床上，在寒风中回想着过去。是的，致命的错误，就是这个判断。

王体乾没有退休，事实上，这对王太监而言，并非一件好事。

而刚舒坦下来的魏公公却惊奇地发现，事情的发展变得越发扑朔迷离。九月十五日，皇帝突然下发旨意奖赏太监，而这些太监，大都是阉党成员。

他还没来得及高兴，就在第二天，又传来了一个惊人的消息，都察院右副都御史杨所修上疏弹劾。

杨所修弹劾的并不是魏忠贤，而是四个人，分别是兵部尚书崔呈秀、太仆寺少卿陈殷、延绥巡抚朱童蒙、工部尚书李养德。

这四个人的共同点是，都是阉党，都是骨干，都很无耻。

虽然四个人贪污受贿、无恶不作，把柄满街都是，杨所修却分毫没有提及，事实上，他弹劾的理由相当特别——不孝。

经杨所修考证，这四个人的父母都去世了，但他们都未回家守孝，全部“夺情”了，不合孝道。

这是一个很合理的理由，当年的张居正就被这件事搞得半死不活，拿出来整这四号小鱼小虾，很有意思。

魏忠贤感到了前所未有的恐惧，因为这四个人都是他的心腹，特别是崔呈秀，是他的头号死党，很明显，矛头是对着他来的。

让人难以理解的是，自从杨涟、左光斗死后，朝廷就没人敢骂阉党，杨所修跟自己并无过节，现在突然跳出来，必定有人主使。

而敢于主使者，只有一个人选——皇帝。

然而，接下来的事情，却让魏忠贤陷入了更深的疑惑。一天后，皇帝作出了批复，痛斥杨所修，说他是“率性轻诋”，意思是随便乱骂人。

经过仔细观察，魏忠贤发现，杨所修上疏很可能并非皇帝指使，而从皇帝的表现来看，似乎事前也不知道，总之，这只是个偶发事件。

当事人还是比较机灵的，弹劾当天，崔呈秀等人就提出了辞职，表示自己确实违反规定。崇祯安慰一番后，同意几人回家，但出人意料的是，他坚决留下了一个人——崔呈秀。

事情解决了，几天后，另一个人却让这件事变得更为诡异。

九月二十四日，国子监副校长朱三俊突然发难，弹劾自己的学生、国子监监生陆万龄。

这位陆万龄，之前曾介绍过，是国子监的知名人物，什么在国子监里建生祠，说魏忠贤应该与孔子并列之类的屁话，都是他干的，连副校长都被他气走了。

被弹劾并不是怪事，奇怪的是，弹劾刚送上去，就批了，皇帝命令，立即逮捕审问。

魏忠贤得到消息极为惊恐，毕竟陆万龄是他的粉丝，但他到底是老江湖，当即进宫，对皇帝表示，陆万龄是个败类，应该依法处理。

皇帝对魏忠贤的态度非常满意，夸奖了他两句，表示此事到此为止。

处理完此事后，魏忠贤拖着一身的疲惫回到了家，但他并不知道，这只是个开头。

第二天（九月二十五日），他又得知了另一个消息——一个好消息。

他的铁杆、江西巡抚杨邦宪向皇帝上疏，夸奖魏忠贤，并且殷切期望，能为魏公公再修座祠堂。

魏忠贤都快崩溃了，这是什么时候，老子都快完蛋了，这帮孙子还在拍马屁。他立即向皇帝上疏，说修生祠是不对的，自己是反对的，希望一律停止。

皇帝的态度出乎意料，崇祯表示，如果没修的，就不修了，但已经批准的，不修也不好，还是接着修吧，没事。

魏忠贤并不幼稚，他很清楚，这不过是皇帝的权宜之计，故作姿态而已。

但接下来皇帝的一系列行动，却让他开始怀疑自己的看法。

几天后，崇祯下令，赐给魏忠贤的侄子魏良卿免死铁券。

免死铁券这件东西，之前我是介绍过的，用法很简单：不管犯了多大的罪，统统地免死。但有一点我忘了讲，有一种罪状，这张铁券是不能免的——谋逆。

没等魏忠贤上门感谢，崇祯又下令了，从九月底一直下令到十月初，半个多月里，封赏了无数人，不是升官，就是封荫职（给儿子的），受赏者全部都是阉党，从魏忠贤到崔呈秀，连已经死掉的老阉党魏广微都没放过，人死了就追认，升到太师职务才罢手。

魏忠贤终于放弃了最后的警惕，他确信，崇祯是一个好人。

经过一个多月的考察，魏忠贤判定，崇祯不喜欢自己，这无法控制，但作为一个成熟的政治家，只要自己老老实实不碍事，不挡路，崇祯就没必要跟自己玩命。

这个推理比较合理，却不正确。如魏忠贤之前所料，崇祯是有弱点的，他确实有一样十分渴求的东西，不是女人，而是权力。

要获得至高无上的权力，成为君临天下的皇帝，必须除掉魏忠贤。

青蛙遇到热水，会很快地跳出去，所以煮熟它的最好方法，是用温水。

杨所修的弹劾，以及国子监副校长的弹劾，并不是他安排的，在他的剧本里，只有封赏、安慰和时有时无的压力。他的目的是制造迷雾，彻底混乱敌人的神经。

经过一个多月的你来我往，紧张局势终于缓和下来，至少看上去如此。

在这片寂静中，崇祯准备着进攻。

几天后，寂静被打破了，打破它的人不是崇祯。

吏科都给事中陈尔翼突然上疏，大骂杨所修，公然为崔呈秀辩护，而且还上纲上线，说这是东林余党干的，希望皇帝严查。

和杨所修的那封上疏一样，此时上疏者，必定有幕后黑手的指使。

和上次一样，敢于主使者，只有一个人选——魏忠贤。

也和上次一样，真正的主使者，并不是魏忠贤。

杨所修上疏攻击的时候，崇祯很惊讶，陈尔翼上疏反击的时候，魏忠贤也很惊讶，因为他事先并不知道。

作为一个政治新手，崇祯表现出了极强的政治天赋，几十年的老江湖魏公公被他耍得团团转，但崇祯并不知道，在这场游戏中，被耍的人，还包括他自己。

看上去事情是这样的：杨所修在崇祯的指使下，借攻击崔呈秀来弹劾魏忠贤，而陈尔翼受魏忠贤的指派，为崔呈秀辩护发动反击。

然而，事情的真相，远比想象中复杂得多。

杨所修和陈尔翼上疏开战，确实是有幕后黑手的，但既不是魏忠贤，也不是崇祯。

杨所修的指使者，叫陈尔翼，而陈尔翼的指使者，叫杨所修。

如果你不明白，我们可以从头解释一下这个复杂的圈套。

诡计是这样开始的。有一天，右副都御史杨所修经过对时局的分析，作出了一个肯定的判断：崇祯必定会除掉阉党。

看透了崇祯的伪装后，他决定早作打算。顺便说一句，他并不是东林党，而是阉党，但并非骨干。

为及早解脱自己，他找到了当年的同事，吏科给事中陈尔翼。

两人商议的结果是，由杨所修出面，弹劾崔呈秀。

这是条极端狡诈的计谋，是人类智商极致的体现：

弹劾崔呈秀，可以给崇祯留下一个深刻的印象，认定自己不是阉党，即使将来秋后算账，也绝轮不到自己头上。

但既然认定崇祯要除掉阉党，要提前立功，为什么不干脆弹劾魏忠贤呢？

原因很简单，如果崇祯未必能干得过魏忠贤，到时回头清算，自己也跑不了，而且魏忠贤毕竟是阉党首领，如果首领倒掉，就会全部清盘，彻查阉党，必定会搞到自己头上。

崔呈秀是阉党的重要人物，攻击他，可以赢得崇祯的信任，也不会得罪魏忠贤，还能把阉党以往所有的黑锅都让他背上。精彩，真精彩。

为了大家，崔先生，你就背了吧。

这个近乎完美的计划，几乎得到了一个近乎完美的结局。

几乎得到，就是没有得到。

因为计划的进行过程中，出现了纰漏：他们忽略了一个人——崔呈秀。

杨所修、陈尔翼千算万算，却算漏了崔呈秀本人。能成为阉党的头号人物，崔大人绝非善类，这把戏能骗过魏忠贤，却骗不了崔呈秀。

弹劾发生的当天，他就看穿了这个诡计，他意识到，大祸即将临头。

但他只用了几天时间，就十分从容地解决了这个问题。

他派人找到了杨所修，大骂了对方一顿，最后说，如果你不尽快了结此事，就派人查你。

大家同坐一条船，谁的屁股都不干净，敢玩阴的，大家就一起完蛋！

这句话相当有效，杨所修当即表示，愿意再次上疏，为崔呈秀辩解。

问题是，他已经骂过了，再上疏辩护，实在有点当婊子的感觉，所以，这个当婊子的任务，就交给了陈尔翼。

问题是，原先把崔呈秀推出来，就是让他背锅的，现在把他拉出来，就必须填个人进去，杨所修不行，魏忠贤不行，崇祯更不行，实在很难办。

但陈尔翼不愧是老牌给事中，活人找不到，找到了死人。

他把所有的责任，都推到了所谓“东林余孽”的身上，如此一来，杨所修是无知的，崔呈秀是无辜的，世界又和平了。

倒腾来，又倒腾去，崔呈秀没错，杨所修没错，陈尔翼当然也没错，所有的错误，都是东林党搞的，就这样，球踢到了崇祯的身上。

但最有水平的，还是崇祯，面对陈尔翼的奏疏，他只说了几句话，就把球踢到了天上：

“大臣之间的问题，先帝（指天启）已经搞清楚了，我刚上台（朕初御极），这些事情不太清楚，也不打算深究，你们不许多事！”

结果非常圆满，崔呈秀同志洗清了嫌疑，杨所修和陈尔翼虽说没有收获，也没有损失，完美落幕。

但事情的发展，却出现了意想不到的变化。

天启七年十月十三日，云南道御史杨维垣上疏，弹劾崔呈秀贪权弄私，十恶不赦！

在这封文书中，杨维垣表现出极强的正义感，他愤怒地质问阉党，谴责了崔呈秀的恶行。

杨维垣是阉党。

说起来大家的智商都不低，杨所修的创意不但属于他，也属于无数无耻的阉党同仁。反正干了也没损失，不干白不干，白干谁不干？

形势非常明显，崔呈秀已经成为众矢之的，对于立志搞掉阉党的崇祯而言，这是最好的机会。

但崇祯没有动手。崇祯不但没有动手，还骂了杨维垣，说他轻率发言。

事实上，他确实不打算动手，虽然他明知现在解决崔呈秀，不但轻而易举，还能有效打击阉党，但他就是不动手。

因为他的直觉告诉他，在杨维垣的这封奏疏背后，隐藏着不可告人的秘密。

很快，他的直觉得到了证实。

几天后，杨维垣再次上疏，弹劾崔呈秀。

这是一个怪异的举动，皇帝都发了话，他依然豁出去硬干，行动极其反常。

而反常的原因，就在他的奏疏里。

崇祯对魏忠贤动手之前的大棒与胡萝卜

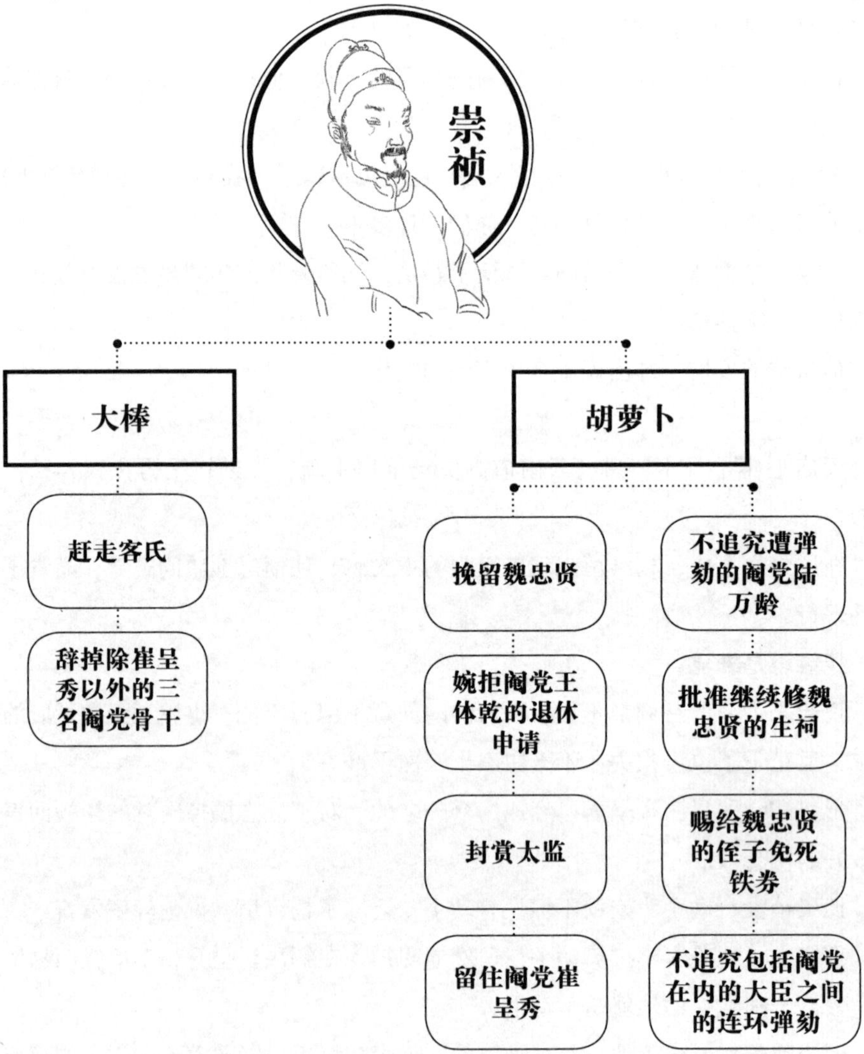

在这封奏疏里，他不但攻击崔呈秀，还捧了一个人——魏忠贤。

照他的说法，长期以来，崔呈秀没给魏忠贤帮忙，净添乱，是不折不扣的罪魁祸首。

崇祯的判断很正确，在杨维垣的背后，是魏忠贤的身影。

从杨所修的事情中，魏忠贤得到了启示：全身而退绝无可能，要想平安过关，必须给崇祯一个交代。

所以他指使杨维垣上疏，把责任推给崔呈秀，虽然长期以来，崔呈秀帮了很多忙，还是他的干儿子。

没办法，关键时刻，老子自己都保不住，儿子你就算了吧。

但崇祯是不会上当的，在这场残酷的斗争中，他的目标只有一个，不需要俘虏，也不接受投降。

第十四章

夜半歌声

○那位姓白的书生　据说是河间府的秀才　之前为图嘴痛快　说了魏忠贤几句坏话　被人告发前途尽墨　于是编曲一首　等候于此不计旧恶　帮其送终

真正的机会到来了。

十月二十二日，工部主事陆澄源上疏，弹劾崔呈秀，以及魏忠贤。

崇祯决定，开始行动。

因为他知道，这个叫陆澄源的人并不是阉党分子。此人职位很小，但名气很大，具体表现为东林党当政时，不理东林党，阉党上台后，不理阉党，是公认的浑不吝，软硬都不吃，他老人家动手，就是真要玩命了。

接下来的是例行程序，崇祯照例批评，崔呈秀照例提出辞职。

但这一次，崇祯批了，勒令崔呈秀立即滚蛋回家。

崔呈秀哭了，这下终于完蛋了。

魏忠贤笑了，这下终于过关了。

丢了个儿子，保住了命，这笔交易相当划算。

但很快，他就知道自己错了。

十月二十四日，兵部主事钱元悫上疏，痛斥崔呈秀，说崔呈秀竟然还能在朝廷里混这么久，就是因为魏忠贤。

然后他又开始痛斥魏忠贤，说魏忠贤竟然还能在朝廷里混这么久，就是因为皇帝。

不知钱主事是否过于激动，竟然还捎上了皇帝。

但更令人惊讶的是，这封奏疏送上去的时候，皇帝竟然全无反应。

十月二十五日，刑部员外郎史躬盛上疏，再次弹劾魏忠贤。在这封奏疏里，他痛责魏忠贤，为表达自己的愤怒，还用上了排比句。

魏忠贤终于明白，自己上当了，然而为时已晚。

说到底，还是读书太少，魏文盲并不清楚，朝廷斗争从来只有单项选择，不是你死，就是我活。

天启皇帝死的那天，他的人生就只剩下一个选择——谋逆。

他曾胜券在握，只要趁崇祯立足未稳，及早动手，一切将尽在掌握之中。

然而，那个和善、亲切的崇祯告诉他，自己将继承兄长的遗愿，重用他，信任他，太阳照常升起。

于是他相信了。

所以他完蛋了。

现在反击已不可能，从他抛弃崔呈秀的那一刻开始，他就失去了所有的威信，一个不够意思的领导，绝不会有够意思的员工。

阉党就此土崩瓦解，他的党羽纷纷辞职，干儿子、干孙子跟他划清界限，机灵点的都在家写奏疏，反省自己，痛骂魏公公，告别过去，迎接美好的明天。

面对铺天盖地而来的狂风暴雨，魏忠贤决定，使出自己的最后一招。

当年他曾用过这一招，效果很好。

这招的名字，叫做“哭”。

在崇祯面前，魏忠贤号啕大哭，失声痛哭，哭得死去活来。

崇祯开始还安慰几句，等魏公公哭到悲凉处，只是不断叹气。

眼见哭入佳境，效果明显，魏公公收起眼泪，撤了。

哭，特别是无中生有的哭，是一项历史悠久的高难度技术，当年严嵩就凭这一招，哭倒了夏言，最后将其办了。他也曾凭这一招，扭转了局势，干掉了杨涟。

魏公公相信，凭借自己声情并茂的表演，一定能够感动崇祯。

崇祯确实很感动。

他没有想到，一个人竟然可以恶心到这个程度，都六十岁的人了，毫无廉耻，

眼泪鼻涕说下就下，不要脸，真不要脸。

到现在，朝廷内外，就算是扫地的老头，都知道崇祯要动手了。

但他就不动手，他还在等一样东西。

其实朝廷斗争，就像是街头打架斗殴。但斗争的手段和程序比较特别，拿砖头硬干是没办法的，手持西瓜刀杀入敌阵也是不行的，必须遵守其自身规律，在开打之前，要先放风声，讲明老子是哪帮哪派，要修理谁，能争取的争取，不能争取的死磕，才能动手。

崇祯放出了风声，他在等待群臣的响应。

可是群臣不响应。

截至十月底，敢公开上疏弹劾魏忠贤的人只有两三个，这一事实说明，经过魏公公几年来的言传身教，大多数的人已经没种了。

没办法，这年头混饭吃不易，等形势明朗点，我们一定出来落井下石。

然而，崇祯终究等来了一个有种的人。

十月二十五日，一位国子监的学生对他的同学，说了这样一句话:

“虎狼在前，朝廷竟然无人敢于反抗！我虽一介平民，愿与之决死，虽死无憾！”

第二天，国子监监生钱嘉徵上疏弹劾魏忠贤十大罪。

钱嘉徵虽然只是学生，但文笔相当不错，内容极狠，态度极硬，把魏忠贤骂得狗血淋头，引起极大反响。

魏忠贤得到消息，十分惊慌，立即进宫面见崇祯。

很遗憾，他没有玩出新意，还是老一套，进去就哭，哭得痛不欲生，感觉差不多了，就收了神功，准备回家。

就在此时，崇祯叫住了他:

“等一等。”

他找来一个太监，交给太监一份文书，说:

“读。”

就这样，魏忠贤亲耳听到了这封要命的文书，每一个字都清清楚楚。

他痛苦地抬起头，却只看到了一双冷酷的眼睛和嘲弄的眼神。

那一刻，他的威望、自信，以及抵抗的决心，终于彻底崩溃。

精神近乎失常的魏忠贤离开了宫殿，但他没有回家，而是去了另一个地方，在那里，还有一个人，能挽救所有的一切。

参考消息 **击奸第一声**

钱嘉徵弹劾魏忠贤十大罪，分别是：一、总揽朝纲，俨然与皇帝并列；二、蔑视皇后；三、玩弄兵权；四、目无太祖、成祖和列宗的位置；五、克扣亲王的封赏，却大封族人；六、无视先圣孔子，居然在太学之侧建立祠堂；七、滥肆封爵，恬不知耻；八、掩盖辽东败绩，冒领边镇将士功劳；九、劳民伤财，榨取民财为自己修生祠；十、亵渎名器，崔呈秀之子目不识丁，却在进士名录中排在前列。最后，他又总结道：“种种叛逆，罄竹难书，万剐不尽！”由于这是杨涟弹劾魏忠贤二十四大罪后，首封系统地总结魏忠贤罪过的奏疏，因而声名大噪，被誉为“击奸第一声”。

魏忠贤去找的人，叫做徐应元。

徐应元的身份，是太监，不同的是，十几年前，他就是崇祯的太监。事到如今，只能求他了。

徐应元是很够意思的，他客气地接待了魏忠贤，并给魏忠贤指出了一条明路：立即辞职，退休回家，可以保全身家性命。

魏忠贤思前想后，认了。

立即回家，找人写辞职信，当然，临走前，他没有忘记感谢徐应元对他的帮助。

徐应元之所以帮助魏忠贤，是想让他死得更快。

和魏忠贤一样，大多数太监的习惯是见风使舵、落井下石。

长期以来，崇祯都希望，魏忠贤能自动走人（真心实意），毕竟阉党根基太深，这样最省事。

在徐应元的帮助下，第二天，魏忠贤提出辞职了，这次他很真诚。

同日，崇祯批准了魏忠贤的辞呈，一代巨监就此落马。

落马的那天，魏忠贤很高兴。因为他认为，自己已经放弃了争权，无论如何，崇祯都不会、也没有必要赶尽杀绝。

一年前，东林党人也是这样认为的。

应该说，魏忠贤的生活是很不错的，混了这么多年，有钱有房有车，啥都不缺了。特别是他家的房子，就在现在北京的东厂胡同，二环里，黄金地段，交通便利。我常去附近的社科院近代史所开会，曾去看过。园林假山、深宅大院，上千平方米，相当气派，但据说这只是当年他家的一个角落，最多也就六分之一。

河北肃宁的一个小流氓，混到这个份儿上，也就差不多了，好歹有个留京指标。

但这个指标的有效期，也就只有三天了。

天启七年十一月一日，崇祯下令，魏忠贤劳苦功高，另有重用——即日出发，去凤阳看坟。

得到消息的魏忠贤非常沮丧，但他不知道，崇祯也很沮丧。

崇祯是想干掉魏忠贤的，但无论如何，魏公公总算是三朝老监，前任刚死两个月，就干掉他，实在不好意思。

魏忠贤落马

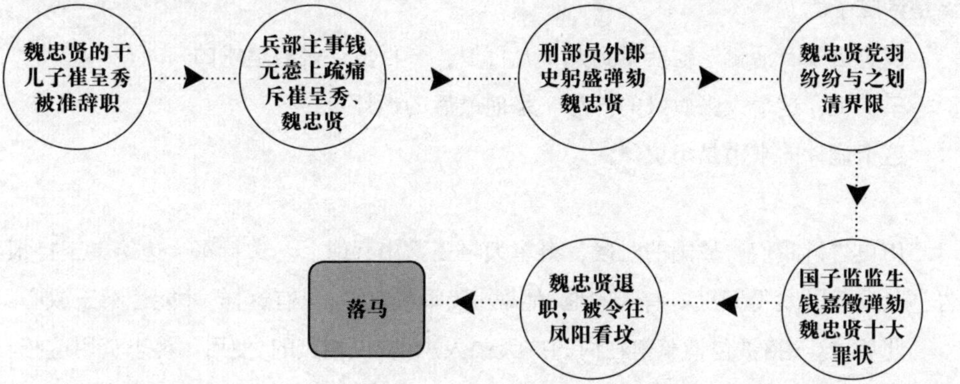

但接下来发生的事情，却改变了他的决定。

当他宣布赶走魏忠贤的时候，有一个人站了出来，反对他的决定，而这个人，是他做梦都想不到的。

或许是收了钱，或许是说了情，反正徐应元是站出来了，公然为魏忠贤辩护，希望皇帝给他个面子。

面对这个伺候了自己十几年，一向忠心耿耿的老太监，崇祯毫不犹豫地作出了抉择：

"奴才！敢与奸臣相通，打一百棍，发南京！"

太监不是人啊。

顺便说一句，在明代，奴才是朝廷大多数太监的专用蔑呼，而在清代，奴才是朝廷大多数人的尊称（关系不好还不能叫，只能称臣，所谓做奴才而不可得）。

这件事情让崇祯意识到，魏忠贤是不会消停的。

而下一件事使他明白，魏忠贤是非杀不可的。

确定局势无法挽回，魏公公准备上路了，足足准备了三天。

在这三天里，他只干了一件事——打包。

既然荣华于我如浮云，那就只要富贵吧。

但这是一项相当艰苦的工作，几百个仆人干了三天，清出四十大车，然后光荣上路，前呼后拥，随行的还有一千名隶属于他本人的骑兵护卫。

就算是轻度弱智的白痴，都知道现在是个什么状况，大难当头，竟然如此嚣张，真是活腻了。

魏忠贤没有活腻，他活不到九千九百岁，一百岁还是要追求的。

事实上，这个大张旗鼓的阵势，是他最后的诡计。

这个诡计的来由是历史。

历史告诉我们，战国的时候，秦军大将王翦出兵时，一边行军一边给秦王打报告，要官要钱，贪得无厌。有人问他，他说：我军权在手，只有这样，才能让秦王放心。

此后，这一招被包括萧何在内的广大仁人志士（识相点的）使用。魏忠贤用这招，说明他虽不识字，却还是懂得历史的。

可惜，是略懂。

魏公公的用意是，自己已经无权无势，只求回家过几天舒坦日子，这么大排场，只是想告诉崇祯老爷，俺不争了，打算好好过日子。

然而，他犯了一个错误——没学过历史唯物主义。

所谓历史唯物主义的要点，就是所有的历史事件，都要根据当时的历史环境来考虑。

王翦的招数能够奏效，是因为他手中有权，换句话说，他的行为，实际上是跟秦王签合同：我只要钱要官，帮你打江山，绝不动你的权。

此时的魏忠贤，已经无权无官，凭什么签合同？

所以崇祯很愤怒，崇祯要把魏忠贤余下的都拿走，他的钱，还有他的命。

魏忠贤倒没有这个觉悟，他依然扬扬得意地出发了。

但聪明人还是有的，比如他的心腹太监李永贞，就曾对他说，低调，低调点好。

魏忠贤回答：

“若要杀我，何须今日？”

今日之前，还无须杀你。

魏忠贤出发后的第三天，崇祯传令兵部，发出了逮捕令。

这一天是十一月六日，魏忠贤所在的地点，是直隶河间府阜城县。

具体情况要具体分析

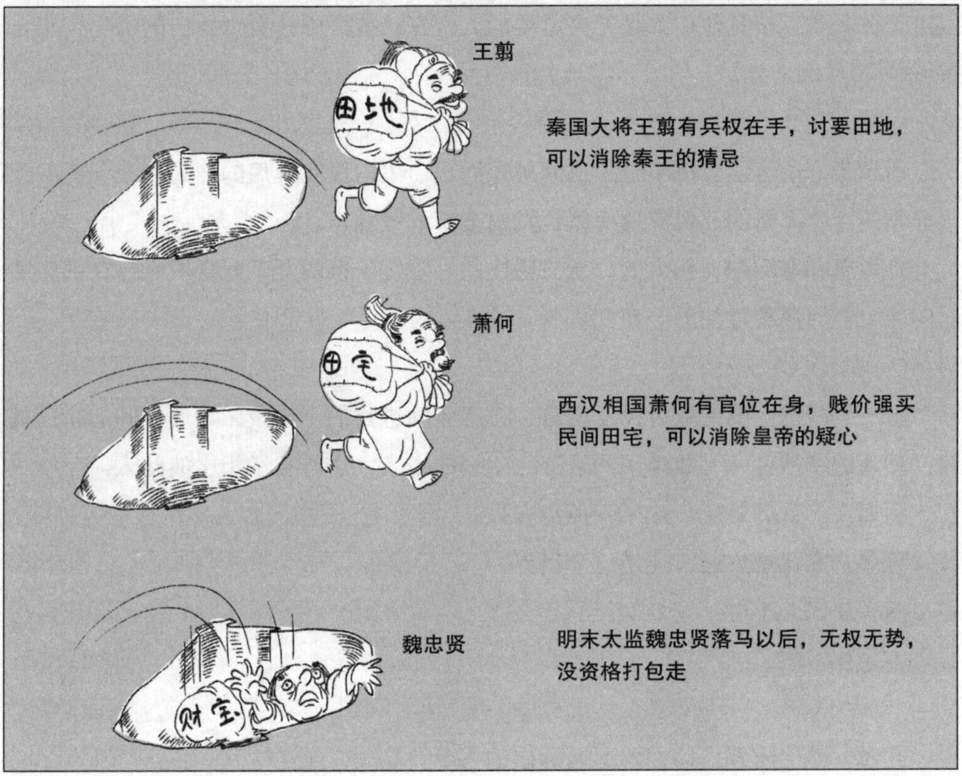

护卫簇拥的魏公公终于明白了自己的处境，几天来，他在京城的内线不断向他传递着好消息：他的亲信，包括五虎、五彪纷纷落马，老朋友王体乾退了，连费尽心思拉下水的徐应元也被发配去守陵，翻身已无指望。

就在他情绪最为低落的时候，京城的快马又告诉他一个最新的消息：皇帝已经派人追上来了。

威严的九千九百岁大人当场就晕了过去。

追上来，然后呢？逮捕，入狱，定罪，斩首，还是挨剐？

天色已晚，无论如何，先找个地方住吧，活过今天再说。

魏忠贤进入了眼前的这座小县城——他人生中的最后一站。

阜城县是个很小的县城，上千人一拥而入，挤满了所有的客店，当然，魏忠贤住的客店，是其中最好的。

为保证九千岁的人有地方住，许多住店的客人都被赶了出去，虽然天气很冷，但这无关紧要，毕竟他们都是无关紧要的人。在这些人中，有个姓白的书生，来自京城。

所谓最好的客店，也不过是几间破屋而已，屋内没有辉煌的灯光，十一月的天气非常的冷，无情的北风穿透房屋，发出凄冷的呼啸声。

在黑暗和寒冷中，伟大的、无与伦比的、不可一世的九千九百岁蜷缩在那张简陋的床上，回忆着过往的一切。

隆庆年间出生的无业游民，文盲，万历年间进宫的小杂役，天启年间的东厂提督，朝廷的掌控者，无数孙子的爷爷，生祠的主人，堪与孔子相比的圣人。

到如今，只剩破屋、冷床，孤身一人。

荒谬，究竟是自己，还是这个世界？

四十年间，不过一场梦幻。

不如死了吧。

此时，他的窗外，站立着那名姓白的书生。

在这个寒冷的夜晚，没有月光，在黑暗和风声中，书生开始吟唱。

◆ 夜半，歌起

在史料中，这首歌的名字叫做《桂枝儿》，但它还有一个更贴切的名字——《五更断魂曲》。

曲分五段，从一更唱到五更:

一更，愁起

听初更，鼓正敲，心儿懊恼。

想当初，开夜宴，何等奢豪。

进羊羔，斟美酒，笙歌聒噪。

如今寂寥荒店里，只好醉村醪。

又怕酒淡愁浓也，怎把愁肠扫？

二更，凄凉

二更时，辗转愁，梦儿难就。

想当初，睡牙床，锦绣衾稠。

如今芦为帷，土为炕，寒风入牖。

壁穿寒月冷，檐浅夜蛩愁。

可怜满枕凄凉也，重起绕房走。

三更，飘零

夜将中，鼓咚咚，更锣三下。

梦才成，又惊觉，无限嗟呀。

想当初，势倾朝，谁人不敬？

九卿称晚辈，宰相为私衙。

如今势去时衰也，零落如飘草。

四更，无望

城楼上，敲四鼓，星移斗转。

思量起，当日里，蟒玉朝天。

如今别龙楼，辞凤阁，凄凄孤馆。

鸡声茅店里，月影草桥烟。

真个目断长途也，一望一回远。

五更，荒凉

闹攘攘，人催起，五更天气。

正寒冬，风凛冽，霜拂征衣。

更何人，效殷勤，寒温彼此。

随行的是寒月影，吆喝的是马声嘶。

似这般荒凉也，真个不如死！

五更已到，曲终，断魂。

多年后，史学家计六奇在他的书中记下了这个夜晚发生的一切，但这一段，在后来的史学研究中，是有争议的。就史学研究而言，如此诡异的景象，实在不像历史。

但我相信，在那个夜晚，我们所知的一切是真实的。

因为历史除了正襟危坐、一丝不苟外，有时也喜欢开开玩笑、算算总账。

至于那位姓白的书生，据说是河间府的秀才，之前为图嘴痛快，说了魏忠贤几句坏话，被人告发前途尽墨，于是编曲一首，等候于此不计旧恶，帮其送终。

但在那天夜里，魏忠贤听到的，不是这首曲子，而是他的一生。

想当初，开夜宴，何等奢豪。想当初，势倾朝，谁人不敬？

如今寂寥荒店里，只好醉村醪。如今势去时衰也，零落如飘草。

魏忠贤是不相信天道的。当无赖时，他逼得老婆改嫁，卖掉女儿；当太监时，他抢夺朋友的情人，出卖自己的恩人。

九千九百岁时，他泯灭一切人性，把铁钉钉入杨涟的脑门，把东林党赶尽杀绝。

他没有信仰，没有畏惧，没有顾忌。

然而，天道是存在的，四十年后，天道把魏忠贤送到了阜城县的这所破屋里。

这里距离魏公公的老家肃宁，只有几十里。

现在，他即将失去一切。

我认为，这是一种别开生面的折腾，因为得到后再失去，远比一无所有要痛苦得多。

魏公公费尽心力，在成功的路上一路狂奔，最终却发现，是他娘的折返跑。

似这般荒凉也，真个不如死！

真个不如死啊！

那就死了吧。

魏忠贤找到了布带，搭在了房梁上，探上自己的脖子，离开了这个世界。

天道有常，或因人势而迟，然终不误。

魏忠贤的一生

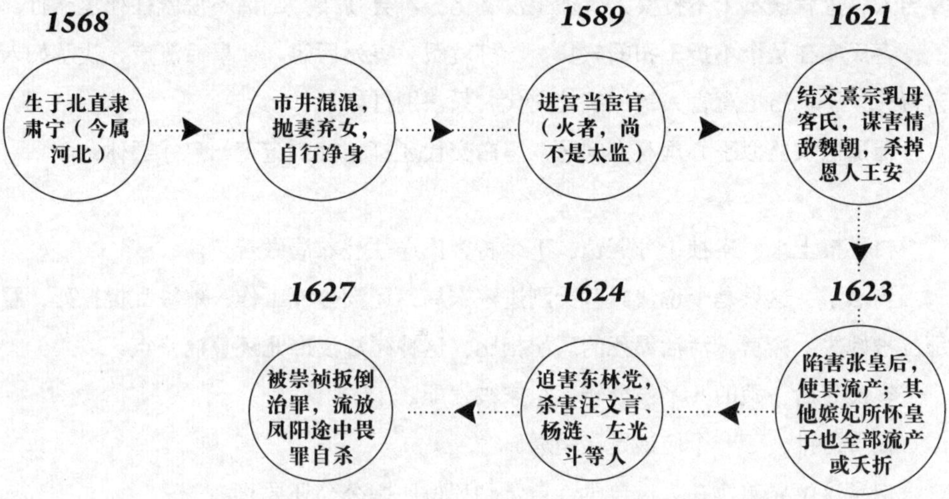

◆ 落水狗

魏忠贤的心腹李朝钦从梦中醒来，发现魏忠贤已死，绝望之中，自缢而亡。

在魏忠贤的一千多陪同人员、几千朝廷死党里，他是唯一陪死的人。

得知魏忠贤的死讯后，一千多名护卫马上行动起来，瓜分了魏公公的财产，四散奔逃而去。

魏公公死了，但这场大戏才刚刚开始。

别看今天闹得欢，当心将来拉清单！

——小兵张嘎

清单上的第一个人，自然是客氏。

虽然她已经离宫，但崇祯下令，把她又拎了进来。

进来后先审，但客氏为人极其阴毒，且以耍泼闻名，问什么都骂回去。

于是换人，换了个太监审，而且和魏忠贤有仇（估计是专门找来的）。由于不算男人，也就谈不上不打女人，加上没文化，不会吵架，二话不说就往死里猛打。

客氏实在是个不折不扣的软货，一打就服，害死后妃、让皇后流产、找孕妇入宫冒充皇子、出主意害人等，统统交代，只求别打。

但那位太监似乎心理有点问题，坦白交代还打，打到奄奄一息才罢休。

口供报上来，崇祯十分震惊，下令将客氏送往浣衣局做苦工。

当然了，这只是个说法。客氏刚进浣衣局，还没分配工作，就被乱棍打死，跟那位被她关入冷宫，活活渴死的后妃相比，这种死法没准儿还算痛快点。

客氏死后，她的儿子被处斩，全家被发配。

按身份排，下一个应该是崔呈秀。

但是这位兄弟实在太过自觉，自觉到死得比魏公公还要早。

得知魏忠贤走人的消息后，崔呈秀下令，准备一桌酒菜，开饭。

吃饭的方式很特别，和韦小宝一样，他把自己大小老婆都拉出来，搞了个聚餐，还摆上了多年来四处搜刮的古玩财宝。

然后一边吃，一边拿起他的瓶瓶罐罐（古董），砸。

吃一口，砸一个，吃完，砸完，就开始哭。

哭好，就上吊。

按日期推算，这一天，魏忠贤正在前往阜城县的路上。

兄弟先走一步。

消息传到京城，崇祯非常气愤，老子没让你死，你就敢死？

随即批示：

“虽死尚有余辜！论罪！”

经过刑部商议，崔呈秀应该斩首。

虽然人已死了，不要紧，有办法。

于是刚死不久的崔呈秀又被挖了出来，被斩首示众。怎么杀是个能力问题，杀不杀是个态度问题。

接下来是抄家。无恶不作的崔呈秀，终于为人民做了件有意义的事：由于他多年来勤奋地贪污受贿，存了很多钱，除动产外，还有不动产，光房子就有几千间，等同于替国家攒钱，免去了政府很多麻烦。

作为名单上的第三号人物，崔呈秀受到了高标准的接待，以此为基准，一号魏忠贤和二号客氏，接待标准应参照处理。

所以，魏忠贤和客氏被翻了出来，客氏的尸体被斩首，所谓死无全尸。

魏忠贤惨点，按崇祯的处理意见，挖出来后剐了，死后凌迟，割了几千刀。

这件事情的实际意义是有限的，最多也就是魏公公进了地府，小鬼认不出他。但教育意义是巨大的，在残缺的尸体面前，明代有史以来最大、最邪恶的政治团体阉党，终于彻底崩盘。

接下来的场景，是可以作为喜剧素材的。

魏忠贤得势的时候，无数人前来投奔，上至六部尚书、大学士，下到地方知府、知县，能拉上关系，就是千恩万谢。

现在而今眼下，没办法了，能撤就撤，不能撤就推。比如蓟辽总督阎鸣泰，有一项绝技——修生祠，据我统计，他修的生祠有十余座，遍布京城一带，有的还修到了关外，估计是打算让皇太极也体验一下魏公公的伟大光辉。

凭借此绝活，当年很是风光，但现在麻烦了，追查阉党，头一个就查生祠，谁让修的，谁出的钱，生祠上都刻着，跑都跑不掉。

参考消息 **不平静的坟墓**

魏忠贤生前，曾在西山碧云寺为自己建造了一座壮丽的坟墓，可惜他不得善终，没能用上。当时崇祯皇帝被内忧外患挤兑得焦头烂额，朝臣们也为争夺权力忙得不亦乐乎，无暇他顾，这座墓地因此得以保存。清朝建立后，阉党余孽苏应宣等人就在那里，为他们的传奇领袖设立了衣冠冢。康熙四十年，距魏忠贤死去七十多年后，一个叫张瑗的巡城御史在工作中发现了这一坟墓，十分震惊，继而又万分愤怒。他随即义愤填膺地上疏皇帝，请求铲除这处“秽恶之迹”，并昭告天下。很快，这一建议就被批准了。魏忠贤之墓，随即被铲平了。

为证明自己的清白，阎总督上疏，进行了耐心的说明。虽说生祠很多，但还是可以解释的，如保定的生祠，是顺天巡抚刘诏修的，通州的生祠，是御史梁梦寰修的，这些人都是我的下级，作为上级领导，责任是有的，监督不够是有的，检讨是可以的，撤职坐牢是不可以的。

但最逗的还是那位国子监的陆万龄同学，本来是一穷孩子，卖力捧魏公公，希望能够混碗饭吃，当年也是风光一时，连国子监的几位校长都争相支持他，陆先生本人也颇为得意。

然而，学校领导毕竟水平高，魏公公刚走，就翻脸了，立马上疏，表示国子监本与魏忠贤势不两立，出了陆万龄这种败类，实在是教育界的耻辱，将他立即开除出校。

据统计，自天启七年十一月至次年二月，几个月里，朝廷的公文数量增加了数倍，各地奏疏纷至沓来，堪称数十年未有之盛况。

这些奏疏字迹相当工整，包装相当精美，内容相当扯淡：上来就痛骂魏忠贤，痛骂阉党，顺便检举某些同事的无耻行径。最后总结：他们的行为让我很愤怒，跟我不相干。

心中千言万语化为一句话：我不是阉党，皇帝大人，您就把我们当个屁放了吧。

效果很明显，魏忠贤刚倒台的一个月里，崇祯毫无动静，除客氏、崔呈秀外，大家过得都还不错。

事实上，当时的朝廷，大学士、六部尚书、都察院乃至于全国各级地方机构，都由阉党掌握。所谓法不责众，大家都有份儿，你能把大家都拉下水吗？把我们都抓了，找谁帮你干活？

所以，在阉党同志们看来，该怎么干还怎么干，该怎么活还怎么活。

这个看法在大多数人的身上，是管用的。

而崇祯，属于少数派。

长期以来，崇祯处理问题的理念比较简单，就四个字——斩草除根。所谓法不责众，在他那里是不成问题的，因为他的祖宗有处理这种问题的经验。

比如朱元璋，处理胡惟庸案件，报上来同党一万人，杀，两万人，杀杀，三万人，杀杀杀。无非多说几个杀字，不费劲儿。

时代进步了，社会文明了，道理还是一样。

六部尚书是阉党，就撤尚书，侍郎是阉党，就撤侍郎，一半人是阉党，就撤一半，全是，就全撤，大明没了你们就不转吗？这年头，看门的狗难找，想当官的人有的是，谁怕谁！

值得一提的是，虽然上述奏疏内容雷同，但崇祯的态度是很认真的，他不但看了，而且还保存下来。

很简单，真没事的人是不会写这些东西的，原本找不着阉党，现在照着奏疏抓人，贼准。

十一月底，准备工作就绪，正式动手。

第十五章

算账

〇 自然界从诞生的那刻起 就有了永恒的规律 春天成长 冬天凋谢 周而复始 人世间也一样 从它的起始到它的灭亡 规则恒久不变 是为天道

最先处理的，是魏忠贤的家属，比如他侄子魏良卿。屁都不懂的蠢人，也封到公爵了（宁国公），还有客氏的儿子侯国兴（锦衣卫都指挥使），统统拉出去剁了。

接下来，是他的亲信太监，毕竟大家生理结构相似，且狼狈为奸，算半个亲戚，优先处理。

这拨人总共有四个，分别是司礼监掌印太监王体乾，秉笔太监李永贞、李朝钦、刘若愚。

作为头等罪犯，这四位按说都该杀头，可到最后，却只死了两个，杀了一个。

第一个死的是李朝钦，他是跟着魏忠贤上吊的，并非他杀，算自杀。

唯一被他杀的，是李永贞。其实这位兄弟相当机灵，早在九月底，魏公公尚且得意的时候，他就嗅出了风声，连班都不上了，开始在家修碉堡，把院子封得严严实实，只留小洞送饭，每天窝在里面，打死也不出头。

坚持到底，就是胜利。

李永贞没有看到胜利的一天，到了十月底，他听说魏忠贤走人了，顿时大喜，就把墙拆了，出来放风。

刚高兴几天，又听到消息，皇帝要收拾魏公公了，慌了，再修碉堡也没用了。

于是他使出了绝招——行贿。

当然，行贿崇祯是不管用的。他拿出十余万两银子（以当时市价，合人民币六千万至八千万），送给了崇祯身边的贴身太监，包括徐应元和王体乾。

这两人都收了。

不久后，他得到消息，徐应元被崇祯免了，而王体乾把他卖了。

在名列死亡名单的这四位死太监中，最神秘的，莫过于王体乾了。

此人是魏忠贤的铁杆，害死王安，迫害东林党，都有他忙碌的身影，是阉党的首脑人物。

但奇怪的是，当我翻阅几百年前那份阉党的最终定罪结果时，却惊奇地发现，以他的丰功劣迹，竟然只排七等（共有八等），罪名是谄附拥戴，连罚款都没交就给放了。

伺候崇祯十几年的徐应元，光说了几句话，定罪比他还高（五等），这个看上去很难理解的现象，有一个简单的答案：王体乾叛变了。

据史料分析，王体乾可能很早就“起义”了，所以长期以来，崇祯对魏忠贤的心理活动、斗争策略都了如指掌。当了这么久卧底，也该歇歇了。

所以他钱照收，状照告，第二天就汇报了崇祯，李永贞得知后，决定逃跑。

跑吧，大明天下，还能跑去非洲不成？

十几天后，他被抓捕归案。

进了号子，李太监还不安分，打算自杀。他很有勇气地自杀了四次，却很蹊跷地四次都没死成，最后还是被拉到刑场，一刀了断。

名单上最后一位，就是刘若愚了。

这位仁兄，应该是最有死相的，早年加入阉党，一直是心腹，坏事全干过。不是卧底，不是叛徒，坦白交代、主动退赃之类的法定情节一点儿没有，不死是不可能的。

可他没死。

因为刘若愚虽然罪大恶极，但这个人有个特点：能写。

在此之前，阉党的大部分文件全部出于他手，换句话说，他算是个技术人员，而且他知道很多情况，所以崇祯把他留了下来，写交代材料。刘太监很敬业，圆满地完成了这个任务，他所写的《酌中志》，成为后代研究魏忠贤的最重要史料。

只要仔细阅读《水浒传》，就会发现，梁山好汉们招安后，宋江死了，最能打的李逵死了，最聪明的吴用也死了，活下来的，大都是身上有门手艺的，比如神医安道全之流。

以上事实清楚地告诉我们，平时学一门技术是多么重要。

处理完人妖后，接下来的就是人渣了，主要是五虎和五彪。

五虎是文臣，分别是（排名分先后）：兵部尚书崔呈秀、原兵部尚书田吉、工部尚书吴淳夫、太常寺卿倪文焕、副都御史李夔龙。

五彪是武官，分别是：左都督田尔耕、锦衣卫都指挥佥事许显纯、都督同知崔应元、右都督孙云鹤、锦衣卫佥事杨寰。

关于这十个人，就不多说了，其光辉事迹，不胜枚举。比如田尔耕，是迫害“六君子”的主谋，并杀害了左光斗等人；而许显纯大人，曾亲自把钉子钉进杨涟脑门。用今天的话说，足够枪毙几个来回。

因为此十人一贯为非作歹，民愤极大，崇祯下令，将其逮捕，送交司法部门处理。

经刑部、都察院调查，并详细会审，结果如下：

崔呈秀已死，不再追究。其他九人中，田尔耕、许显纯曾参与调查杨涟、左光斗等人的罪行，结果过失致人死亡，入狱；剩余七人免官为民。就此结案。

这份判决只能用一个词来形容——恬不知耻。

崇祯很不满意，随即下令，再审。

皇帝表态，不敢怠慢，经过再次认真细致的审讯，重新定罪如下：

以上十人，除崔呈秀已死外，田尔耕、许显纯因为过失致人死亡，判处死缓，关入监狱，其余七人全部充军，充军地点是离其住处最近的卫所。

鉴于有群众反映，以上几人有贪污罪行，为显示威严，震慑罪犯，同时处以大额罚款，分别是倪文焕五千两，吴淳夫三千两，李夔龙、田吉各一千两。结案。

报上去后，崇祯怒了。

拿钉子钉耳朵，打碎全身肋骨，是过失致人死亡？贪了这么多年，只罚三五千，你以为老子好糊弄是吧？

更奇怪的是，案子都判了，有些当事人根本就没到案，比如田吉，每天还出去遛弯，十分逍遥。

其实案子审成这样，是再正常不过的事了。

审讯此案的，是刑部尚书苏茂相、都察院左都御史曹思诚。

苏茂相是阉党，曹思诚也是阉党。

让阉党审阉党，确实难为他们了。

愤怒之余，崇祯换人了。他把查处阉党的任务交给了吏部尚书王永光。

可王永光比前两位更逗，命令下来他死都不去，说自己能力有限，无法承担任务。

很不凑巧，王永光同志虽然不是阉党，但他不想得罪阉党。

按苏茂相、曹思诚、王永光以及无数阉党的想法，形势是很好的，朝廷内外都是阉党，案子没人敢审，对五虎、五彪的处理，可以慢慢拖，实在不行，就判田尔耕和许显纯死刑，其他的人能放就放，不能放，判个充军也就差不多了。

没错，司法部长、监察部长、人事部长都不审，那就只有皇帝审了。

几天后，崇祯直接宣布了对五虎、五彪的裁定，相比前两次裁决，比较简单:

田吉，杀！吴淳夫，杀！倪文焕，杀！田尔耕，杀！许显纯，杀！崔应元，杀！孙云鹤，杀！杨寰，杀！李夔龙，杀！

崔呈秀，已死，挖出来，戮尸！

以上十人，全部抄家！没收全部财产！

什么过失致人死亡，什么入狱，什么充军，还他娘就近，什么追赃五千两，都去死吧！

曹思诚、苏茂相这帮阉党本来还有点想法，打算说两句，却发现，原来崇祯还没说完。

“左都御史曹思诚，阉党，免职查办！

“刑部尚书苏茂相，免职！”

跟我玩啊，玩死你们！

随即，崇祯下令，由乔允升接任刑部尚书，大学士韩爌、钱龙锡主办此案，务必追查到底，宁可抓错，不可放过。

挑出上面这几个人办事，也算煞费苦心。乔允升和阉党向来势不两立，韩爌这种老牌东林党，不往死里整他们，实在对不起自己。

彻底扫荡，一个不留！

几天过去，经过清查，内阁上报了阉党名单，共计五十多人，成果极其丰硕。

然而这一次，崇祯更为愤怒，他当即召集内阁，严厉训斥：人还不够数，老实点！

大臣们都很诧异，都五十多个了，还不够吗？

既然皇上说不够，那就再捞几个吧。

第二天，内阁又送上了一份名单，这次是六十几个，该满意了吧。

这次皇帝大人没有废话，一拍桌子：人数不对，再敢糊弄我，以抗旨论处！

崇祯是正确的，内阁的这几位仁兄，确实糊弄了他。

虽然他们跟阉党都有仇，且皇帝支持，但阉党人数太多，毕竟是个得罪人的事。阉党也好，东林党也罢，不过混碗饭吃，何必呢？

不管了，接着糊弄：

“我们是外臣，宫内的人事并不清楚。”

崇祯冷笑：

“我看不是不知道，是怕得罪人吧（特畏任怨耳）！”

怪事，崇祯初来乍到，他怎么知道人数不对呢？

崇祯帮他们解开了这个谜题。

他派人抬出了几个包裹，扔到阁臣面前，说：

“看看吧。”

打开包裹的那一刻，大臣们明白，这次赖都赖不掉了。

包裹里的，是无数封跟魏忠贤勾搭的奏疏。很明显，崇祯不但看过，还数过。

混不过去，只能玩命干了。

就这样，自天启七年十二月，一直到崇祯元年（1628）三月，足足折腾了四个月，阉党终于被彻底整趴下了。

阉党的下场

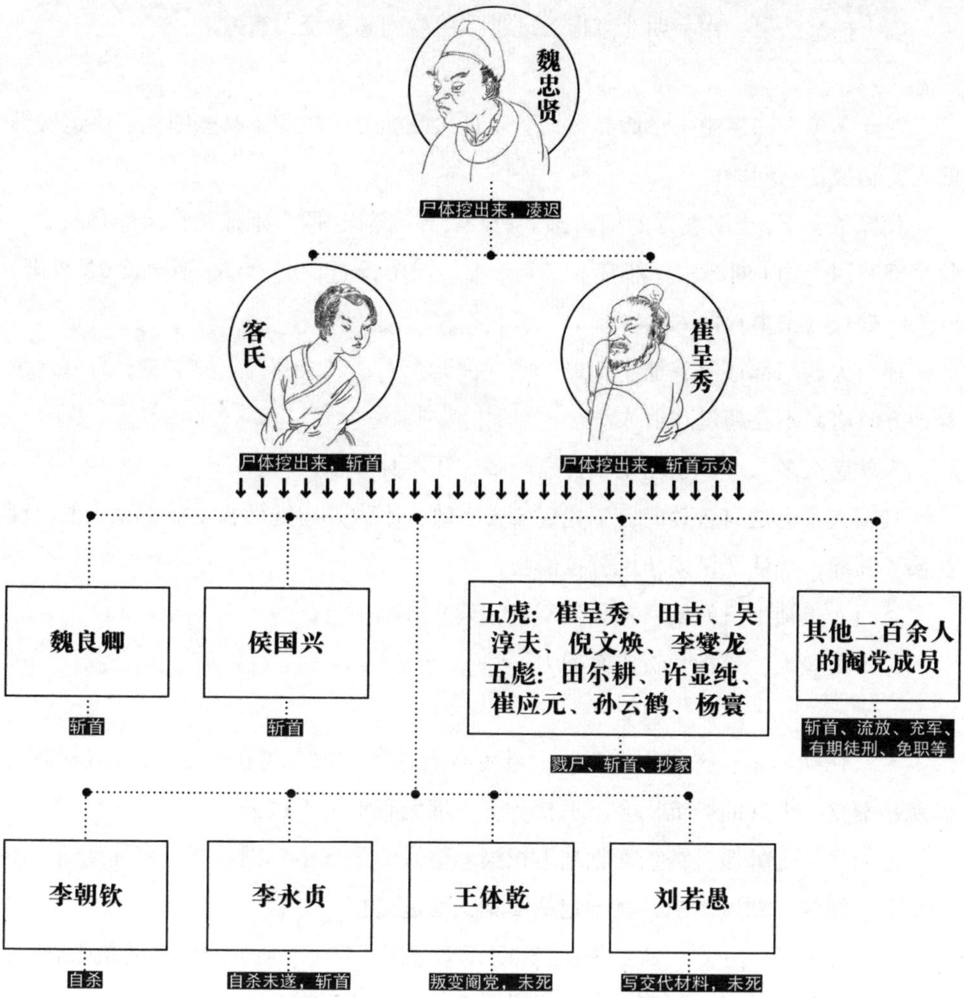

最后的名单，共计二百六十一人，分为八等。

特等奖得主两人，魏忠贤、客氏。罪名：首逆。处理：凌迟。

一等奖得主六人，以崔呈秀为首。罪名：首逆同谋。处理：斩首。

二等奖得主十九人，罪名：结交近侍。处理：秋后处决。

三等奖得主十一人，罪名：结交近侍次等。处理：流放。

此外，还有四等奖得主（逆孽军犯）三十五人，五等奖得主（谄附拥戴军犯）

十六人,六等奖得主(交结近侍又次等)一百二十八人,七等奖得主(祠颂)四十四人,各获得充军、有期徒刑、免职等奖励。

以上抽奖结果，由大明北京市公证员朱由检同志公证，有效。

对此名单，许多史书都颇有微词，说是人没抓够，放跑了某些阉党，讲这种话的人，脑袋是有问题的。

我算了一下,当时朝廷的编制,六部只有一个部长、两个副部长（兵部有四个),每个部有四个司(刑部和户部有十三个),每个司司长(郎中)一人、副司长(员外郎)一人、处长（主事）两人。

还有大衙门都察院，加上御史，才一百五十人，其余部门人数更少，总共（没算地方政府）不会超过八百人。

人就这么多，一下子刨走二百六十多，还不算多？

其实人家也是有苦衷的，毕竟魏公公当政，不说几句好话，是混不过去的，现在换了领导，承认了错误，也就拉倒吧。

然而，崇祯不肯拉倒，不只他不肯，某些人也不肯。

这个某些人，是指负责定案的人。

大家在朝廷里，平时你来我往，难免有点过节，现在笔在手上，说你是阉党，你就是阉党，大好的挖坑机会，不整一下，难免有点说不过去。

比如大学士韩爌，清查阉党毫不积极，整人倒是毫不含糊。骂过东林党的，不一定不是阉党，骂过他的，就一定是阉党，写进去！

更搞笑的是，由于人多文书多，某些兄弟被摆了乌龙，明明当年骂的是张居正，竟然被记成了东林党，两笔下去就成了阉党，只能认倒霉。

此外，在这份名单上，还有几位有趣的人物，比如那位要在国子监里给魏公公立牌坊的陆万龄同学，屁官都不是，估计连魏忠贤都没见过，由于风头太大，竟然被定为二等，跟五虎、五彪一起，被拉出去砍了。

那位第一个上疏弹劾魏公公的杨维垣，由于举报有功，被定为三等，拉去充军。

而在案中扮演了滑稽角色的陈尔翼、杨所修，也没能跑掉，根据情节，本来没他们什么事,鉴于其双簧演得太过精彩,由皇帝特批六等奖,判处有期徒刑,免官为民。

◆ 复仇

总体说来，这份名单虽然有点问题，但是相当凑合，弘扬了正气，恶整了恶人，虽然没有做到不冤枉一个好人，却也没有放过大多数坏人，史称“钦定逆案”。

其实崇祯和魏忠贤无仇，办案子，无非是魏公公挡道，皇帝看不顺眼，就干掉了。

但对于某些人就不同了。干掉是不够的，死了的人锉骨扬灰，活着的人赶尽杀绝，才算够本！

黄宗羲就是某些人中的优秀代表。

作为“七君子”中黄尊素的长子，黄宗羲可谓天赋异禀，不但精通儒学，还懂得算术、天文。据说天上飞的、地上跑的，没有他不知道的，被称为三百年来学术之集大成者，与顾炎武、王夫之并称。

更让人无语的是，黄宗羲还懂得经济学。他经过研究发现，每次农业税法调整，无论是两税法还是一条鞭法，无论动机如何善良，最终都导致税收增加，农民负担加重。换句话说，不管怎么变，最终都是加。

这一原理后被学者秦晖总结，命名为“黄宗羲定律”。中华人民共和国国务院经过调研，采纳这一定律，于 2006 年彻底废除了农业税，打破了这个怪圈。

善莫大焉。

但这四个字放在当时的黄宗羲身上，是不大恰当的，因为他既不善良，也不大度。

当时恰好朝廷审讯许显纯，要找人作证，就找来了黄宗羲。

事情就是这么闹起来的。

许显纯此人，说是死有余辜，还真是有余辜。拿锤子砸人的肋骨，用钉子钉人耳朵，钉人的脑袋，“六君子”“七君子”，大都死在他的手中，为人恶毒，且有心理变态的倾向。

此人向来冷酷无情，没人敢惹。杨涟如此强硬，许先生毫不怯场，敢啃硬骨头，亲自上阵，很有几分硬汉色彩。

但让人失望的是，轮到这位变态硬汉入狱，当场就尿了，立即展现出了只会打人，不会被人打的特长。

他全然没有之前杨涟的骨气，别说拿钉子顶脑门，给他几巴掌，立马就晕，真

黄宗羲

1610 — 1695
浙江余姚人

身份
|
经学家、史学家、思想家、地理学家、天文历算学家、教育家

特点
|
学问渊博、思想深邃、著作宏富

成就
|
抨击君主专制制度；提出“黄宗羲定律”

称号
|
与顾炎武、王夫之并称明末清初三大思想家、中国思想启蒙之父

是窝囊死了。

值得庆幸的是，崇祯的监狱还比较文明，至少比许显纯在的时候文明。打是打，但锤子、钉子之类的东西是不用的，照此情形，审完后一刀了事，算是便宜了他。

但便宜不是那么容易占的。

审讯开始，先传许显纯，以及同案犯五彪之一的崔应元，然后传黄宗羲。

黄宗羲上堂，看见仇人倒不生气，表现得相当平静，回话，作证，整套程序走完，人不走。

大家很奇怪，都看着他。

别急，先不走，好戏刚刚开场。

黄宗羲来的时候，除了他那张作证的嘴外，还带了一件东西——锥子。

审讯完毕，他二话不说，操起锥子，就奔许显纯来了。

这一刻，许显纯表现出了难得的单纯，他不知道审案期间拿锥子能有啥用，只是呆呆地看着急奔过来的黄宗羲，等待着答案。

答案是一声惨叫。

黄宗羲终于露出了狰狞面目，手持锥子，疯狂地朝许显纯身上戳，而许显纯也不愧孬种本色，当场求饶，并满地打滚，开始放声惨叫。

许先生之所以大叫，是有如意算盘的：这里毕竟是刑部大堂，众目睽睽之下，难道你们都能看着他殴打犯人吗？

答案是“能”。

无论是主审官还是陪审人员，没有一个人出手，也没有人上前阻拦，大家都饶有兴致地看着眼前的这一幕：黄宗羲不停地扎，许显纯不停地喊。就如同电视剧里最老套的台词：你喊吧，就是喊破喉咙也不会有人来救你！

因为所有人都记得，这个人曾经把钢钉扎进杨涟的耳朵和脑门，那时，没有人阻止他。

但形势开始变化了，许显纯的声音越来越小，鲜血横流，黄宗羲却越扎越起劲儿，如此下去，许先生被扎死，黄宗羲是过瘾了，但黑锅得大家背。

于是许显纯被拉走，黄宗羲被拉开，他的锥子也被没收。

审完了，仇报了，气出了，该消停了。

黄宗羲却不这么认为，他转头，又奔着崔应元去了。

其实这次审讯，崔应元是陪审，无奈碰上了黄恶棍，虽然没挨锥子，却被一顿拳打脚踢，弄得鼻青脸肿。

到此境地，主审官终于认定，应该把黄宗羲赶走了，就派人上前把他拉开，但黄宗羲打上了瘾，被人拉走之前，竟然抓住了崔应元的胡子，活生生地拔了下来！

当年在狱中狂施暴行的许显纯，终于尝到了暴行的滋味，等待着他的，是最后的一刀。

无论是什么样的屠夫，最终也只是懦夫。

如许显纯等人，都是钦定名单上要死的，而那些没死的，似乎还不如死了的好。

比如阉党骨干、太仆寺少卿曹钦程，好不容易捡了条命，回家养老，结果所到之处，都是口水（民争唾其面），实在待不下去，跑到异地他乡买了个房子住，结果被人打听出来，又是一顿猛打，被赶走了。

还有老牌阉党顾秉谦，家乡人对他的感情可谓深厚，魏忠贤刚倒台，人民群众就冲进家门，烧光了他家。顾秉谦跑到外地，没人肯接待他，最后在唾骂声中死去。

而那些名单上没有，却又应该死的，也没有逃过去，自有人解决他们，比如黄宗羲。他痛殴许显纯后，又派人找到了当年杀死他父亲的两个看守，把他们干掉了。

大明是法治社会，但凡干掉某人，要么有司法部门批准，要么偿命，但黄宗羲自己找人干了这俩看守，似乎也没人管，真是没王法了。

黄宗羲这么一闹，接下来就热闹了，所谓“六君子”“七君子”，都是有儿子的。

先是魏大中的儿子魏学濂上疏，要为父亲魏大中申冤，然后是杨涟的儿子杨之易上疏，为父亲杨涟申冤，几天后，周顺昌的儿子周茂兰又上疏，为父亲周顺昌申冤。

顺便说一句，以上这几位的奏疏，所用的并非笔墨，而是一种特别的材料——血。

这也是有讲究的，自古以来，但凡奇冤都写血书，不用似乎不够分量。

但崇祯同志就不干了，拿上来的都是血迹斑斑的东西，实在有点发憷，随即下令：你们的冤情我都知道，但上奏的文书是用墨写的，用血写不合规范，今后严禁再写血书。

但他还是讲道理的，崇祯二年（1629）九月，他下令，为殉难的东林党人恢复名誉，追授官职，并加封谥号。

杨涟得到的谥号，是“忠烈”，以此二字，足以概其一生。

至此，为祸七年之久的阉党之乱终于落下帷幕，大明有史以来最强大、最邪恶的势力就此倒台。纵使它曾骄横一时，纵使它曾不可一世。

迟来的正义依然是正义。

在这个世界上，所谓神灵、天命，对魏忠贤而言都是放屁，在他的身上只有一样东西——迷信。

不信道德，不信仁义，不信报应，不信邪不胜正。

迷信自己，迷信力量，迷信权威，迷信可以为所欲为，迷信将取得永远的胜利。

而在遍览史书十余载后，我信了，至少信一样东西——天道。

自然界从诞生的那刻起，就有了永恒的规律，春天成长，冬天凋谢，周而复始。

人世间也一样，从它的起始到它的灭亡，规则恒久不变，是为天道。

在史书中无数的尸山血河、生生死死背后，我看到了它，它始终在那里，静静地注视着我们，无论兴衰更替，无论岁月流逝。

它告诉我，在这个污秽、混乱、肮脏的世界上，公道和正义终究是存在的。

天道有常，从它的起始到它的灭亡，恒久不变。

第十六章 复起

○袁崇焕当时的身份是平民 按惯例 复起也得有个级别 先干个主事 处级 过段时间再提 比较合理

○然而 他接受的第一个职务 是都察院右都御史 兵部左侍郎

崇祯是一个很有想法的人，很想有番作为，但当他真正站在权力的顶峰时，却没有看到风景，只有一片废墟。

史书有云：明之亡，亡于天启。也有史书云：实亡于万历。还有史书云：始亡于嘉靖。

应该说，这几句话都是有道理的。经过他哥哥、他爷爷、他爷爷的爷爷几番折腾，已经差不多了，加上又蹦出来个九千岁人妖，里外一顿猛捶，大明公司就剩一口气了。

朝廷纷争不断，朝政无人理会，边疆烽火连天，百姓民不聊生，干柴已备，只差一把火。

救火员崇祯登场。

他浇的第一盆水，叫做袁崇焕。

崇祯是很喜欢袁崇焕的，因为他起用袁崇焕的时间，是天启七年十一月十九日。

此时，魏忠贤刚死十三天，尸体都还没烂。

几天后，在老家东莞数星星的袁崇焕接到了复起任职通知，大吃一惊。

吃惊的不是复起，而是职务。

袁崇焕当时的身份是平民，按惯例，复起也得有个级别，先干个主事（处级），过段时间再提，比较合理。

然而，他接受的第一个职务，是都察院右都御史，兵部左侍郎。

兵部左侍郎，是兵部副部长，都察院右都御史，是二品正部级，也就是说，在一天之内，布衣袁崇焕就变成了正部级副部长。

袁部长明显没缓过劲儿来，在家待了几个月，啥事都没干，却又等来了第二道任职令。

这一次，他的职务变成了兵部尚书，督师蓟辽。

明代有史以来最不可思议的任职令诞生了。

因为兵部尚书，督师蓟辽，是一个很大的官，很大。

所谓兵部尚书就是国防部部长，很牛，但最牛的官职，是后四个字——督师蓟辽。

我之前曾经说过，明代的地方官，最大的是布政使、按察使和指挥使，为防互相扯皮，由中央下派特派员统一管理，即为巡抚。

鉴于后期经营不善，巡抚只管一个地方，再摆不平，就派高级特派员管理巡抚，即为总督。

到了天启、崇祯，局势太乱，连总督都搞不定了，就派特级特派员，比总督还大，即为督师。

换句话说，督师是明代除皇帝外，管辖地方权力最大的官员。

而要当巡抚、总督、督师的条件，也是不同的。

要当巡抚，至少混到都察院佥都御史（四品正厅级）或是六部侍郎（副部级），才有资格。

而担任总督的，一般都是都察院都御史（二品部级），或是六部尚书（部长）。

明代最高级别的干部，就是部级。所以能当上督师的，只剩下一种人——内阁大学士。

比如之前的孙承宗、后来的杨嗣昌，都是大学士督师。

袁崇焕例外。

就在几个月前，他还只是袁百姓，几月后，他就成了袁尚书，还破格当上了督师，而袁督师的管辖范围包括蓟州、辽东、登州、天津、莱州等地，换句话说，袁督师手下，有五六个巡抚。

任职令同时告知，立刻启程，赶到京城，皇帝急着见你。

崇祯确实急着见袁崇焕，因为此时的辽东，已经出现了一个更为强大的敌人。

自从被袁崇焕打跑后，皇太极始终很消停，他没有继续用兵，却开始了不同寻常的举动。

皇太极和他老爹不同。从某种角度讲，努尔哈赤相当之野蛮，打仗，占了地方就杀，不杀的拉回来做奴隶，给贵族当畜生使。在后金当官的汉人，只能埋头干活，不能骑马，不能养牲口，活着还好，要是死了，老婆就得没收，送到贵族家当奴隶。

相比而言，皇太极很文明，他尊重汉族习惯，不乱杀人，讲信用，特别是对汉族前来投奔的官员，那是相当的客气，还经常赏赐财物。

总而言之，他很温和。

温和文明的皇太极，是一个比野蛮挥刀的努尔哈赤更为可怕的敌人。

张牙舞爪的人，往往是脆弱的，因为真正强大的人，是自信的，自信就会温和，温和就会坚定。

无需暴力，无需杀戮，因为温和，才是最高层次的暴力。

在皇太极的政策指引下，后金领地逐渐安定，经济开始发展稳固。而某些在明朝混不下去的人，也开始跑去讨生活，这当中最典型的人物，就是范文程。

每次说到这个人，我都要呸一口，呸。

呸完了，接着说。

说起汉奸，全国人民就会马上想起吴三桂，但客观地讲，吴三桂当汉奸还算情况所迫。范文程就不同了，他是自动前去投奔，去出卖自己同胞的，属于汉奸的最

参考消息　大明骨，大清肉

范文程一生侍奉过努尔哈赤、皇太极、顺治、康熙四位领导，是清代开国最著名的谋士。其重要性，比之汉代的张良、明代的刘基也毫不逊色，但他比前两者幸运的是，在功成之后，没有遭到皇帝的猜忌清洗。他生病时，顺治亲自给他调药，还派画师为他画像并小心珍藏；他死后，康熙皇帝亲自撰写祭文，还立碑记功，并手书“元辅高风”的匾额。有清一代，特别是前期，罕见有汉人官员能得到这样的重视。遗憾的是，作为一个卖国贼，他的事业越成功，对明朝人民的伤害就越深。他经常说自己是“大明骨，大清肉”，可惜哪有那么多既当婊子又立牌坊的美事呢？

范文程

1597 — 1666
辽东沈阳卫
（今辽宁沈阳）人

祖先
|
范仲淹

身份
|
明末文人、
清朝重臣

特点
|
聪颖敏捷、
善于治国、
有自知之明

评价
|
为大清王朝立下
了不朽功勋，对
中华文化和大明
王朝犯下不可饶
恕的罪行

原始、最无耻形态。

他原本是个举人（另说是秀才），因为在大明混得不好，就投了皇太极。在此后几十年的汉奸生涯中，他起了极坏的作用，讽刺的是，据说他还有个光荣的嫡系祖先——范仲淹。

想当年，范仲淹同志在宋朝艰苦奋斗，抗击西夏，如在天有灵，估计是要改家谱的。不过自古以来，爷爷是好汉，孙子哭着喊着偏要当汉奸的，实在太多。古代有古代的汉奸，现代有现代的汉奸，此所谓汉奸恒久远，遗臭永流传。

在范文程的帮助下，皇太极建立了朝廷（完全仿照明朝），开始组建国家机器，进行奴隶制改造，为进入封建社会而努力。

要对付这个可怕的敌人，必须立刻采取行动。

在紫禁城里的平台上，怀着憧憬和希望，皇帝陛下第一次见到了袁崇焕。

这是一次十分重要的召见，史称“平台召对”。

他们见面的那一天，是崇祯元年七月十四日。

顺便说一句，由于本人数学不好，在我以上叙述的所有史实中，日期都是依照原始史料，使用阴历。而如果我没记错的话，阴历七月十四，是鬼节的前一天。

七月十四，鬼门将开，阴风四起。

那天有没有鬼出来我不知道，但当天的这场谈话，确实比较鬼。

谈话开始，崇祯先客套，狠狠地夸奖袁崇焕，把袁督师说得心潮澎湃，此起彼伏，于是，袁督师激动地说出了下面的话：

“计五年，全辽可复。”

这句话的意思是，五年时间，我就能恢复辽东，彻底解决皇太极。

这下吹大发了。

百年之后的清朝史官们，在经过时间的磨砺和洗礼后，选出了此时此刻唯一能够挽救危局的人，并给予了公正的评价。

但这个人不是袁崇焕，而是孙承宗。

翻阅了上千万字的明代史料后，我认为，这个判断是客观的。

袁崇焕是一个优秀的战术实施者，一个坚定的战斗执行者，但他并不是一个卓越的战略制定者。

而从他此后的表现看，他也不是一个能正确认识自己的人。

所有的悲剧，即由此言而起。

崇祯很兴奋，兴奋得连声夸奖袁崇焕，说你只要给我好好干，我也不吝惜赏赐。旁边大臣也猛添柴火，欢呼雀跃，气氛如此热烈，以至于皇帝陛下决定：休会。

但脑袋清醒的人还是有的，比如兵科给事中许誉卿。

他抱着学习的态度，找到了袁崇焕，讨教如何五年平辽。

照许先生的想法，袁督师的计划应该非常严密。

然而，袁崇焕的回答只有四个字：聊慰上意！

翻译过来就是，随口说说，安慰皇上的。

差点拿笔做笔记的许誉卿当时就傻了。

他立刻小声（怕旁边人听见）地对袁崇焕说：

“上英明，岂可浪对？异日按期责功，奈何？”

这句话意思是，皇上固然不懂业务，但是比较较真，现在忽悠他，到时候他按日期验收工作，你怎么办？

袁督师的反应，史书上用了四个字：怃然自失。

没事，牛吹过了，就往回拉。

于是，当崇祯第二次出场的时候，袁督师就开始提要求了。

首先是钱粮，要求户部支持，武器装备，要求工部支持。

然后是人事，用兵、选将，吏部、兵部不得干涉，全力支持。

最后是言官，我在外打仗，言官唧唧喳喳难免，不要让他们烦我。

以上要求全部得到了满足，立即。

崇祯是个很认真的人，他马上召集六部尚书，开了现场办公会，逐个落实，保证兑现。

会议就此结束，双方各致问候，散伙。

在这场召对中，崇祯是很真诚的，袁崇焕是很不真诚的。因为当时的辽东局势已成定论，后金连衙门都修起来了，能够守住就算不错。你看崇祯兄才刚二十，又不懂业务，就糊弄他，是很不厚道的。

就这样，袁崇焕胸怀五年平辽的口号，在崇祯期望的目光中，走向了辽东。

可他刚走到半路，就有人告诉他，你不用去了，去了也没兵。

就在他被皇帝召见的十天后，宁远发生了兵变。

兵变的原因，是不发工资。

明代财政收入来源

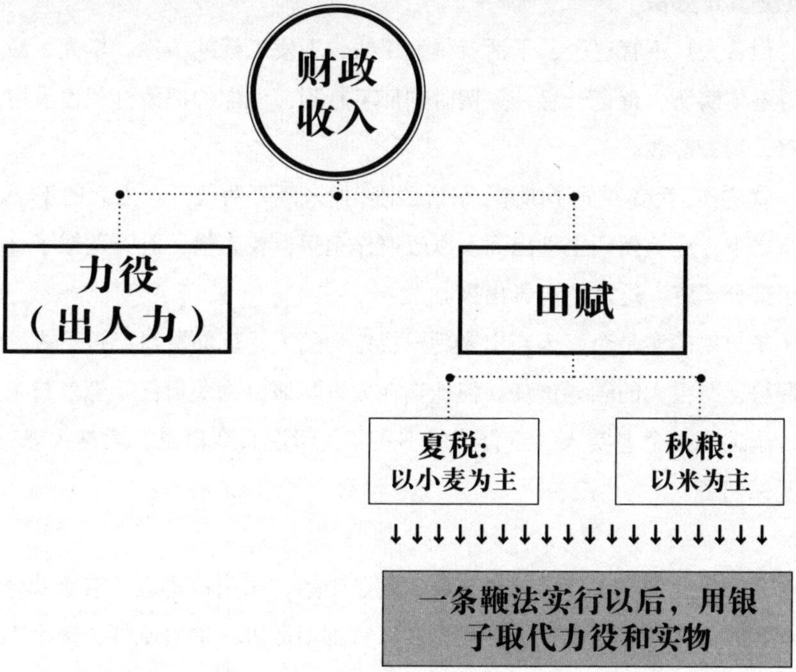

我曾翻阅过明代户部记录，惊奇地发现，明朝的财政制度是非常奇特的，因为几乎所有的地方政府，竟然都没有行政拨款。也就是说，地方办公经费，除老少边穷地区外，朝廷是不管的，自己去挣，挣得多就多花，挣得少就少花，挣不到就滚蛋。

而明朝财政收入的百分之八十，都用在了同一个地方——军费。

什么军饷、粮草、衣物，打赢了有赏钱，打输了有补偿，打死了有安家费，再加上个别不地道的人吃空额、扣奖金，几乎每年都不够用。

宁远的情况大致如此，由于财政困难，已经连续四个月没有发工资了。

要知道，拖欠军饷和拖欠工钱是不一样的，不给工资，最多就去法院告你，让你吃官司，不给军饷，就让你吃大刀。

最先吃苦头的，是辽东巡抚毕自肃，兵变发生时，他正在衙门审案，还没反应过来，就被绑成了粽子，关进了牢房，和他一起被抓的，还有宁远总兵朱梅。

抓起来就一件事，要钱，可惜的是，翻遍巡抚衙门，竟然一文钱没有。

其实毕自肃同志确实是个很自肃的人，为发饷的事情，几次找户部要钱。讽刺的是，户部尚书的名字叫做毕自严，是他的哥哥，关系铁到这个份儿上，都没要到钱，可见是真没办法了。

但苦大兵不管这个，干活就得发工钱，不发工钱就干你。毕大人最先遭殃，被打得遍体鳞伤，奄奄一息，关键时刻部下赶到，说你们把他打死也没用，不如把人留着，我去筹钱。

就这样，兵变弄成了绑票，东拼西凑，找来两万两银子。当兵的不干，又要闹事，无奈之下，巡抚衙门主动出面，以政府作担保，找人借了五万两银子（要算利息），补了部分工资，这才把人弄出来。

毕自肃确实是个好人，出来后没找打他的人，反而跟自己过不去，觉得闹到这个局势，有很大的领导责任。但他实在太过实诚，为负责任，竟然自杀了。

毕巡抚是个老实人，袁督师就不同了，听说兵变消息，勃然大怒：竟敢闹事，反了你们了！

袁崇焕立刻马不停蹄往地方赶，到了宁远，衙门都不进，直接就奔军营。

此时的军营，已彻底失去控制，军官都不敢进，进去就打，闹得不行，袁崇焕进去了，大家都安静了。

所谓闹事，也是有欺软怕硬这一说的。

袁崇焕首先宣读了皇帝的谕令，让大家散会，回营休息，然后他找到几个心腹，只问了一个问题：

"谁带头闹的？"

回答：

"杨正朝、张思顺。"

那就好办了，先抓这两个。

两个人抓来，袁崇焕又只问了一个问题：想死，还是想活？

不过是讨点钱，犯不着跟自己过不去，想活。

想活可以，当叛徒就行。

很快，在两人的帮助下，袁崇焕找到了参与叛乱的其余十几个乱党，对这些人，就没有问题，也没有政策了，全部杀头。

领头的没有了，自然就不闹了，接下来的，是追究领导责任。

负有直接责任的中军部将吴国琦，杀头，其余相关将领，免职的免职，查办的查办，这当中还包括后来把李自成打得满世界乱逃的左良玉。

兵变就此平息，但问题没有解决，毕竟物质基础决定上层建筑，老不发工资，玉皇大帝也镇不住。

袁崇焕直接找到崇祯，开口就要八十万。

八十万两白银，折合崇祯时期米价，大致是人民币六亿。

袁崇焕真敢要，崇祯也真敢给，马上批示户部尚书毕自严，照办。

毕自严回复，不办。

崇祯大发雷霆，毕自严雷打不动，说来说去就一句话，没钱。

毕尚书不怕事，也不怕死，他的弟弟死了都没能发出军饷，你袁崇焕算老几？

事实确实如此，我查了一下，当时明朝每年的收入，大致是四百万两，而明朝一年的军费，竟然是五百万两！如此下去，必定破产。

明朝，其实就是公司，公司没钱要破产，明朝没钱就完蛋，而军费的激增，应归功于努尔哈赤父子这十几年的抢掠带折腾。所谓明亡清兴的必然结局,不过如此。

虽说经济紧张，但崇祯还是满足了袁崇焕的要求，只是打了个折——三十万两。

钱搞定了，接下来是搞人。首先是辽东巡抚，毕巡抚死后，这个位置一直没人坐，袁崇焕说，干脆别派了，撤了这个职务拉倒。

崇祯同意了。

然后袁崇焕又说，登州、莱州两地（归他管）干脆也不要巡抚了，都撤了吧。

崇祯又同意了。

最后袁崇焕还说，为方便调遣，特推荐三人：赵率教、何可纲、祖大寿（他的铁杆），赵率教为山海关总兵，何可纲为宁远总兵，原任总兵满桂、麻登云（非铁杆），另行任用。

崇祯还是同意了。

值得一提的是，在请示任用这三个人的时候，袁崇焕曾经说过一句话：

“臣选此三人，愿与此三人共始终，若到期无果，愿杀此三人，然后自动请死。”

此后的事情证明，这个誓言是比较准的，到期无果，三人互相残杀，他却未能请死。

袁崇焕复起后的要求

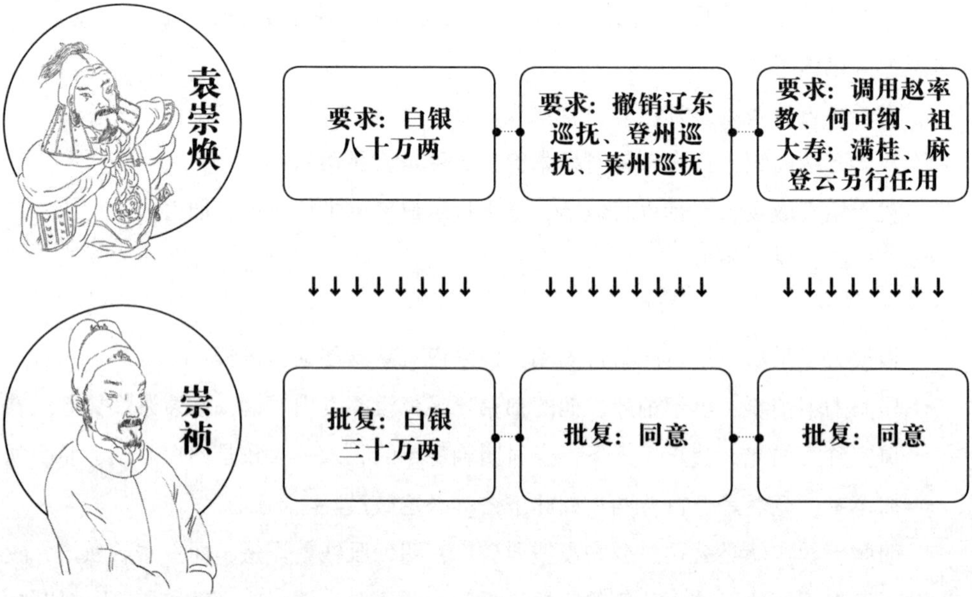

至此，袁崇焕人也有了，钱也有了，蓟辽之内，已无人可与之抗衡。

不，不，还是有一个。

近十年来，历任蓟辽总督，无论是袁应泰、熊廷弼、王化贞，都没有管过他，也管不了他。

“孤处天涯，为国效命，曲直生死，唯君命是从。

“臣左都督，挂将军印领上方宝剑，总兵皮岛毛文龙泣血上疏。”

◆ 决定

袁崇焕想杀掉毛文龙。

这个念头啥时候蹦出来的，实在无法考证，反正不是一天两天了，而杀人动机，只有四个字：看不顺眼。

当然，也有些人说，袁崇焕要杀掉毛文龙，是要为投敌作准备。其实这个说法并不新鲜，三百多年前袁崇焕快死那阵，京城里都这么说。

但事实上，这是个相当无聊的讲法。因为根据清朝《满文老档》的记载，毛文龙曾经跟皇太极通过信，说要投敌，连进攻路线都商量好了，要这么说，袁崇焕还算是为国除害了。

鉴于清朝有乱改史料的习惯，再加上毛文龙一贯的表现，其真实性是值得商榷的。

袁崇焕之所以决定干掉毛文龙，只是因为毛文龙不太听话。

毛文龙所在的皮岛，位于后金的后方，要传命令过去，要么穿越敌军阵地，要么坐船，如果不是什么惊天剧变，谁也不想费这个事。

躲在岛上，长期没人管，交通基本靠走，通信基本靠吼，想听话也听不了，所以不太听话。

更重要的是，毛文龙在皮岛，还是很有点作用的。毛大人位于后金后方，经常派游击队骚扰皇太极，出来弄他一下，又不真打，实在比较恶心，被皇太极视为心腹大患。

但这个人也是有问题的，毛总兵驻守皮岛八年，做得最成功的不是军事，而是经济。皮岛也就是个岛，竟然被他做成了经济开发区，招商引资，无数的客商蜂拥而至，大大小小的走私船都从他那儿过，收钱就放行，他还参了股。

打仗倒也真打，每年都去，就是次数少点——六次，大多数时间，是在岛上列队示威，或者派人去后金那边摸个岗哨、打个闷棍之类。

但总体而言，毛文龙还是不错的，一人孤悬海外，把生意做得这么大，还牵制了皇太极，虽说打仗不太积极，但以他的兵力，能固守就及格了。

鉴于以上原因，历任总督、巡抚都是睁只眼闭只眼，放他过去了。

但袁崇焕是不闭眼的，他的眼里，连粒沙子都不容。

几年前，当他只是个四品宁前道的时候，就敢不经请示杀副总兵，现在的袁督师手握重权，小小的皮岛总兵算老几？

更恶劣的是，毛文龙有严重的经济问题，八年多账目不清，还从不接受检查，且虚报战功，也不听招呼，实在是罪大恶极，必须干掉！

其实毛总兵是有苦衷的。说我捞钱，确是事实，那也是没办法，就这么个荒岛，要不弄点钱，谁跟你干？说我虚报战功，也是事实，但这年头，不打仗的都吹牛，

毛文龙

1576 — 1629
浙江杭州人

职位
|
皮岛总兵

个性
|
性情刚烈，
疾恶如仇

成就
|
明末歼灭后
金军数量最
多的将领

称号
|
“海上长城”、
抵抗后金的
名将

打仗的都虚报，多报点成绩也正常，都照程序走，混个屁啊？

我曾查阅明代户部资料及相关史料，毛文龙手下的人数，在四万人左右，按户部拨出的军饷，是铁定不够用的。换句话说，毛总兵做生意赚的钱，很多都贴进了军饷，很够意思。

可惜对于袁崇焕同志而言，这些都没有意义，在这件事上，他是纯粹的对人不对事。

大难即将临头的毛总兵依然天真无邪，直到他得知了那个消息。

崇祯二年四月，蓟辽督师袁崇焕下令：凡运往东江之物资船队，必须先开到宁远觉华岛，然后再运往东江。

接到命令后，毛文龙当场晕菜，大呼：

“此乃拦喉切我一刀，必定立死！”

只是换个地方起运，为什么立死呢？

因为毛总兵的船队是有猫腻的，不但里面夹杂私货，还要顺道带商船上岛，袁督师改道，就是断了他的财路，只能散伙。

他立即向皇帝上疏，连声诉苦，说自己混不下去了，连哭带吓唬，得到的却只是皇帝的几个字：从长计议。

从长计议？怎么从长，喝西北风？

在他最困难的时候，一个最不可能帮助他的人帮助了他。

穷得发慌的毛文龙突然收到了十万两军饷，这笔钱是袁崇焕特批的。

拿钱的那一刻，毛文龙终于明白了袁崇焕的用意：拿我的钱，就得听我的话。

也好，先拿着，到时再慢慢谈。

然而，袁崇焕的真实用意是：拿我的钱，就要你的命！

说起来，毛文龙算是老江湖了，混了好几十年，还是吃了没文化的亏，要论耍心眼儿，实在不如袁崇焕。

他做梦也想不到，很久以前，袁督师就打算干掉他。

早在崇祯元年七月，袁崇焕在京城的时候，曾找到大学士钱龙锡，对他说过这样一句话：

“（毛文龙）可用则用之，不可用则杀之。”

这还不算，杀的方法都想好了：

“入其军，斩其帅！”

后来他给皇帝的奏疏上，也明明白白写着：

“去年（崇祯元年）十二月，臣安排已定，文龙有死无生矣！”

“安排已定”，那还谈个屁。

但谈还是要谈，因为毛总兵手下毕竟还有几万人，占据要地，如果把他咔嚓了，他的部下起来跟自己死磕，那就大大不妙了。

所以袁崇焕决定，先哄哄他。

他先补发了十万两军饷，然后又在毛总兵最困难的时候，送去了许多粮食和慰问品，并写信致以问候。

毛文龙终于上当了，他十分感激，终于离开了皮岛老巢，亲自前往宁远，拜会袁崇焕。

机会来了。

在几万重兵的注视下，毛文龙进入了宁远城。

他拜会了袁崇焕，并受到了热情的接待，双方把酒言欢，然后……

然后他安然无恙地走了。

袁崇焕确实想杀掉毛文龙，但绝不是在宁远。

这个问题，有点脑子的人就能想明白，如果在宁远把他干掉了，他手下那几万人，要么作鸟兽散，要么索性反出去当土匪，或是投敌，到时这烂摊子怎么收拾？

所以在临走时，袁崇焕对毛文龙说，过一个月，我要去你的地盘阅兵，到时再叙。

因为解决问题的最好方法，就是在他自己的地盘上干掉他。

崇祯二年五月二十九日，袁崇焕的船队抵达双岛。

双岛距离皮岛很近，是毛文龙的防区，五月三十日，毛文龙到达双岛，与袁崇焕会面。

六月初一夜晚，袁崇焕来到毛文龙的营房，和他进行了谈话，双方都很客气，互相勉励，表示时局艰难，要共同努力，渡过难关。

这是两人三次谈话中的第一次。

既然在自己的地盘，自然要威风点，毛文龙带来了三千多士兵，在岛上列队，准备迎接袁崇焕的检阅。

六月初三，列队完毕，袁崇焕上岛，开始检阅。

出乎意料的是，毛文龙显得很紧张，几十年的战场经验告诉他，这天可能要出事，所以在整个检阅过程中，他的身边都站满了拿刀的侍卫。

然而，袁崇焕显得很轻松，他的护卫不多，却谈笑自若，搞得毛文龙相当不好意思。

或许是被袁崇焕的诚意感动了，毛文龙赶走了自己的护卫，就在当天深夜，来到了袁督师的营帐，和他谈话。

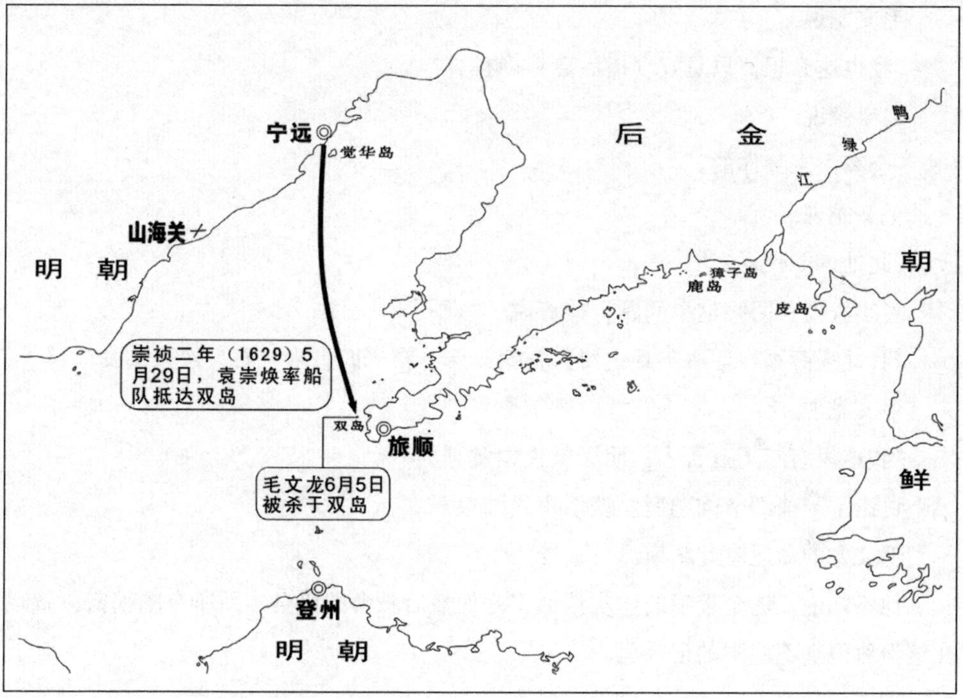

★地图中的双岛为大体位置，确切地点尚无定论

↑ 皮岛、双岛相对位置

这是他们三次谈话中的第二次。

第二天，和睦的气氛终于达到了顶点，一整天都在吃吃喝喝中度过，夜晚，好戏终于开场。

毛文龙来到袁崇焕的营帐，开始了人生中的最后一次谈话。

一般说来，两人密谈，内容是不会外泄的，好比秦朝赵高和李斯的密谋，要想知道，只能靠猜。

我不在场，也不猜，却知道这次谈话的内容，因为袁崇焕告诉了我。

一个月后，在给皇帝的奏疏中，袁崇焕详细记录了在这个杀戮前的夜晚，他和毛文龙所说的每句话。

袁崇焕说：

“你在边疆这么久，实在太劳累了，还是你老家杭州西湖好。”

毛文龙说：

“我也这么想，只是奴（指后金）尚在。”

袁崇焕说：

“会有人来替你的。”

毛文龙说：

“此处谁能代得？”

袁崇焕没有回答这个问题，接着说：

“我此来劳军，你手下兵士每人赏银一两，布一匹，米一石，按人头发放。”

毛文龙说：

“我这里有三千五百人，明天就去领赏。”

讨论了一些细节问题后，谈话正式结束。

毛文龙的命运就此结束。

他不知道，这个夜晚的这次谈话，是他最后救命的机会，而所有的秘密，就藏在这份看似毫不起眼的记录里。

现在，让我来翻译一下这份记录：

在谈话的开始，袁崇焕说杭州西湖好。解释：毛文龙你回老家吧，只要你把权力乖乖让出来，可以不杀你。

毛文龙说工作任务重，不能走。解释：我在这儿很舒坦，不想走。

袁崇焕说，可以找人替你。解释：这里不是缺了你不行，大把人可以代替你。

毛文龙说，此处谁代得。解释：都是我的人，谁能替我！

这算是谈崩了，接下来的，是袁崇焕的最后一次尝试。

袁崇焕说，按人头发放赏赐。解释：把你的家底亮出来，到底有多少人，老实交代。

毛文龙说，这里有三千五百人，明天领赏。解释：知道你想查我家底，就是不告诉你！

谈不拢，杀吧。

六月五日。

袁崇焕在山上设置了大帐，准备在那里召见毛文龙。

然后他走到路边，等待着毛文龙的到来。

毛文龙列队完毕，准备上山。

袁崇焕拦住了他，说，不用这么多人，带上你的亲信将领就行了。

毛文龙表示同意，带着随从跟着袁崇焕上了山。

在上山的路上，袁崇焕突然停住脚步，对着毛文龙身旁的将校们，说了这样一句话：

“你们在边疆为国效力，每月的粮饷只有一斛，实在太辛苦了，请受我一拜！”

袁督师如此客气，大家受宠若惊，纷纷回拜，所以，在一片忙乱之中，许多人都没有听懂他的下一句话：

“你们只要为国家效力，今后不用怕无粮饷。”

这句话的意思是，就算你们的毛总兵死了，只要继续干，就有饭吃。

一路走，一路聊，袁崇焕很和气，毛文龙很高兴，气氛很好，直到进入营帐的那一刻。

“毛文龙！本部院与你谈了三日，只道你回头是迟也不迟，哪晓得你狼子野心总是欺诳，目中无本部院，国法岂能容你！”

面对袁崇焕严厉的训斥，毛文龙却依旧满脸堆笑——还没反应过来。

太突然了，事情怎么能这样发展呢？

袁崇焕到底是有备而来，毛总兵脑袋还在运算之中，他就抛出了重量级的武器——十二大罪。

这十二大罪包括钱粮不受管辖、冒功、撒泼无礼、走私、干海盗、好色、给魏忠贤立碑、未能收复辽东土地等。

这十二大罪的提出，证明袁崇焕同志的挖坑功夫，还差得太远。

类似这种材料公文，骂的是人是鬼不要紧，有没有事实也不要紧，贵在找得准，打得狠，比如杨涟参魏忠贤的二十四大罪，就是该类型公文的典范。

但袁崇焕给毛文龙栽的这十二条，实在不太高明，所谓冒功、无礼、好色，只要是人就干过，实在摆不上台。而最有趣的，莫过于给魏忠贤立碑，要知道，当年袁巡抚也干过这出，他曾向朝廷上疏，建议在宁远给魏忠贤修生祠，可惜由于提早下课，没能实现。

这些都是扯淡，其实说来说去就两个字：办你。

文龙兄尚在晕菜之际，袁督师已经派人脱了他的官服，绑起来了。

绑成粽子的毛文龙终于清醒过来，大喊一声：

“文龙无罪！”

敢喊这句话，是有底的，毕竟是自己的地盘，几千人就等在外边，且身为一品武官，总镇总兵，除皇帝外，无人敢杀。

但袁崇焕敢。他敢杀毛文龙，有两个原因：

第一个原因，他是袁崇焕，四品文官就敢杀副总兵的袁崇焕。

第二个原因是一件东西，他拿了出来给毛文龙看。

当看到这件东西时，毛文龙终于服软了，这玩意儿他并不陌生，事实上再熟悉不过了，因为他自己也有一件——上方宝剑。

活到头了。

虽说文龙兄手里也有一把上方宝剑，可惜那是天启皇帝给的。所谓上方宝剑，是皇帝的象征，不是死皇帝的象征，人都死了，把死人送给你的宝剑拿出来，吓唬鬼还行，跟现任皇帝的剑死磕，只能是找死了。

手持上方宝剑的袁崇焕，此刻终于说出了他的心声和名言：

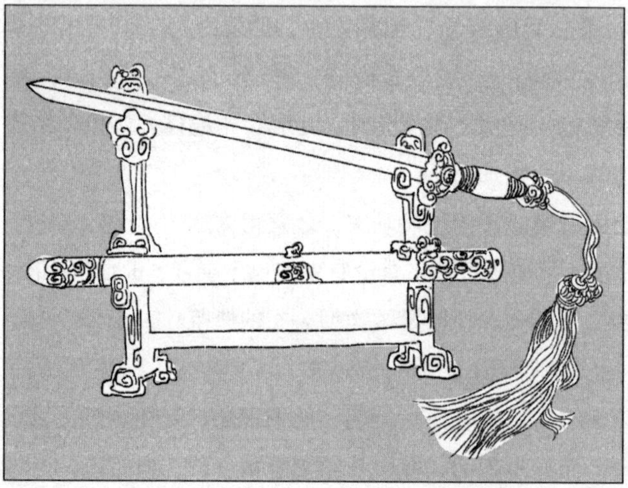

“上方”也叫“尚方”，是专管供应、制造皇帝所用器物的官署名。从汉朝开始即有。持有上方宝剑的人是皇帝最信任的人，有先斩后奏的特权。但也要依法行事，不能乱来。

“你道本部院是个书生，本部院是朝廷的将首！”

毛文龙明白，今天这关不低头是过不去了，马上开始装孙子：

“文龙自知死罪，只求督师恩赦。”

统帅认㞞了，属下自然不凑热闹，毛文龙的部将毫无反抗，当即跪倒求饶，只求别把自己搭进去。

其实事情到此为止，教训教训毛文龙，也就凑合了。

然而，袁崇焕很执著。

局势尽在掌握，胜利就在眼前，这一切的一切冲昏了他的头脑，让他说出了下面的话：

“今日杀了毛文龙，本督师若不能恢复全辽，愿试上方宝剑偿命！”

这话很准。

然后他面向京城的方向请旨跪拜，将毛文龙拉出营帐，斩首。

辽东的重量级风云人物毛文龙，就此结束了他传奇的一生。

可惜毛总兵并不知道，他是可以不死的，因为袁崇焕根本就杀不了他，只要他向袁崇焕索要一样东西。

这件东西，就是皇帝的旨意。

在古往今来的戏台、电视剧里，上方宝剑都是个很牛的东西，扛着到处走，想杀谁就杀谁。

这种观点，基本上是京剧票友的水平。别的朝代且不说，在明朝，所谓上方宝剑，说起来是代天子执法，但大多数时候，也就做个样子，表示皇帝信任我，给我这么个东西，可以狐假虎威一下，算是特别赏赐。

一般情况下，真凭这玩意儿去砍人的，是少之又少，最多就是砍点中低级别的阿猫阿狗，敢杀朝廷一品大员的，也只有袁崇焕这种二杆子。

换句话说，袁崇焕要干掉毛文龙，必须有皇帝的旨意，问题在于，毛文龙同志当官多年，肯定也知道这一点，他为什么不提出来呢？

对于这个疑问，我曾百思不得其解。经过仔细分析材料，才发现，原来毛文龙同志之所以认栽，只是出于一个偶然的误会：

因为当袁崇焕拿出上方宝剑，威胁要杀掉毛文龙的时候，曾说过这样一句话，正是这句话，断送了毛文龙的所有期望。

他说：我五年平辽，全凭法度，今天不杀你，如何惩戒后人？皇上给我上方宝剑，就是为此！

这是句相当忽悠人的话，特别是最后一句，“皇上给我上方宝剑，就是为此”。

为此——到底为什么？

所谓为此，就是为了维护纪律，也就是客气客气的话，没有特指。因为皇帝并未下令，用此剑杀死毛文龙。

但在毛文龙听来，为此，就是皇帝发话，让袁同志拿着家伙，今天上岛来砍自己，所以他没有反抗。

换句话说，毛文龙同志之所以束手待毙，是因为他的语法没学好，没搞清主谓宾的指代关系，弄错了行情。

从小混社会，有丰富江湖经验的毛总兵就这么稀里糊涂地被干掉了。这就是小时候不好好读书的恶果。

人干掉了，接下来的是擦屁股程序。

首先是安慰大家，我只杀毛文龙，首恶必办，胁从不问。然后是发钱，袁崇焕随身带着十万两（合六千多万人民币），全都发了。只是这种先杀人、再分钱的方式，实在很像强盗打劫。

而最后，也最重要的一步，是安抚。

毛文龙手下这几万人，基本都是他的亲信，要保证这些人不跑、也不散伙，袁崇焕很是花了一番心思。先是换了一批将领，安插自己的亲信，然后又任命毛文龙的儿子毛承禄当部将，这意思是，我虽然杀了你爹，但那是公事，跟你没有关系，照用你，别再闹事。

几大棒加胡萝卜下去，效果很好，没人闹，也没人反，该干啥还干啥，袁崇焕很高兴。

毛文龙就这么死了，似乎什么都没有改变。

但后果是有的，且非常非常非常非常严重。

最高兴的是皇太极，他可以放心了。因为毛文龙所控制的区域，除皮岛外，还

毛文龙的一生

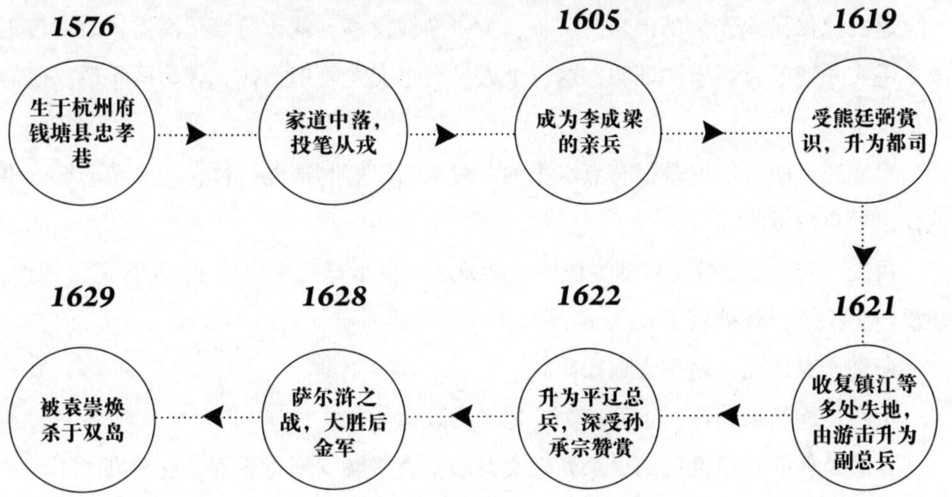

有金州、旅顺等地区，而毛总兵人品虽不咋样，但才能出众，此人一死，这些地盘就算没人管了，他可以放心大胆地进攻京城。

而自信的袁督师认定，他的善后工作非常出色，但他不知道的是，在那群被他安抚的毛文龙部下里，有这样三个人，他们的名字分别是尚可喜、耿仲明、孔有德。

这三位仁兄就不用多介绍了，都是各类"辫子戏"里的老熟人了。前两位先是造反，折腾明朝，后来又跟着吴三桂造反，折腾清朝，史称"三藩"。

而最后这位孔有德更是个极品，他是清朝仅有的两名汉人封王者之一（另一个是吴三桂），当汉奸能当出这么大成就，实在是因为他的汉奸当得非常彻底。

参考消息 **于谦的预言**

据有关文献记载，万历三十三年春，毛文龙打算去北京投奔时任兵部主事的舅舅沈光祚。据说临行前，他跑到老乡于谦的庙里，祈求他给自己一点建议。果然，当天晚上于谦就在梦中给他写信了："欲效淮阴，老了一半。好个田横，无人做伴。"后来这句话果然应验：韩信（被封为淮阴侯）二十七岁为大将，毛文龙当大将时五十二岁，是为"老了一半"；田横（汉初义士）在岛上自杀时，有五百壮士自刎而殉，而毛文龙在岛上被杀时，却没人陪他赴死，只他一个人掉了脑袋。

多年后镇守桂林时，他遇到了明末第一名将李定国，被打得满地找牙，气不过，竟然自焚了。清朝认为这兄弟很够意思，就追认了个王。

这三位仁兄原先都是山东的矿工，觉得挣钱没够，就改行当了海盗，后来转正成了毛文龙的部将。事实证明，这三个人只有毛文龙能镇得住，因为两年后，他们就都反了。

事实还证明，他们是很有点水平的，后来当汉奸时很能打仗，为大清的统一事业作出了卓越贡献。

再提一句，那位被袁督师提拔的毛文龙之子毛承禄后来也反了，不过运气差点，还没当上汉奸，就被剁了。

所谓文龙该死，结果大致如此。

但跟上述结果相比，下面这个才是最为致命的。

到底是在朝廷里混过的，杀死毛文龙后，袁崇焕立刻意识到，这事办大了。

所以他立即上疏，向皇帝请罪，说这事我办错了，以我的权力，不应该杀死毛文龙，请追究我的责任，等待皇帝处分。

袁崇焕认识错误的态度很诚恳，方法却不对。如果要追究责任，处分、撤职、充军都是不够的，唯一能够摆平此事的方法，就是杀人偿命。

朱由校大事记

年份	年龄	大事
1605 万历三十三年	1 岁	出生，为朱常洛的长子
1620 泰昌元年	16 岁	九月，父亲明光宗病死。经过“移宫案”，赶走李选侍，登基即位，以次年为天启元年
1621 天启元年	17 岁	再次起用熊廷弼为辽东经略
1622 天启二年	18 岁	为张居正平反 重用孙承宗、袁崇焕等人守辽东 捣毁位于北京西南大房山系九龙山附近的金国帝王陵寝，以断女真人龙脉
1624 天启四年	20 岁	七月，“东林内阁”开始垮台
1625 天启五年	21 岁	开始对太和殿、中和殿和保和殿进行大规模重造 东林党人开始被诬杀
1626 天启六年	22 岁	命顾秉谦等人修《三朝要典》，为魏忠贤等歌功颂德 王恭厂发生大爆炸，死伤两万余人
1627 天启七年	23 岁	八月，西苑乘船游玩时落水，落下病根，身体每况愈下 立五弟——信王朱由检为皇帝，随即病死，葬于明十三陵的德陵

图书在版编目（CIP）数据

明朝那些事儿．第 8 部 / 当年明月著．—北京 ：北京联合出版公司，2017.5（2025.5 重印）

ISBN 978-7-5596-0170-4

Ⅰ．①明… Ⅱ．①当… Ⅲ．①中国历史－明代－通俗读物 Ⅳ．① K248.09

中国版本图书馆 CIP 数据核字（2017）第 079366 号

明朝那些事儿 第8部
作　　者：当年明月
出 品 人：赵红仕
责任编辑：张　萌
特约监制：何　寅
产品经理：夜　莺
特约编辑：刘晨楚
插画制作：李宝剑
地图制作：王晓明
内文设计：typo_design
封面设计：魏　魏

北京联合出版公司出版
（北京市西城区德外大街 83 号楼 9 层　100088）
北京盛通印刷股份有限公司印刷　　新华书店经销
字数 300 千字　710 毫米 ×1000 毫米　1/16　19 印张
2017 年 5 月第 1 版　2025 年 5 月第 33 次印刷
ISBN 978-7-5596-0170-4
定价：45.00 元